高职高专经济管理类专业核心课程"十三五"规划教材

国际贸易实务

（第二版）

主　编　叶　平

副主编　包小云　李　琳

西安电子科技大学出版社

内 容 简 介

　　本书以国际贸易交易磋商、签约和合同履行这一基本程序为主线，全面系统地介绍了国际贸易合同的条款，主要内容包括商品的品名、质量、数量、包装、价格(包括贸易术语)、收付(包括运输与保险)、检验、索赔、不可抗力和仲裁等。

　　全书贯穿了国际贸易应该遵循的国际贸易惯例和法规，特别注重最新国际贸易惯例的变化。同时，注重互动式教学内容设计，力求与外贸公司的实际业务紧密相连，每章都穿插了案例，强调案例分析，有助于提高学生思考问题、解决问题的能力。

　　为体现应用性和实用性强的特点，本书的编写和国际经济与贸易类资格考试密切联系，每章后均有练习题。本书可作为高等职业技术学院相关专业课程的教材，也可以作为国际贸易从业人员的参考用书。

图书在版编目(CIP)数据

国际贸易实务 / 叶平主编. —2 版. —西安：西安电子科技大学出版社，2018.2
ISBN 978-7-5606-4866-8

Ⅰ. ① 国…　　Ⅱ. ① 叶…　　Ⅲ. ① 国际贸易—贸易实务　　Ⅳ. ① F740.4

中国版本图书馆 CIP 数据核字(2018)第 014677 号

策　　划　毛红兵
责任编辑　刘玉芳　毛红兵
出版发行　西安电子科技大学出版社(西安市太白南路 2 号)
电　　话　(029)88242885　88201467　　　邮　编　710071
网　　址　www.xduph.com　　　　　　电子邮箱　xdupfxb001@163.com
经　　销　新华书店
印刷单位　陕西大江印务有限公司
版　　次　2018 年 2 月第 2 版　　2018 年 2 月第 2 次印刷
开　　本　787 毫米×1092 毫米　1/16　印　张　14.5
字　　数　335 千字
印　　数　3001～6000 册
定　　价　32.00 元

ISBN　978-7-5606-4866-8 / F

XDUP　5168002-2

如有印装问题可调换

总　序

　　高职教育是我国高等教育大众化的产物，也是推动我国高等教育向大众化发展的动力。经过多年的理论创新与实践探索，高职教育日趋成熟，形成了自己的特色和风格，并呈现出"以服务为宗旨，以就业为导向，以能力为本位"的人才培养模式，以及提升办学层次、完善高职教育体系，实行内部分工、拓展办学功能，强化创业教育、追求可持续发展等新的走向和趋势。

　　教材建设是搞好高职高专专业建设和教育教学改革，构建技能型人才培养模式的重要组成部分。教材是体现教学内容和教学方法的知识载体，是深化教育教学改革，全面推进素质教育，培养创新人才的重要保证。对教材的质量评价可以从教材结构、教材内容、教学方法的运用、辅助教学资源等方面进行。

　　高职高专的教材应该根据自身的特点，突出以下几个方面：

　　一、理论描述易于学生接受。理论描述注重基础知识的讲解，对学生学习中所必需的知识加以巩固，对没有联系及联系不多的内容进行删除，去除或精简公式的推导过程，讲授中要求"精讲多练"，通过例题的练习来巩固和加深对理论的理解。

　　二、教材中实验、实习、设计等占有一定比例。实践教学在高职教学中非常重要，教材的每个章节都应该有实践教学内容。

　　三、课后习题难度、数量适当。习题的难度要以高职学生的知识水平为度，数量要能够涵盖本章的主要教学内容，不宜过少。

　　四、理论知识要与普通高等教育教材相区别，以基础知识和基本理论"必需、够用"为度，保证达到高等教育水平；注重使学生掌握基本概念和结论的实际意义，掌握基本方法，把重点放在概念、方法和结论的实际应用上，中间推导过程则力求简洁。

　　五、教材内容紧随技术、经济发展变化而调整，既要注意以全国或本地区近期使用的成熟技术为中心，又要注意淘汰陈旧的技术内容，将新兴的高新技术、复合技术等引进教材。

　　为了更好地推动高职高专经济类专业的教育教学改革，上海市高职高专经济类专业教学指导委员会在西安电子科技大学出版社的大力支持下，组织有关院校教师编写了高职高专经济管理类专业核心课程"十三五"规划教材。在编写过程中，我们十分注重突出高职教材的特点，使之与同类教材相比具有鲜明的特色。

　　感谢所有参加本系列教材编写的作者和关心支持帮助这项工作的领导及专家。

教育部高职高专工商管理类专业教学指导委员会委员

上海市高职高专经济类专业教学指导委员会工商管理分会主任

黄中鼎

高职高专经济管理类专业核心课程"十三五"规划教材
编审专家委员会名单

主　　任：黄中鼎(上海邦德职业技术学院)
副 主 任：冯江华(上海电子信息职业技术学院)
编　　委：(以下按姓氏笔画为序)
　　　　　马朝阳(河南对外贸易职工大学)
　　　　　王　芬(上海新侨职业技术学院)
　　　　　刘飞驰(湖南生物机电职业技术学院)
　　　　　刘文国(上海金融学院)
　　　　　江少文(上海中侨职业技术学院)
　　　　　吴东泰(广东松山职业技术学院)
　　　　　严玉康(上海东海职业技术学院)
　　　　　张炳达(上海中侨职业技术学院)
　　　　　张慧省(陕西对外贸易职工大学)
　　　　　李济球(宁波城市职业技术学院)
　　　　　李　勤(天津交通职业学院)
　　　　　李荷华(上海第二工业大学经管院)
　　　　　运乃通(天津工程职业技术学院)
　　　　　杨　露(温州科技职业学院)
　　　　　沈家秋(上海工会管理职业学院)
　　　　　周英芬(上海建桥学院)
　　　　　孟　恬(天津滨海职业学院)
　　　　　金玲慧(上海东海职业技术学院)
　　　　　贺　研(上海立信会计学院)
　　　　　贾巧萍(上海杉达学院)
　　　　　顾文钧(上海中华职业技术学院)
　　　　　符海菁(上海思博职业技术学院)
　　　　　童宏祥(上海济光职业技术学院)
　　　　　楼伯良(上海交通职业技术学院)

前　　言

　　"国际贸易实务"课程专门研究国际间商品交换的具体过程，涉及国际贸易理论与政策、国际商法、国际货物运输与保险、国际汇兑与结算、国际市场营销等多个学科知识的综合运用，是一门具有涉外活动特点、理论与实践结合紧密的应用性课程。

　　为适应高职院校人才培养目标的需要，我们于 2013 年 8 月出版了《国际贸易实务》一书。该书编写在理念、结构和体例上有所创新，理论适度够用，突出技能应用，在使用过程中，受到了许多院校师生的认可。随着高职院校教育改革的不断深入以及国际贸易实际发展的情况，我们积累了更多的"国际贸易实务"课程教学改革和教材建设经验。根据高职院校重技能、重应用的特点，我们围绕行业、企业的新标准、新要求以及学生可持续发展的目标对第一版教材进行了修订。结合国际贸易惯例及贸易术语的最新动态，及时更新教学内容，保证前沿性和新颖性；形式上更贴近企业实际，案例翔实，言之有物。修订后的第二版教材主要有以下特点：

　　(1) 紧跟国际贸易实务发展变化的最新形势；

　　(2) 补充完善前一版中不足的地方；

　　(3) 更加注重应用性和操作性。

　　本书理论联系实际，难易适度，深入浅出，符合普通高等院校人才培养目标要求和学生的认知程度。

　　本书由上海邦德职业技术学院叶平担任主编，并编写了第 1、2、5 章。宁波大红鹰学院包小云编写了第 8、9、10 章，上海邦德职业技术学院李巍编写了第 3、11 章，上海交通职业技术学院徐进编写了第 12 章，上海交通职业技术学院吴颖杰编写了第 6 章，上海交通职业技术学院李琳编写了第 7 章，广东金融学院俞璟琳编写了第 4 章。

　　在本书的编写过程中，我们参阅了大量文献资料，在此对这些文献的作者一并表示诚挚的谢意。同时，由于编者水平有限，书中难免存在不妥之处，我们诚恳地希望广大读者特别是任课教师和使用本书的同学们提出宝贵的意见，以便进一步完善。

编　者

2017 年 12 月

第 一 版 前 言

在当今经济全球化大潮的推动下，国际贸易已成为世界各国政治、经济、文化交流的重要领域和平台，成为人们社会经济生活中不可或缺的内容。特别是加入世界贸易组织(WTO)的过渡期结束后，中国在 WTO 中的地位愈加重要，而我国企业所处的环境却更加复杂，各行业所面临的竞争越来越大。与此同时，随着我国外贸体制改革的深化，拥有进出口经营权的企业正在增加，对外贸专业人员的需求更大，要求更高。因此，培养大批了解国际贸易规则，掌握国际贸易知识和技能的专业人才是非常必要的。

在高职院校中，国际贸易专业已经成为热门专业，"国际贸易实务"是该专业必修的一门专业基础课程，也是一门操作性和实践性很强的课程。如何提高高职院校学生的职业能力，使"国际贸易实务"课程的教学更加适应高职院校的学生，一直是一个难点。本课程的目的是使学生熟知国际贸易基本业务过程，掌握国际贸易各项基本操作技能，为其通过大量课外阅读、其他相关课程学习、专题讲座、实习和工作实践等方式成为外贸行业的高级管理人员或研究人员打好基础。

虽然国际贸易实务教材版本多样、各有侧重、各有特色，但却缺乏一本融基本知识和案例分析于一体的教材。本书的编写目的就是希望在此方面寻求突破，以简单明了的案例分析说明问题，讲解力求深入浅出，提高学生的分析能力。本书的编写具有如下特点：

1. 可读性较强

全书采用统一的体例，每章都有知识目标和技能目标，便于读者在学习的过程中更好地明确目标；每章都有导入案例，导入的案例对本章内容有较强的归纳性，以引导读者深入思考；在每章结尾设置了习题。这样，在保证充足信息量的前提下，兼顾了教材内容的科学性、严谨性和形式的生动性，具备较强的可读性。

2. 内容新颖

对新的国际贸易惯例和我国的最新外贸政策进行解释，并结合了近年来国际贸易实践中出现的新情况、新做法，采用的案例和单证实例也是近几年外贸公司的实际业务资料。本书以《2010 年国际贸易术语解释通则》为准则，以国际上通行的贸易惯例为依据，既注重国际贸易理论、方法和手段的新颖性，又侧重理论、方法和手段的实用性与有效性。

3. 注重实用性

为有利于高校为社会培养和输送务实的经贸人才，本书突出实践性和可操作性。例如，引导案例和应用案例的专业性、针对性强，习题注重能力的培养和锻炼。

本书由上海邦德职业技术学院的叶平担任主编，并编写了第 1、2、5 章。宁波大红鹰学院包小云编写了第 8、9、10 章，上海邦德职业技术学院李巍编写了第 3、11 章，上海交通职业技术学院徐进编写了第 12 章，上海交通职业技术学院吴颖杰编写了第 6 章，上海交通职业技术学院李琳编写了第 7 章，广东金融学院俞璟琳编写了第 4 章。

在本书的编写过程中，我们参阅了大量文献资料，在此对这些文献的作者一并表示诚挚的谢意。同时，由于编者水平有限，书中难免存在不妥之处，我们诚恳地希望广大读者特别是任课教师和使用本书的同学们提出宝贵意见，以便今后进一步完善。

编　者

2013 年 5 月

目　　录

第一章　国际贸易术语

- **理论目标**

在国际贸易中，一般都要使用贸易术语来确定进出口双方在交接货物中的义务，贸易术语是在订立贸易合同时非常重要的专用语言。通过学习，学生应了解贸易术语的含义和作用，有关贸易术语对应的国际贸易惯例，掌握六种主要贸易术语以及它们的异同点。

- **案例目标**

熟悉并掌握《INCOTERMS 2010》对六种贸易术语的解释，并能结合知识点对不同案例进行分析和解答。

- **实务目标**

掌握并能自由运用各种贸易术语。

第一节　贸易术语与国际贸易惯例

案例导入

什么是贸易术语？

有一份出售 300 吨一级大米的合同，按 FOB 条件成交，装船时经检验，符合合同规定的品质条件，卖方在装船后已及时发出装船通知，但航行途中，由于海浪过大，大米被海水浸泡，品质受到影响，当货物到达目的港时，只能按三级大米的价格出售，因而买方要求卖方赔偿损失。

【思考】　在上述情况下，卖方对该项损失应否负责？

一、贸易术语的含义及作用

(一) 贸易术语的含义

贸易术语是国际贸易发展到一定历史阶段的产物。在国际贸易中，买卖双方在不同的国家，相距甚远，买卖双方在订立贸易合同时会涉及很多问题，例如：买卖双方在何地交接货物；由谁承担运输途中出现的各种风险；由谁承担在办理各种手续中所要支付的费用；

由谁办理货物的保险；由谁办理进出口的清关手续等。这些问题都需要买卖双方在磋商交易和订立合同时加以明确。但是，如果买卖双方在每次交易过程中都对上述问题逐一确定，将耗费大量的时间和费用，影响交易的达成。因此，在国际贸易的长期实践中，形成了各种不同的贸易术语。

贸易术语又称价格术语、贸易条件，它是用一个简短的概念或三个字母的缩写来说明价格的构成及买卖双方有关责任、费用和风险的划分，确定卖方交货和买方接货应尽的义务以及商品价格构成的专门用语。

(二) 贸易术语的作用

(1) 由于每种贸易术语都有其特定的含义，因此，在交易磋商时，买卖双方只要商定按何种贸易术语成交，就可明确买卖双方在交易中承担的责任、风险和费用，这样可以简化交易的内容，减少交易磋商的时间，提高买卖双方达成交易和订立合同的效率。

(2) 由于贸易术语表示价格构成因素，因此，买卖双方在确定成交价格时，必然要考虑采用的贸易术语中包含哪些从属费用，这有利于买卖双方进行比价和加强成本核算。

(3) 买卖双方商订合同时，如对合同条款考虑欠周，使某些事项规定不明确或不完备，将致使履约当中产生的争议不能依据合同的规定解决，在此种情况下，可以援引有关贸易术语的一般解释来处理。因为，贸易术语的一般解释已成为国际惯例，它是大家所遵循的一种类似行为规范的准则。

二、有关贸易术语对应的国际贸易惯例

在国际贸易中使用贸易术语，可以追溯到一百多年前的 19 世纪。但在相当长的一段时期，国际上没有形成对各种贸易术语的统一解释。由于各国之间的交往和联系远没有今天这样密切，不同国家和地区在使用贸易术语和规定交货条件时，必然会出现各种不同的解释和做法。这些分歧的存在对于国际贸易的发展显然是很不利的。为了解决此类问题，便于国际贸易的发展，国际商会、国际法协会等国际组织以及美国一些著名商业团体经过长期的努力，分别制定了解释国际贸易术语的规则，这些规则在国际上被广泛采用，形成一般的国际贸易惯例，并受到各国广泛的欢迎和使用。由此可见，习惯做法与贸易惯例是有区别的。国际贸易业务中反复实践的习惯做法只有经国际组织加以编纂与解释才形成国际贸易惯例。

惯例本身不是法律，它对贸易双方不具有强制性，故买卖双方有权在合同中作出与某项惯例不符的规定。因此，国际贸易惯例的适用是以当事人的意思自治为基础的。只要合同有效成立，双方均要遵照合同的规定履行。一旦发生争议，法院和仲裁机构也要维护合同的有效性。但是，国际贸易惯例对贸易实践仍具有重要的指导作用。这主要体现在如下两方面：一方面，如果双方都同意采用某种惯例来约束该项交易，并在合同中作出了明确规定，那么这项约定的惯例就具有了强制性。许多大宗交易的合同中也都作出采用何种规则的规定，这有助于避免对贸易术语的不同解释而引起的争执；另一方面，如果双方对某一问题没有作出明确规定，也未注明该合同适用某项惯例，当合同执行中发生争议时，受理该争议案的司法和仲裁机构也往往会引用某一国际贸易惯例进行判决或裁决。所以，国

际贸易惯例虽然不具有强制性，但它却对国际贸易实践具有重要的指导作用。不少贸易惯例被广泛采纳、沿用，说明它们是行之有效的。在我国的对外贸易中，在平等互利的前提下，适当采用这些惯例有利于外贸业务的开展，并且学习掌握有关国际贸易惯例的知识，可以帮助我们避免或减少贸易争端，即使在发生争议时，我们也可以引用某项惯例，争取有利地位，减少不必要的损失。

(一) 1932 年《华沙-牛津规则》(Warsaw-Oxford Rules 1932)

《华沙-牛津规则》是国际法协会专门为解释 CIF 合同而制定的。这一规则对 CIF 的性质、买卖双方所承担的风险、责任和费用的划分以及所有权转移的方式等问题都作了比较详细的解释。《华沙-牛津规则》在总则中说明，这一规则供交易双方自愿采用，凡明示采用《华沙-牛津规则》者，合同当事人的权利和义务均应援引本规则的规定办理。经双方当事人明示协议，可以对本规则的任何一条进行变更修改或增添。如本规则与合同发生矛盾，应以合同为准。凡合同中没有规定的事项，应按本规则的规定办理。

(二) 《1941 年美国对外贸易定义修订本》(Revised American Foreign Trade Definitions 1941)

《美国对外贸易定义》是由美国几个商业团体制定的。它最早于 1919 年在纽约制定，原称为《美国出口报价及其缩写条例》，后来于 1941 年在美国第 27 届全国对外贸易会议上对该条例作了修订，命名为《1941 年美国对外贸易定义修订本》。

《美国对外贸易定义》中所解释的贸易术语共有六种，分别为：

(1) Ex(Point of Origin，产地交货)；
(2) FOB(Free on Board，在运输工具上交货)；
(3) FAS(Free Along Side，在运输工具旁边交货)；
(4) C&F(Cost and Freight，成本加运费)；
(5) CIF(Cost，Insurance and Freight，成本加保险费、运费)；
(6) Ex Dock(Named Port of Importation，目的港码头交货)。

《美国对外贸易定义》主要在北美国家采用。由于它对贸易术语的解释与《通则》有明显的差异，所以，在同北美国家进行交易时应加以注意。

(三) 《2010 年国际贸易术语解释通则》(INCOTERMS 2010)

《国际贸易术语解释通则》(International Rules for the Interpretation of Trade Terms)是由国际商会制定的并进行过多次修订。《2010 年国际贸易术语解释通则》(International Rules for the Interpretation of Trade Terms 2010，INCOTERMS 2010)是国际商会根据国际货物贸易的发展，对《2000 年国际贸易术语解释通则》的修订，2010 年 9 月 27 日公布，于 2011 年 1 月 1 日实施。

《2010 年国际贸易术语解释通则》的主要特点包括：

(1) 新增两个贸易术语。《2010 年国际贸易术语解释通则》删去了《2000 年国际贸易术语解释通则》中的四个术语：DAF(Delivered At Frontier，边境交货)、DES(Delivered Ex

Ship，目的港船上交货)、DEQ(Delivered Ex Quay，目的港码头交货)、DDU(Delivered Duty Unpaid，未完税交货)，新增了两个术语：DAT(Delivered At Terminal，在指定目的地或目的港的集散站交货)、DAP(Delivered At Place，在指定目的地交货)，即用 DAP 取代了 DAF、DES 和 DDU 三个术语，DAT 取代了 DEQ，且扩展至适用于一切运输方式。

(2) 取消了船舷作为买卖双方风险划分的界限。修订后的《2010 年国际贸易术语解释通则》取消了"船舷"的概念，卖方承担货物至装上船为止的一切风险，买方承担货物自装运港装上船后的一切风险。在 FAS、FOB、CFR 和 CIF 等术语中加入了货物在运输期间被多次买卖(连环贸易)的责任、义务的划分。

(3) 考虑到一些大的区域贸易集团内部贸易的特点，规定 INCOTERMS 2010 不仅适用于国际销售合同，也适用于国内销售合同。

《2010 年国际贸易术语解释通则》(以下简称《2010 年通则》)共有 11 种贸易术语，按照所适用的运输方式划分为两大类：

第一组，适用于任何运输方式的术语有七种：EXW、FCA、CPT、CIP、DAT、DAP、DDP。

EXW(Ex Works)：工厂交货；

FCA(Free Carrier)：货交承运人；

CPT(Carriage Paid To)：运费付至目的地；

CIP(Carriage and Insurance Paid to)：运费/保险费付至目的地；

DAT(Delivered At Terminal)：目的地或目的港的集散站交货；

DAP(Delivered At Place)：目的地交货；

DDP(Delivered Duty Paid)：完税后交货。

第二组，适用于水上运输方式的术语有四种：FAS、FOB、CFR、CIF。

FAS(Free Alongside Ship)：装运港船边交货；

FOB(Free On Board)：装运港船上交货；

CFR(Cost and Freight)：成本加运费；

CIF(Cost，Insurance and Freight)：成本、保险费加运费。

第二节　六种常用的贸易术语

一、FOB

FOB 全称 Free On Board (⋯Named Port of Shipment)，即装运港船上交货(⋯⋯指定装运港)，是指卖方以在指定装运港将货物装上买方指定的船舶或通过取得已交付至船上货物的方式交货。货物灭失或损坏的风险在货物交到船上时转移，同时买方承担自那时起的一切费用。

卖方应将货物在船上交付或者取得已在船上交付的货物。此处使用的"取得"一词适用于商品贸易中常见的交易链中的多层销售(链式销售)。

FOB 可能不适合于货物在上船前已经交给承运人的情况，例如用集装箱运输的货物通常是在集装箱码头交货。在此类情况下，应当使用 FCA 术语。

如适用时，FOB 要求卖方出口清关。但卖方无义务办理进口清关、支付任何进口税或办理任何进口海关手续。

(一)　买卖双方的义务

按《2010 年通则》规定，在 FOB 术语下，买卖双方的主要义务如下。

1．卖方的主要义务

(1)　负责在合同规定的日期或期限内，在指定装运港，将符合合同的货物按港口惯常方式交至买方指定的船上，并给予买方充分的通知。

(2)　负责取得出口许可证或其他核准书，办理货物出口手续。

(3)　负担货物在装运港装上船为止的一切费用和风险。

(4)　负责提供商业发票和证明货物已交至船上的通常单据。

2．买方的主要义务

(1)　负责按合同规定支付价款。

(2)　负责租船或订舱，支付运费，并给予卖方关于船名、装船地点和要求交货时间的充分的通知。

(3)　自负风险和费用取得进口许可证或其他核准书，并办理货物进口以及必要时经由另一国过境运输的一切海关手续。

(4)　负担货物在装运港装上船后的一切费用和风险。

(5)　收取卖方按合同规定交付的货物，接受与合同相符的单据。

(二)　使用 FOB 术语应注意的问题

1．船货衔接问题

FOB 术语条件下，卖方按规定的时间地点完成装运；而买方负责租船订舱，从而存在船货衔接问题，要防止"货等船"(买方违约)或"船等货"(卖方违约)的现象。

案例　　　FOB 条件下谁负责租船订舱？

A 公司以 FOB 条件出口一批茶具，买方要求 A 公司代为租船，费用由买方负担。由于 A 公司在约定日期内无法租到合适的船，且买方不同意更换条件，以致延误了装运期，买方以此为由提出撤销合同。

【思考】买方的要求是否合理？

2.《1941 年美国对外贸易定义修订本》对 FOB 的不同解释

《1941 年美国对外贸易定义修订本》对 FOB 的解释分为六种，其中只有"指定装运港船上交货"(FOB Vessel，"named port of shipment")与《2010 年通则》对 FOB 术语的解释相近。所以，《1941 年美国对外贸易定义修订本》对 FOB 的解释与运用，同国际上的一般解释与运用有明显的差异，这主要表现在以下几方面：

(1)　美国惯例把 FOB 笼统地解释为在某处某种运输工具上交货，其适用范围很广，因此，在同美国、加拿大等国的商人按 FOB 订立合同时，除必须标明装运港名称外，还必须在 FOB 后加上"船舶"(Vessel)字样。如果只订为"FOB San Francisco"而漏写"Vessel"字样，则卖方只负责把货物运到旧金山城内的任何处所，而不负责把货物运到旧金山港口并交到船上。

(2) 在费用负担上，规定买方要支付卖方协助提供出口单证的费用以及出口税和因出口而产生的其他费用。

(三) FOB 术语的变形

以 FOB 条件买卖时，如果使用班轮运输，由于班轮公司一般负责装卸，一切费用都包括在运费之内，则装卸费用由支付运费的一方即买方负担。但如果是租船运输，则需明确买卖双方有关费用的分担，这时，可通过 FOB 术语的变形来解决这一问题。常见的 FOB 变形主要有：

(1) FOB 班轮条件(FOB Liner Terms)：指有关装船费用按班轮条件办理，即买方负担有关装船的费用。

(2) FOB 包括理舱(FOB Stowed)：指卖方负责将货物装入船舱，并支付包括理舱费在内的装船费用。

(3) FOB 包括平舱(FOB Trimmed)：指卖方负责将货物装入船舱，并支付包括平舱费在内的装船费用。

(4) FOB 吊钩下交货(FOB Under Tackle)：指卖方仅负责将货物交到买方指定船只的吊钩所及之处，有关装船的各项费用一概由买方负担。

(5) FOB 理舱并平舱(FOB Stowed & Trimmed，FOBST)：该条件下，卖方需要负责包括理舱、平舱费在内的装船费用。

应注意的是，FOB 术语的变形仅仅是为了明确和改变买卖双方关于装船费用承担的问题，它并不改变交货地点和风险划分的界限。

二、CFR

CFR 全称 Cost and Freight(…Named Port of Destination)，即成本加运费(……指定目的港)，指卖方必须在合同规定的装运期内，在装运港将货物交至运往指定目的港的船上，负担货物装上船为止的一切费用和货物灭失或损坏的风险，并负责租船或订舱，支付抵达目的港的正常运费。

(一) 买卖双方的义务

按《2010 年通则》规定，在 CFR 术语下，买卖双方的主要义务如下。

1. 卖方的主要义务

(1) 办理出口所需的一切海关手续及承担费用。

(2) 签订运输合同、支付运费，装船后及时通知买方。

(3) 承担货物在装运港装上船之前的一切风险。

(4) 向买方提供运输单据。

2. 买方的主要义务

(1) 办理进口所需的一切海关手续及承担费用。

(2) 承担货物在装运港装上船以后的一切风险。

(3) 接受单据，受领货物，支付货款。

(4) 支付运费以外的货物在运输途中产生的各项费用。

(二) 使用 CFR 术语应注意的问题

按照 CFR 条件达成的交易，卖方需要特别注意的问题是，货物装船后必须及时向买方发出装船通知，以便买方办理投保手续。如果货物在运输途中遭受损失或灭失，由于卖方未发出通知而使买方漏保，那么卖方就不能以风险在船舷转移为由免除责任。由此可见，尽管其他贸易术语条件下，卖方装船后也应向买方发出通知，但 CFR 条件下的装船通知具有更为重要的意义。

　　案例　　　　　　　　　卖方不发装船通知的后果如何？

我国某公司以 CFR 条件出口一批瓷器，我方按期在装运港装船后，即将有关单据寄交买方，要求买方支付货款。过后，业务人员才发现忘记向买方发出装船通知。此时，买方已来函向我方提出索赔，因为货物在运输途中因海上风险而损毁。

【思考】我方能否以货物运输风险是由买方承担为由拒绝买方的索赔？

(三) CFR 术语的变形

按《2010 年通则》规定，以 CFR 术语成交，装货费由卖方负担，卸货费由买方负担。为避免因不同的解释而引起争议，便产生了 CFR 术语的变形。

(1) CFR Liner Terms(班轮条件)：指卸货费用按班轮运输的做法来处理，由支付运费的卖方负担。

(2) CFR Landed(卸至岸上)：指卖方负担将货物卸到码头上的费用，包括驳船费和码头费。

(3) CFR Ex Tackle(吊钩下交接)：指卖方负担将货物卸至船上吊钩所及之处的费用。

(4) CFR Ex Ship's Hold(舱底交接)：指所有卸货费均由买方负担。

CFR 的上述变形也只是为了说明卸货费用的负担问题，并不改变 CFR 的交货地点及风险划分的界限。

三、CIF

CIF 全称 Cost, Insurance and Freight(…Named Port of Destination)，即成本加保险费、运费(……指定目的港)，是指在装运港当货物交到船上时卖方即完成交货。

使用 CIF 术语，当货物在指定装运港装上船，卖方即完成交货任务，但卖方必须负责租船或订舱，支付将货物运至指定目的港的运费，并且还需办理保险，支付保险费，交货后货物灭失或损坏的风险及各种事件造成的任何额外费用均转移给买方。

(一) 买卖双方的义务

按《2010 年通则》规定，在 CIF 术语下，买卖双方的主要义务如下。

1. 卖方的主要义务

(1) 在合同规定的期限内，在装运港将符合合同的货物交至运往指定目的港的船上，并给予买方装船通知。

(2) 负责办理货物出口手续，取得出口许可证或其他核准证书(原产地、商检证书等)。

(3) 负责租船或订舱并支付到目的港的运费。

(4) 负责办理货物运输保险，支付保险费。

(5) 负责货物在装运港装上船之前的一切费用和风险。

(6) 负责提供商业发票、保险单和货物已装船提单等。

2. 买方的主要义务

(1) 按合同规定支付价款。

(2) 负责办理进口手续，取得进口许可证或其他核准证书。

(3) 负担货物在装运港装上船后的一切费用和风险。

(4) 收取卖方按合同规定交付的货物，接受与合同相符的单据。

(二) 使用 CIF 术语应注意的问题

1. 租船订舱

按照国际贸易惯例，在采用 CIF 贸易术语成交的情况下，卖方应负责按通常的条件及惯驶的航线租船订舱，并支付运费。卖方有义务租用通常可供运输合同所指货物类型的海船(或依情况适合内河运输的船只)，将货物运至指定的目的港。除非买卖双方另有约定，买方不得指定船舶的国籍、船型和船级等。

2. 保险险别

CIF 贸易术语中的"I"表示保险。从价格构成来看，这是指保险费，即货价中包括了保险费。可见，采用 CIF 术语成交时，应由卖方投保，但需要明确的是卖方投保属于代办性质。从货物在装运港装上船时起的一切风险即由卖方转移给买方。如果货物在海运途中发生风险造成损失，其索赔及其他手续均由买方负责，卖方仍可凭合同规定的单据向买方收款。《2010 年通则》规定：如无相反的明示协议，卖方只须按《伦敦货物保险条款》或其他类似的保险条款中以最低责任的保险险别投保。如买方有要求，并由买方负担费用，卖方应在尽可能的情况下投保战争、罢工、暴动和民变险。

3. 象征性交货

从交货方式来看，CIF 是一种典型的象征性交货。所谓象征性交货是针对实际交货而言的，指卖方只要按期在约定地点完成装运，并向买方提交合同规定的包括物权凭证在内的有关单据，就算完成了交货义务，而无须保证到货。可见，在象征性交货方式下，卖方是凭单交货，买方是凭单付款。只要卖方如期向买方提交了合同规定的全套合格单据(名称、内容和份数相符的单据)，即使货物在运输途中损坏或灭失，买方也必须履行付款义务。反之，如果卖方提交的单据不符合要求，即使货物完好无损地运达目的地，买方仍有权拒绝付款。但是，必须指出，按 CIF 术语成交，卖方履行其交单任务，只是得到买方付款的前提条件，除此之外，他还必须履行交货义务。如果卖方提交的货物不符合要求，买方即使已经付款，仍然可以根据合同的规定向卖方提出索赔。

案例　　　　　　　　**什么是象征性交货？**

　　某进出口公司以 CIF 条件向英国某客商出售供应圣诞节的应节杏仁一批，由于该商品的季节性较强，买卖双方在合同中规定：买方须于 9 月底以前将信用证开抵卖方，卖方保证不迟于 12 月 5 日将货物交付买方，否则，买方有权撤销合同。如卖方已结汇，卖方需将货款退还买方。

　　【思考】　通过本案例，请分析该合同是否还属于 CIF 合同，为什么？

　　4.CIF 术语的变形

　　按《2010 年通则》规定，以 CIF 术语成交，装货费由卖方负担，卸货费由买方负担。为避免因不同的解释而引起争议，便产生了 CIF 术语的变形。

　　(1) CIF Liner Terms(班轮条件)：指卸货费用按班轮运输的做法来处理，由支付运费的卖方负担。

　　(2) CIF Landed(卸至岸上)：指卖方负担将货物卸到码头上的费用，包括驳船费和码头费。

　　(3) CIF Ex Tackle(吊钩下交接)：指卖方负担将货物卸至船上吊钩所及之处的费用。

　　(4) CIF Ex Ship's Hold(舱底交接)：指所有卸货费均由买方负担。

　　CIF 的上述变形也只是为了说明卸货费用的负担问题，并不改变 CIF 的交货地点及风险划分的界限。

四、FCA

　　FCA 全称 Free Carrier(…Named Place)，即货交承运人(……指定地点)，指卖方在卖方所在地或其他指定地点将货物交给买方指定的承运人或其他人。由于风险在交货地点转移至买方，特别建议双方应尽可能清楚地写明指定交货地内的交付点。

　　如果双方希望在卖方所在地交货，则应当将卖方所在地址明确为指定交货地。如果双方希望在其他地点交货，则必须确定不同的特定交货地点。

　　如适用时，FCA 要求卖方办理货物出口清关手续。但卖方无义务办理进口清关以及支付任何进口税或办理任何进口海关手续。

　　FCA 术语适用于各种运输方式，包括多式联运。

五、CPT

　　CPT 全称 Carriage Paid To(…Named Place of Destination)，即运费付至(……指定地点)，是指卖方向其指定的承运人交货，但卖方还必须支付将货物运至目的地的运费，亦即买方承担交货之后的一切风险和其他费用。

CPT 术语中的"承运人"是指任何人，在运输合同中，承诺通过铁路、公路、空运、海运、内河运输或上述运输的联合方式履行运输或由他人履行运输。CPT 中如果还使用接运的承运人将货物运至约定目的地，则风险自货物交给第一承运人时转移。CPT 术语要求卖方办理出口清关手续。

CPT 贸易术语应该注意的问题有两个方面。

(一) 卖方及时发出交货通知

《2010 年通则》规定，CPT 条件下，卖方必须在货物交给承运人或其他人接管后，向买方发出交货的详尽通知。在实际业务中，此类通知亦称为"装运通知"(Shipping Notice)。如果买方在 CPT 条件下需要卖方提供特殊信息，应在买卖合同中约定或在信用证中作出规定。若 CPT 条件下卖方未按惯例规定发出或未及时发出交货通知，使买方投保无依据或造成买方漏保，货物在运输过程中一旦发生灭失或损坏，应由卖方承担赔偿责任。

(二) 卖方应买方请求提供投保信息

CPT 术语规定由卖方根据买方的请求，提供投保信息，这是卖方合同随义务中的通知义务。买方在选择保险公司的地点和保险公司时完全是自由的，买方有可能选择在卖方所在国家的保险公司办理保险，所以要求卖方将指定保险公司的保险条款等情况提供给买方。按惯例规定，CPT 条件下，若买方提出请求卖方提供投保信息，卖方未能提供该信息，致使买方来不及或无法为货物投保，一旦货物在运输途中出现灭失或损坏的风险，卖方应承担过错损害赔偿责任。

CPT 术语可适用于各种运输方式，包括多式联运。

六、CIP

CIP 全称 Carriage and Insurance Paid to(…Named Place of Destination)，即运费和保险费付至(……指定目的地)，指卖方将货物在双方约定地点(如双方已经约定了地点)交给其指定的承运人或其他人。卖方必须签订运输合同并支付将货物运至指定目的地所需的费用。

卖方还必须为买方在运输途中货物的灭失或损坏风险签订保险合同。买方应注意到，CIP 只要求卖方投保最低险别，如果买方需要更多保险保护，则需与卖方就此达成明确协议，或者自行作出额外的保险安排。

由于风险转移和费用转移的地点不同，该术语有两个关键点。特别建议双方应尽可能确切地在合同中明确交货地点(风险在这里转移至买方)，以及指定目的地(卖方必须签订运输合同运到该目的地)。如果运输到约定目的地涉及多个承运人，且双方不能就特定的交货地点达成一致，可以推定：当卖方在某个完全由其选择且买方不能控制的地点将货物交付给第一承运人时，风险转移至买方。如双方希望风险晚些转移的话(例如在某海港或机场转移)，则需要在其买卖合同中说明。

由于卖方需承担将货物运至目的地具体地点的费用，特别建议双方应尽可能确切地在指定目的地内明确该点。建议卖方取得完全符合该选择的运输合同。如果卖方按照运输合同在指定的目的地内卸货发生了费用，除非双方另有约定，否则卖方无权向买方要求偿付。

如适用时，CIP 要求卖方办理货物的出口清关手续。但是卖方无义务办理进口清关、支付任何进口税或办理进口相关的任何海关手续。

该术语可适用于各种运输方式，也可适用于多种运输方式。

第三节　其他五种贸易术语

一、EXW

EXW，全称 Ex Works(…Named Place)，即工厂交货(……指定地点)，指当卖方在其所在地或其他指定地点(如工厂、车间或仓库等)将货物交由买方处置时，即完成交货。卖方不需将货物装上任何前来接收货物的运输工具，需要清关时，卖方也无需办理出口清关手续。

特别建议双方在指定交货地范围内尽可能地明确具体交货地点，因为在货物到达交货地点之前的所有费用和风险都由卖方承担。买方则需承担自此指定交货地的约定地点(如有的话)收取货物所产生的全部费用和风险。

EXW 术语代表卖方最低义务，使用时需注意以下问题：

(1) 卖方对买方没有装货的义务，即使实际上卖方也许更方便这样做。如果卖方装货，也是由买方承担相关风险和费用。当卖方更方便装货物时，FCA 一般更合适，因为该术语要求卖方承担装货义务，以及与此相关的风险和费用。

(2) 以 EXW 为基础购买出口产品的买方需要注意，卖方只有在买方要求时，才有义务协助办理出口，即卖方无义务安排出口通关。因此，在买方不能直接或间接地办理出口清关手续时，不建议使用该术语。

(3) 买方仅有限度地承担向卖方提供货物出口相关信息的责任。但是，卖方则可能出于缴税或申报等目的，需要这方面的信息。

EXW 适用于各种运输方式，也可适用于多种运输方式。它适合国内贸易，而 FCA 一般则更适合国际贸易。

二、FAS

FAS，全称 Free Alongside Ship(…Named Port of Shipment)，即装运港船边交货(……指定装运港)。FAS 仅适用于海运或内河运输。FAS 也属于装运港交货的贸易术语。

采用 FAS 术语时，即卖方在指定的装运港将货物交到船边时，即完成交货。买方必须承担自交货时起货物灭失或损坏的一切风险。术语要求卖方办理出口清关手续，但销售合同明确由买方办理则除外。

FAS 条件下，买卖双方的风险以船边为界。所谓船边，FAS 术语并未加以界定，但在实务中，一般是指船舶吊货机或其他装货索具可触及的范围。如果利用码头上的吊货起重机时，船边实际是指利用该起重机进行装货的地点，即买方指定船边预定停靠码头岸边供装货的地方。

三、DAT

DAT，全称 Delivered At Terminal(…Named Terminal at Port or Place of Destination)，即终点站交货(……指定港口或目的地的运输终端)。卖方在指定的目的港或目的地指定的终点站卸货后将货物交给买方处置即完成交货。"终点站"包括任何地方，无论约定或者不约定，包括码头、仓库、集装箱堆场或公路、铁路、空运货站。卖方应承担将货物运至指定目的地和卸货所产生的一切风险和费用。

建议当事人应尽量明确地指定终点站，如果可能，指定在约定的目的港或目的地的终点站内的一个特定地点，因为货物到达这一地点的风险是由卖方承担，建议卖方签订一份与这样一种选择准确契合的运输合同。

此外，若当事人希望卖方承担从终点站到另一地点的运输及管理货物所产生的风险和费用，那么此时适用 DAP(目的地交货)或 DDP(完税后交货)规则。

在必要的情况下，DAT 规则要求卖方办理货物出口清关手续。但是，卖方没有义务办理货物进口清关手续以及支付任何进口税或办理任何进口海关手续。

该术语可适用于任何运输方式，也可适用于多种运输方式。

四、DAP

DAP，全称 Delivered At Place(…Named Place of Destination)，即目的地交货(……指定目的地)，指当卖方在指定目的地将仍处于抵达的运输工具之上，且已做好卸载准备的货物交由买方处置时，即为交货。卖方承担将货物运送到指定地点的一切风险。

由于卖方承担在特定地点交货前的风险，特别建议双方应尽可能清楚地约定指定目的地内的交货点。建议卖方取得完全符合该选择的运输合同。如果卖方按照运输合同在目的地发生了卸货费用，除非双方另有约定，卖方无权向买方要求偿付。

如适用时，DAP 要求卖方办理出口清关手续。但是卖方无义务办理进口清关、支付任何进口税或办理任何进口海关手续。如果双方希望卖方办理进口清关、支付所有进口关税并办理所有进口海关手续，则应当使用 DDP 术语。

该术语可适用于任何运输方式，也可适用于多种运输方式。

五、DDP

DDP，全称 Delivered Duty Paid(…Named Place of Destination)，即完税后交货(……指定目的地)，指当卖方在指定目的地将仍处于抵达的运输工具上，但已完成进口清关，且已做好卸载准备的货物交由买方处置时，即为交货。卖方承担将货物运至目的地的一切风险和费用，并且有义务完成货物出口和进口清关，支付所有出口和进口的关税以及办理所有海关手续。DDP 代表卖方的最大责任。

由于卖方承担在特定地点交货前的风险和费用，特别建议双方应尽可能清楚地约定在指定目的地内的交货点。建议卖方取得完全符合该选择的运输合同。如果按照运输合同，卖方在目的地发生了卸货费用，除非双方另有约定，卖方无权向买方索要。

如卖方不能直接或间接地完成进口清关，则特别建议双方不使用 DDP。

如双方希望买方承担所有进口清关的风险和费用，则应使用 DAP 术语。

除非买卖合同中另有明确规定，任何增值税或其他应付的进口税款由卖方承担。

该术语可适用于任何运输方式，也可适用于多种运输方式。

思 考 与 练 习

一、单项选择题

1. 下列术语中卖方不负责办理出口手续及支付相关费用的是(　　　)。

A. FCA　　　　B. FAS　　　　C. FOB　　　　D. EXW

2. 象征性交货指卖方的交货义务是(　　　)。

A. 不交货　　　　　　　　B. 即交单又实际性交货

C. 凭单交货　　　　　　　D. 实际性交货

3. 中国上海某出口商欲向美国纽约某进口商出口一批服装，他可以使用的贸易术语是(　　　)。

A. FAS New York　　　　　B. FOB New York

C. CIF New York　　　　　D. DDP Shanghai

4. 按下列术语中的(　　　)条件达成的交易，卖方向买方及时发出装船通知最为重要。

A. FOB　　　　B. CFR　　　　C. CIF　　　　D. DAT

5. 在以 CIF 和 CFR 术语成交的条件下，货物运输保险分别由卖方和买方办理，运输途中货物灭失和损坏的风险(　　　)。

A. 前者由卖方承担，后者由买方承担

B. 均由卖方承担

C. 均由买方承担

D. 前者由买方承担，后者由卖方承担

6. 按照《2010 年通则》的规定，以 FOBST 贸易术语的变形成交，买卖双方风险的划分界限是(　　　)。

A. 货交承运人　　　　　　B. 货物在装运港船上

C. 货物在目的港卸货后　　D. 装运港码头

7.《1932 年华沙-牛津规则》是国际法协会专门为解释(　　　)合同而制定的。

A. FOB　　　　B. CFR　　　　C. CIF　　　　D. FCA

8. 下列关于 CIF 术语的说法正确的是(　　　)。

A. 它是典型的象征性交货　　B. 它是典型的实际交货

C. 卖方要把货物运到目的港　　D. 卖方要负担把货物运到目的港的全部运费

9. 在交货地点上，《1941 年美国对外贸易定义修订本》中对(　　　)的解释与《2010 年通则》中对 FOB 的解释相同。

A. FOB Under Tackle　　　　B. FOB

C. FOB Vessel　　　　　　　D. FOB Liner Terms

10. 根据《2010 年通则》的解释，CFR 术语仅适用于水上运输，如果卖方先将货物交到货站或使用滚装与集装箱运输时，应采用( )为宜。

A. FCA B. CIP C. CPT D. DDP

二、名词解释

1. 象征性交货 2. 贸易术语 3. 国际贸易惯例

三、案例分析题

1. 我某出口公司与外商按 CIF Landed London 条件成交出口一批货物，合同规定，商品的数量为 500 箱，以信用证方式付款，5 月份装运。买方按合同规定的开证时间将信用证开抵卖方。货物顺利装运完毕后，卖方在信用证规定的交单期内办好了议付手续并收回货款。不久，卖方收到买方寄来的货物在伦敦港的卸货费和进口报关费的收据，要求我方按收据金额将款项支付给买方。

问：我方是否需要支付这笔费用，为什么？

2. 我方以 FCA 贸易术语从意大利进口一批布料，双方约定最迟的装运期为 4 月 12 日，由于我方业务员疏忽，导致意大利出口商在 4 月 15 日才将货物交给我方指定的承运人。当我方收到货物后，发现部分货物有水渍，据查是因为货交承运人前两天大雨淋湿所致。据此，我方向意大利出口商提出索赔，但遭到拒绝。

问：我方的索赔是否有理，为什么？

第二章 商品的品名、质量、数量和包装

学习目标

- **理论目标**

  通过本章的学习，认识在国际买卖合同中列明商品品名及其品质、数量和包装的重要意义，明确交易的标的及其品质、数量和包装条款的具体内容以及规定办法，并重点掌握表示商品品质的方法和品质条款、计量方法和数量条款、运输包装和销售包装、运输标志等知识点。

- **案例目标**

  运用所学的理论知识来分析相关的品名、质量、数量、包装的案例。

- **技能目标**

  掌握订立、拟定品名、质量、数量、包装条款等技能。

案例导入

我某公司对美成交自行车 3000 辆。合同规定黑色、墨绿色、湖蓝色各 1000 辆，不得分批装运。我方发货时才知道墨绿色的库存仅 950 辆，因缺货数量不大，便以 50 辆黑色车代替。

【思考】请问这样做有无问题？

第一节 商品的品名和质量

一、商品的品名

商品的品名(Name of Commodity)即商品的名称，是指能使某种商品区别于其他商品的一种称呼或概念。商品的名称在一定程度上体现了商品的自然属性、用途以及主要的性能特征。

在国际贸易中，买卖双方商订合同时，必须列明商品名称、品名条款是买卖合同中不可缺少的一项主要交易条件。所以，在规定此条款时，应注意下列事项：

(1) 商品的品名必须做到内容明确、具体；

(2) 商品的品名必须实事求是、切实反映商品的特点，切忌空泛、笼统；

(3) 商品的品名要尽可能使用国际上通行的名称；

(4) 确定品名时，应注意有关国家的海关税则和进出口限制的有关规定，恰当地选择

有利于降低关税和方便进出口的名称；

(5) 确定品名时必须考虑其与运费的关系。

二、商品的质量

商品的质量(Quality of Goods)是指商品的内在素质和外在形态的综合。前者包括商品的物理性能、机械性能、化学成分和生物的物性等自然属性，后者包括商品的外形、色泽、款式或者透明度等。

合同中的品质条件是构成商品说明的重要组成部分，是买卖合同双方交接货物的依据。

《联合国国际货物买卖合同公约》规定，卖方交付货物，必须符合约定的质量。如卖方交货不符约定的品质条件，买方有权要求损害赔偿，也可要求修理或交付替代货物，甚至拒收货物和撤销合同。

(一) 以实物表示商品的质量

1. 看货买卖

看货买卖是指买卖双方根据成交商品的实际品质进行交易。通常先由买方或代理人在卖方存放货物的场所验看货物，一旦达成交易，卖方就应按对方验看过的商品交货，只要卖方交付的是验看过的货物，买方就不得对品质提出异议。

在国际贸易中，由于交易双方相隔两地，交易洽谈多靠函电方式进行，买方到卖方所在地验看货物有诸多不便，即使卖方有现货在手，买方也是由代理人代为验看货物，但看货时也无法逐件查验，所以采用看货成交的交易有限，这种做法多用于寄售、拍卖和展卖业务中。

2. 凭样品买卖

样品通常是从一批商品中抽出来的或由生产、使用部门设计、加工出来的，足以反映和代表整批商品品质的少量实物，凡以样品表示商品品质并以此作为交货依据的称为"凭样品买卖"(Sale by Sample)。

在国际贸易中，按样品提供者的不同，可分为以下几种：

(1) 卖方样品(Seller's Sample)。

由卖方提供的样品称为"卖方样品"。凡以卖方样品作为交货的品质依据者称为"卖方样品买卖"。在此情况下，在买卖合同中应订明："品质以卖方样品为准"(Quality as per seller's sample)。日后，卖方所交货物的品质必须与提供的样品相同。

(2) 买方样品(Buyer's Sample)。

买方为了使其订购的商品符合自身要求，有时提供样品交由卖方依样承制，如卖方同意按买方提供的样品成交，称为"凭买方样品买卖"。在这种场合，买卖合同中应订明："品质以买方样品为准" (Quality as buyer's sample)。日后，卖方所交货物的品质必须与买方的样品相符。

(3) 对等样品(Counter Sample)。

在国际贸易中，谨慎的卖方往往不愿意承接凭买方样品交货的交易，以免因交货品质与买方样品不符而招致买方索赔甚至退货的危险，在此情况下，卖方可根据买方提供的样品，加工复制出一个类似的样品交买方确认，这种经确认后的样品，称为"对等样品"或"回样"，也称为"确认样品"(Confirming Sample)。当对等样品被买方确认后，则日后卖方所交货物的品质必须以对等样品为准。

此外，买卖双方为了发展贸易关系和增进彼此对对方商品的了解，往往采用互相寄送样品的做法，这种以介绍商品为目的而寄出的样品，最好标明"仅供参考"(for reference only)字样，以免与标准样品混淆。

(二) 以文字说明表示商品的质量

所谓凭文字说明表示品质，即指用文字、图表、相片等方式来说明成交商品的品质，在这类表示品质的方法中，可细分为如下几种：

1. 凭规格买卖(Sale by Specification)

商品规格是指一些足以反映商品品质的主要指标，如化学成分、含纯度、性能、容量、长短粗细等。在国际贸易中，买卖双方洽谈交易时，对于适于规格买卖的商品，应提供具体规格来说明商品的基本品质状况，并在合同中订明。规格买卖时，说明商品品质的指标因商品不同而异，即使是同一商品，也会因用途不同而对于规格的要求有所差异，由于这种表示品质的方法明确具体、简单易行，故在国际贸易中被广泛运用。

案例

某外贸公司向德国出口一批大麻，合同规定水分最高为 15%，杂质不超过 3%。成交前，我方曾向对方寄过样品，签约后我方又去电告知"成交货物与样品相似"。货到德国后，买方出具了货物品质比样品低7%的检验证明，并要求赔偿 2000 马克。我方拒绝赔偿，并指出：这批货是经过挑选的。因为是农产品，不可能做到与样品完全一致，但不会比样品低7%。由于我方留存的样品遗失，无法说明清楚，最后只好赔付了一笔品质差价款而结案。

【思考】　从上述案例中，我出口公司应接受什么教训？

2. 凭等级买卖(Sale by Grade)

商品的等级是指同一类商品按规格上的差异分为品质优劣各不相同的若干等级。

凭等级买卖时，由于不同等级的商品具有不同的规格，为了便于履行合同和避免争议，在品质条款列明等级的同时，最好一并规定每一等级的具体规格。上述这种表示品质的方法，对简化手续、促进成交和体现按质论价等方面都有一定的作用。

3. 凭标准买卖(Sale by Standard)

商品的标准是指将商品的规格和等级予以标准化。商品的标准，有的由国家或有关政府主管部门规定，也有的由同业公会、交易所或国际性的工商组织规定。有些商品习惯于标准买卖，人们往往使用某种标准作为说明和评定商品品质的依据。

国际贸易采用的各种标准，有些具有法律上的约束力，凡品质不符合标准要求的商品不许进口或出口。但也有些标准不具有法律上的约束力，仅供交易双方参考使用，买卖双方洽商交易时，可另行商定对品质的具体要求。

在国际贸易中，对于某些品质变化较大而难以规定统一标准的农副产品，往往采用"良好平均品质"(Fair Average Quality，FAQ)这一术语来表示其品质。所谓"良好平均品质"是指一定时期内某地出口货物的平均品质水平，一般是指中等货。在我国实际业务中，用FAQ来说明品质，一般是指大路货，在标明大路货的同时，通常还约定具体规格作为品质依据。

4. 凭说明书和图样买卖(Sale by Descriptions)

在国际贸易中，有些机器、电器和仪表等技术密集型产品因结构复杂、对材料和设计的要求严格、用以说明性能的数据较多，很难用几个简单的指标来表明品质的全貌，而且有些产品，即使其名称相同，但由于所使用的材料、设计和制造技术的某些差别，也可能导致功能上的差异。因此，对这类商品的品质，通常以说明书并附以图样、照片、设计图纸、分析表及各种数据来说明具体性能和结构特点，按此方式进行的交易称为凭说明书和图样买卖。按这种表示品质的方法成交，卖方所交货物必须符合说明书和图样的要求，但由于对这类产品的技术要求较高，有时，同说明书和图样相符的产品在使用时不一定能发挥设计所要求的性能，买方为了维护自身的利益，往往要求在买卖合同中加订卖方品质保证条款和技术服务条款。

5. 商标或品牌买卖(Sale by Trade Mark or Brand Name)

商标(Trade Mard)是指生产者或商号用来识别所生产或出售的商品的标志，它可由一个或几个具有特色的单词、字母、数字、图形或图片等组成。品牌(Brand Name)是指工商企业给制造或销售的商品所冠的名称，以便与其他企业的同类产品区别开来，一个品牌可用于一种产品，也可用于一个企业的所有产品。

当前，国际市场上行销的许多商品，尤其是日用消费品、加工食品、耐用消费品等都标有一定的商标或品牌。各种不同商标的商品都具有不同的特色，一些在国际上久负盛名的名牌产品，都因其品质优良稳定，具有一定的特色并能显示消费者的社会地位，故售价远远高出其他同类产品。这种现象特别是在消费水平较高、对品质要求严格的所谓"精致市场"(Sophisticated Market)表现得尤其突出，而一些名牌产品的制造者为了维护商标的声誉，对产品都有严格的品质控制，以保证其产品品质达到一定的标准。因此，商标或品牌自身实际上是一种品质象征，人们在交易中可以只凭商标或品牌进行买卖，毋需对品质提出详细要求。但是，如果一种品牌的商品同时有许多种不同型号或规格，为了明确起见，就必须在规定品牌的同时明确规定型号或规格。

6. 凭产地名称买卖

在国际货物买卖中，有些产品，因产区的自然条件、传统加工工艺等因素，在品质上具有其他产区的产品所不具有的独特风格和特色，对于这类产品，一般也可用产地名称来表示品质。

上述各种表示品质的方法，一般是单独使用，但有时也可酌情将其混合使用。

案例　　　　　　　　　**"山东大蒜"的案例**

韩国 KM 公司向我 BR 土畜产公司订购大蒜 650 公吨，双方当事人几经磋商最终达成了交易。但在缮制合同时，由于山东胶东半岛地区是大蒜的主要产区，通常我国公司都以此为大蒜货源基地，所以 BR 公司就按惯例在合同品名条款打上了"山东大蒜"。可是在临近履行合同时，大蒜产地由于自然灾害导致欠收，货源紧张。BR 公司紧急从其他省份征购，最终按时交货。但 KM 公司来电称，所交货物与合同规定不符，要求 BR 公司作出选择，要么提供山东大蒜，要么降价，否则将撤销合同并提出贸易赔偿。

【思考】　KM 公司的要求是否合理？

三、买卖合同中的品质条款

(一) 品质条款的基本内容

表示商品品质的方法不同，合同中品质条款的内容也各不相同。在凭样品买卖时，合同中除了要列名商品的品名外，还应订明样品的编号，必要时还要列出寄送的日期。在凭文字说明买卖时，应明确规定商品的品名、规格、等级、标准、品牌或产地名称等内容。在凭说明书和图样表示商品品质时，还应在合同中列出说明书、图样的名称、份数等内容。

买卖合同中的品质条款举例如下：

(1) 品质与卖方 2011 年 5 月 13 日提供的样品相似(凭样品)。

Quality is to be similar to the sample submitted by the seller on 13 May 2011.

(2) 所交货物须与卖方第 EC0488 号样品大致相等(凭样品)。

The goods to be delivered shall be about equal to seller's sample No.EC0488.

(3) 鲜鸡蛋蛋黄呈浅棕色、清洁、品质新鲜、大小均匀。特级：每枚蛋净重 60～65 克；超级：每枚蛋净重 55～60 克(凭等级)。

Fresh hen eggs，shell light brown and clean,evening size grade AA: 60-65GM PER EGG; grade A: 55-60GM PER EGG.

(4) 母水貂皮大衣，中国标准，胸围身长 120 厘米×115 厘米(凭标准)。

Female mink overcoat Chinese standard body length 120 cm × 115 cm.

(5) 梅林牌辣酱油(凭商标)。

Maling Brand Worcestershire Sauce.

(6) 四川榨菜(凭产地)。

Sichuan Preserved Vegetable.

(7) 1515A 型多梭箱织机，详细规格如所附文字说明与图样(凭产品说明书)。

Multi-shuttle Box Loom Model 1515A. Detail Specifications as per attached descriptions and illustrations.

(二) 签订国际货物买卖合同中的品质条款应注意的问题

(1) 品名和品质条款的内容和文字要做到简单、具体、明确，既能分清责任又能方便检验，应避免使用"大约"、"左右"、"合理误差"等笼统字眼。

(2) 凡能采用品质机动幅度或品质公差的商品，应订明幅度的上、下限或公差的允许值。如所交货物的品质超出了合同规定的幅度或公差，买方有权拒收货物或提出索赔。

① 品质机动幅度是指允许卖方所交货物的品质指标有一定幅度范围内的差异，只要卖

方所交货物的品质没有超出机动幅度的范围，买方就无权拒收货物，这一方法主要适用于初级产品。

规定品质机动幅度的方法主要有以下三种：

- 规定范围。例如，番茄酱，28/30 浓缩度；
- 规定极限。例如，活黄鳝，每条 75 克以上；
- 规定上下差异。例如，灰鸭毛，含绒量 18%，允许上下 1%。

② 品质公差是指工业制成品在加工过程中所产生的误差。在品质公差范围内，买方无权拒收货物，也不得要求调整价格，这一方法主要适用于工业制成品。

(3) 应注意各品质指标之间的内在联系和相互关系，要有科学性和合理性。

第二节　商品的数量

一、订立数量条款的意义

商品的数量是国际货物买卖合同中不可缺少的主要条件之一。按照某些国家的法律规定，卖方交货数量必须与合同规定相符，否则，买方有权提出索赔，甚至拒收货物。《联合国国际货物销售合同公约》也规定，按约定的数量交付货物是卖方的一项基本义务。如卖方交货数大于约定的数量，买方可以拒收多交的部分，也可收取多交部分中的一部分或全部，但应按合同价格付款；如卖方交货数少于约定的数量，卖方应在规定的交货期届满前补交齐，但不得使买方遭受不合理的不便或承担不合理的开支，即使如此，买方也有保留要求损害赔偿的权利。

二、计量单位和计量方法

(一) 国际贸易中常用的度量衡制度

在国际贸易中，通常采用公制、英制、美制和国际标准计量组织在公制基础上颁布的国际单位制。

(二) 计量单位

国际贸易中使用的计量单位很多，究竟采用何种计量单位，除主要取决于商品的种类和特点外，也取决于交易双方的意愿。

1. 重量单位

按重量计量的单位主要有：千克、公吨、长吨、短吨、公斤、克、盎司等。按重量计算是当今国际贸易中广为使用的一种，例如，许多农副产品、矿产品和工业制成品都按重量计量。

2. 数量单位

按数量计量的单位主要有：件、双、套、打、卷、令、罗、个、台、组、张、袋、箱、桶、包等。大多数工业制成品，尤其是日用消费品、轻工业品、机械产品以及一部分土特产品均习惯于按数量进行买卖。

3．长度单位

按长度计量的单位主要有：米、英尺、码、厘米等。在金属绳索、丝绸、布匹等商品的交易中，通常采用长度单位来计量。

4．面积单位

按面积计量的单位主要有：平方米、平方尺、平方码、平方英尺等。在玻璃板、地毯等商品的交易中，一般习惯于以面积作为计量单位。

5．体积单位

按体积计量的单位主要有：立方米、立方尺、立方码等。按体积成交的商品主要有木材、天然气和化学气体等。

6．容积单位

按容积计量的单位主要有：公升、加仑、蒲式耳等。各类谷物和液体货物往往按容积计量。

(三) 计量方法

在国际货物的买卖中，有很多商品是按重量计量的。计算重量的方法主要有以下几种。

1．毛重

毛重是指商品本身的重量加包装物的重量，这种计重办法一般适用于低值商品。

2．净重

净重是指商品本身的重量，即除去包装物后的商品实际重量。净重是国际贸易中最常见的计重办法。不过有些价值较低的农产品或其他商品，有时也采用"以毛作净"的办法计重。

在采用净重计重时，对于如何计算包装重量，国际上有下列几种做法。

(1) 按实际皮重计算。实际皮重即指包装的实际重量，它是指对包装逐件衡量后所得的总和。

(2) 按平均皮重计算。如果商品所使用的包装比较统一，重量相差不大，就可以从整体货物中抽出一定件数，称出其皮重，然后求出平均重量，再乘以总件数，即可求得整体货物的皮重。近年来，随着技术的发展和包装用料及规格的标准化，用平均皮重计算的做法已日益普遍，有人把它称为标准皮重。

(3) 按习惯皮重计算。一些商品，由于其所使用的包装材料和规格已比较定型，皮重已为市场所公认。因此，在计算其皮重时，就无需对包装逐件过秤，按习惯上公认的皮重乘以总件数即可。

(4) 按约定皮重计算。即以买卖双方事先约定的包装重量作为计算的基础。

3．公量

有些商品，如棉花、羊毛、生丝等有比较强的吸湿性，所含的水分受客观环境的影响较大，重量也就很不稳定，为了准确计算这类商品的重量，国际上通常采用按公量计算，其计算办法是以商品的干净重(即烘干商品水分后的重量)加上国际公定的回潮率与干净重的乘积所得出的重量，即为公量。计算公式如下：

$$公量 = \frac{商品重量 \times (1 + 标准回潮率)}{1 + 实际回潮率}$$

4. 法定重量

按照一些国家海关法的规定，在征收量税时，商品的重量是以法定重量计算的。所谓法定重量是商品加上直接接触商品的包装物料，如销售包装等的重量。

5. 理论重量

对于一些按固定规格生产和买卖的商品只要重量一致，每件重量大体是相同的，所以一般可以从件数推算出总量。但是，这种计重方法是建立在每件货物重量相同的基础上的，重量如有变化，其实际重量也会发生差别，因此，只能作为计重时的参考。

三、买卖合同中的数量条款

(一) 数量条款的基本内容

(1) 数量：3000 箱 60000 打 20 打/箱(quantity: 3000cartons 60 000dozens 20doz/ctn)。

(2) 数量：20000 公吨卖方可溢短装 5%(quantity: 20 000metric tons,5% more or less at seller's option)。

(二) 订立数量条款应注意的问题

(1) 正确掌握成交数量。

(2) 明确计量单位：一般以净重计算。

(3) 数量条款应当明确具体，不宜采用"大约"、"近似"、"左右"等带伸缩性的字眼来表示数量。

(4) 合理规定数量机动幅度。

为避免因卖方实际交货不足或超过合同规定而引起纠纷，对于一些数量难以严格限定的商品，如大宗的农副产品、煤炭等，通常在合同中规定溢短装条款(More Or Less Clause，MOL)。溢短装条款在合同中规定交货数量允许有一定范围的机动幅度，并明确溢短装部分由谁选择和作价原则。凡是作出这类条款的合同，卖方的交货数量只要在增减幅度范围之内就是按合同规定交货，不可算作违约。

在出口业务中，关于交货的机动幅度，大致有如下几种规定方法。

① 合同中明确了具体的规定数量的机动幅度。如：数量 1000 吨，2%伸缩。

② 合同中未明确规定数量的机动幅度，但在交易数量前加"约"字。各国对"约"字的理解不同，有的理解为 2%，有的理解为 5%，甚至 10%。根据《UCP 600》的规定，"约"或"大约"用于信用证金额或信用证规定的数量或单价时，应解释为 10%的增减幅度。

③ 合同中未明确规定机动幅度。这种规定方法按原则要求卖方交货的数量应与合同规

定的数量完全一致，但在信用证支付方式下的散装货物的买卖，根据《UCP 600》的规定，交货数量可有增减 5% 的机动幅度。

<h1 style="text-align:center">第三节　商品的包装</h1>

案例导入

　　我乡镇企业与香港 M 贸易公司签订了一份出口烤花生合同，规定数量为 40 公吨，纸箱包装，每箱装 10 袋，每袋 450 克。付款采用信用证方式，签约后 15 天内将信用证开到中方，交货期 4 月 30 日以前。因客户对内包装袋不满意，决定使用自己的包装袋，于是包装条款中附带一句"内包装由港方提供"。3 月 20 日签约后的 14 天，港方开来信用证，审核无误后即组织加工，同时催促对方发送包装袋。4 月 15 日加工完毕，包装袋仍未到，在多次催促之后，包装袋于 4 月 24 日到货。出口方立即组织装袋打包，但仍未赶上 4 月 28 日的船期，而下一班船是 5 月 8 日，超过来证的交货期。于是，出口方于 4 月 28 日致电港方，由于迟交包装袋，导致未能按时交货，要求改证，但遭到对方拒绝，并要求将信用证改为托收结汇，出口方表示同意。货到香港后，港方突然来函称市场看跌，要求降价 10%，在极为被动的情况下，经交涉减让了 8%，才得以办理赎单手续。

　　【思考】　从本案例中，你觉得我方应该吸取什么样的经验教训？

　　进出口货物，除少数直接装入运输工具的散装货(bulk cargo)和在形态上自成件数、无需包装或略加捆扎即可成件的裸装货(nude cargo)不必包装以外，绝大多数都需要有适当的包装。包装是货物的承载物、保护物，是货物运动过程中的有机组成部分。

一、包装的概念、种类及其作用

(一) 包装的含义

　　包装是指在流通过程中，为保护产品、方便储运、促进销售，依据不同情况而采用的容器、材料、辅助物及所进行的操作的总称。

(二) 包装的种类

　　根据包装在流通过程中所起的作用不同，可以分为运输包装和销售包装两种类型。

1. 运输包装

　　运输包装，又称为大包装或外包装，它是为了满足货物运输、装卸和存储的要求而对货物进行的包装，其主要作用在于保护商品，防止在储运过程中发生货损、货差。

(1) 运输包装的分类。运输包装的方式和造型多种多样，用料和质地各不相同，包装程度也有差异，这就导致运输包装具有下列多样性：

① 按包装方式，可分为单件运输包装和集合运输包装。前者是指货物在运输过程中作为一个计件单位的包装；后者是指将若干单件运输包装组合成一件大包装，以利更有效地保护商品，提高装卸效率和节省运输费用。在国际贸易中，常见的集合运输包装有集装包和集装袋。

② 按包装形状不同，可分为箱、袋、桶和捆不同形状的包装。

③ 按包装材料不同，可分为纸制包装、金属包装、木制包装、塑料包装、麻制品包装以及竹、柳、草制品包装和玻璃制品包装、陶瓷包装等。

④ 按包装质地可分为软性包装、半硬性包装和硬性包装。

⑤ 按包装程度不同，可分为全部包装和局部包装。

在国际贸易中，买卖双方究竟采用何种运输包装，应在合同中具体订明。

(2) 运输包装的标志。运输包装的标志是指在货物运输包装的明显处书写、印刷一定的图形或文字，便于人们识别或提醒人们操作时注意的标志。按其用途可分为运输标志、指示性标志、警告性标志。

① 运输标志(Shipping Mark)。运输标志又称唛头，是一种识别标志，它通常是由一个简单的几何图形和一些字母、数字及简单的文字组成，通常印刷在外包装明显的部位。鉴于运输标志的内容差异较大，有的过于繁杂，不适应货运量增加、运输方式变革和电子计算机在运输与单据流转方面应用的需要，因此，联合国欧洲经济委员会简化国际贸易程序工作组，在国际标准化组织和国际货物装卸协调协会的支持下，制定了一项运输标志向各国推荐使用。该标准化运输标志由以下四个要素构成：收货人或买方名称的英文缩写字母或简称；参考号码，如运单号、订单号或发票号；目的地；件数号码。

例如：ABC.Co　　　　　　　　收货人名称

　　　94LAO602　　　　　　　参考号码

　　　NEW YORK　　　　　　　目的地

　　　CTN/NOS.1—1500　　　　件数号码

② 指示性标志(Indicative Mark)。在国际运输业务中往往根据货物的特性，如怕热、怕湿、怕震、怕倾斜等，在货物的外包装上刷制一些提示人们注意的标志，这就是指示性标志(如图 2-1 所示)。它通常用图形或文字表示。

1. 易碎物品
　运输包装件内装易碎品，因此搬运时应小心轻放。

2. 禁用手钩
　搬运运输包装时禁用手钩。

3. 向上
　表明运输包装件的正确位置是竖直向上。

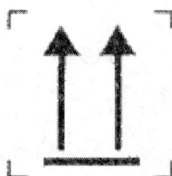

4. 怕晒
　表明运输包装件不能直接照射。

5. 怕辐射
   包装物品一旦受辐射便会完全变质或损坏。

6. 怕雨
   包装件怕雨淋。

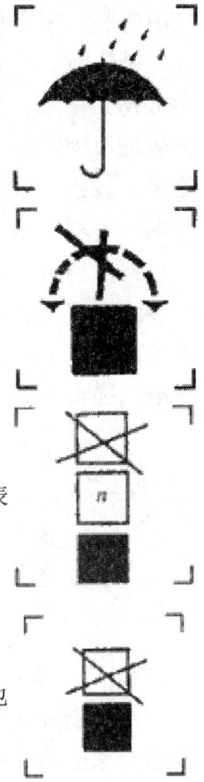

7. 重心
   表明一个单元货物的重心。

8. 禁止翻滚
   不能翻滚运输包装。

9. 此面禁用手推车
   搬运货物时此面禁放手推车。

10. 堆码层数极限
    相同包装的最大堆码层数，n 表示层数极限。

11. 堆码重量极限
    表明该运输包装件所能承受的最大重量极限。

12. 禁止堆码
    该包装件不能堆码并且其上也不能放置其他负载。

图 2-1 指示性标志

③ 警告性标志(Warning Mark)。警告性标志是指在装有爆炸品、易燃物品、腐化物品、氧化剂和放射物质等危险货物的运输包装上用图形或文字表示各种危险品的标志,如图 2-2 所示。其作用是警告有关装卸、运输和保管人员按货物特性采取相应的措施,以保障人身和物资的安全。

(a)   (b)   (c)

图 2-2 警告性标志

2. 销售包装

销售包装又称为内包装或小包装,是指直接接触商品、随商品进入零售市场、与消费者见面的包装。这类包装除保护商品外,更强调美观、实用,具有促进销售的作用。

常见的销售包装有:挂式包装、堆叠式包装、便携式包装、易开包装、一次性包装、复用包装、喷雾包装、配套包装、礼品包装等。

销售包装应有适宜的装潢画面和必要的文字说明。它通常直接印刷在包装上，或采用在货物上粘贴、加标签、挂吊牌等方式。包装装潢画面要具有吸引力，突出商品特点，要适应进口国家的民族习惯和爱好。销售包装上的文字说明包括商标、品牌、品名、产地、数量、规格、成分、用途和使用方法等内容，它们必须同装潢画面紧密配合、互相衬托，否则，不利于售出货物。

商品包装上的条形码是将宽度不等的多个黑条和空白，按照一定的编码规则排列，用以表达一组信息的图形标识符，如图 2-3 所示。常见的条形码是由反射率相差很大的黑条(简称条)和白条(简称空)排成的平行线图案。这些线条与间隔空间表示一定的信息，通过一种光电扫描设备就可以准确地判断该商品的产地、厂家及商品的一些属性。

图 2-3　条形码

在货物外包装上采用条形码技术有利于发展国际贸易和实现现代化经营管理。目前，发达国家已普遍在商品外包装上使用条形码标签，因此我国的商品要想打入各国的超级市场，不仅在质量、包装等方面要符合国际标准要求，同时，还要符合国外超级市场自动扫描结算的要求。如果我国出口商品包装上没有条形码，即使是名优商品，也不能进入超级市场，而只能当作低档商品进入廉价商店。

3. 中性包装和定牌

(1) 中性包装。中性包装指商品和内外包装上均无生产国别和生产厂商的名称。这种中性包装的做法是国际贸易中常见的方式，在买方的要求下可酌情采用。对于我国和其他国家订有出口配额协定的商品，则应从严掌握，因为万一发生进口商将商品转口至有关配额国，将对我国产生不利影响。出口商千万不能因一己之利而损害国家的声誉和利益。

(2) 定牌。定牌指卖方按买方的要求在其出售的商品或包装上标明买方指定的商标和牌号，称之为定牌生产。在国际或国内贸易中，有许多大百货商店、超级市场和专业商店，在其经营的商品中，有一部分商品使用该店专有的商标和牌名，这部分商品即是由商店要求有关厂商定牌生产的。

在国际贸易中，定牌商品有的在其定牌商标下标明产地，有的则不标明产地和生产厂商。后一种做法，称为定牌中性。

二、买卖合同中的包装条款

(一) 包装条款的基本内容

包装条款是用来规定货物的包装方式、包装材料、包装费用负担和运输标志等方面内容的条款，是国际货物买卖合同的重要内容，买卖双方必须认真洽谈，并将取得的一致意见在合同中作出明确具体的规定。如果货物的包装与合同规定或行业习惯有重大不符，则属于违约，买方有权索赔损失，甚至拒收货物。

(1) 木箱装，每箱 50 公斤，净重。

In wooden cases of 50 kilos net each.

(2) 纸箱装，每箱净重 10 公斤。

In cartons of 10 kilos net each.

(3) 每箱 36 双装，混码包装。

36 pairs packed in a carton size assorted.

(4) 布包，每包 10 匹，每匹 42 码。

In cloth bales each containing 10Pcs. of 42yds.

(5) 单层新麻袋包装，每袋 50 公斤。

In new single gunny bags of 50kgs each.

(6) 木夹板包装，每令 410 张，每包 45 令。

In wooden bale 410sheets/ream, 45 ream/bale.

(7) 每 10 件装一盒子，20 盒装一出口纸箱。

10 pieces to a box, 20 boxes to an export carton.

(8) 铁桶装，每桶净重 50 公斤。

In iron drums of 50kgs net each.

(二) 订立合同包装条款应注意的问题

(1) 要考虑商品特点和不同运输方式的要求。

(2) 对包装的规定要明确具体，一般不宜采用"海运包装"和"习惯包装"之类的术语。

(3) 明确包装由谁供应和包装费由谁负担，包装由谁供应，通常有下列三种做法：

① 由卖方供应包装，包装连同商品一起交付买方。

② 由卖方供应包装，但交货后，卖方将原包装收回，关于原包装返回给卖方的运费由何方负担应作具体规定。

③ 由买方供应包装或包装物料，采用此种做法时，应明确规定买方提供包装或包装物料的时间，以及由于包装或包装物料未能及时提供而影响发运时买卖双方所负的责任。

关于包装费用，一般包括在货价之中，不另计收，但也有不计在货价之内而规定由买方另行支付的，究竟由何方负担应在包装条款中作出明确的规定，以利合同的履行。

思 考 与 练 习

一、单项选择题

1. 在国际贸易中，造型上有特殊要求或具有色香味方面特征的商品适合于(　　　)。

A. 凭样品买卖　　　B. 凭规格买卖　　　C. 凭等级买卖　　D. 凭产地名称买卖

2. 若合同规定有品质公差条款，则在公差范围内，买方(　　　)。
A. 不得拒收货物　　　　　　　　B. 可以拒收货物
C. 可以要求调整价格　　　　　　D. 可以拒收货物也可以要求调整价格
3. 在品质机动幅度条款中规定：灰鸭绒，含绒量18%，上下1%，属于(　　　)方法。
A. 规定品质公差　　B. 规定范围　　C. 规定上下差异　　D. 规定极限
4. 凭样品买卖时，如果合同中无其他规定，那么卖方所交货物(　　　)。
A. 可以与样品大致相同　　　　　B. 必须与样品大完全一致
C. 允许有合理公差　　　　　　　D. 允许在包装规格上有一定幅度的差异
5. 国际贸易中，大宗农副产品、矿产品以及一部分工业制成品习惯的计量方法
(　　　)。
A. 按面积计算　　　　　　　　　B. 按长度计算
C. 按重量计算　　　　　　　　　D. 按容积计算
6. 下列包装标志中，要在货运单据上表示的是(　　　)。
A. 运输标志　　　　　　　　　　B. 指示性标志
C. 警告性标志　　　　　　　　　D. 条形码标志
7. "向上"的标志属于(　　　)。
A. 运输包装标志　　　　　　　　B. 警告性标志
C. 指示性标志　　　　　　　　　D. 商品类别标志
8. 根据《跟单信用证统一惯例》规定，合同中使用"大约"、"近似"等约量字眼，可
解释为交货数量的增减幅度为(　　　)。
A. 不超过5%　　　　　　　　　　B. 不超过10%
C. 不超过15%　　　　　　　　　　D. 由卖方自行决定
9. 凡货样难以达到完全一致的，不宜采用(　　　)。
A. 凭说明买卖　　　　　　　　　B. 凭样品买卖
C. 凭等级买卖　　　　　　　　　D. 凭规格买卖
10. 某公司与外商签订了一份出口某商品的合同，合同中规定的出口数量为500吨。
在溢短装条款中规定，允许卖方交货的数量可增减5%,但未对多交部分如何作价给予规定。
卖方依合同规定多交了20吨，根据《公约》的规定，此20吨应按(　　　)作价。
A. 到岸价　　　　　　　　　　　B. 合同价
C. 离岸价　　　　　　　　　　　D. 议定价

二、多项选择题

1. 卖方根据买方来样复制样品，寄送买方并经其确认的样品，被称为(　　　)。
A. 复样　　　　　　　　　　　　B. 回样
C. 原样　　　　　D. 确认样　　　E. 对等样品
2. 凭商标或牌号买卖，一般只适用于(　　　)。
A. 一些品质稳定的工业制成品　　B. 经过科学加工的初级产品
C. 机器、电器和仪表等技术密集产品　D. 造型上有特殊要求的商品
3. 包装标志按其用途，可分为(　　　)。

A. 运输标志   B. 指示性标志   C. 警告性标志

D. 识别标志   E. 条形码标志

4. 某公司向国外某客商出口 50 吨小麦，卖方实际交货时多交了 2 吨，买方可就卖方多交的 2 吨货物作出(　　　)的决定。

A. 收取 52 吨货物   B. 拒收 52 吨货物

C. 收取多交货物的 1 吨   D. 拒收多交的 2 吨货物

5. 表示品质方法的分类是(　　　)。

A. 凭样品表示商品的品质   B. 凭实物表示商品的品质

C. 凭说明表示商品的品质   D. 凭商标表示商品的品质

6. 一卖方同意以每吨 300 美元的价格向买方出售 1200 吨一级大米，合同和信用证金额都为 36 万美元。但卖方实际交付货物时，大米的价格已发生了波动。因价格波动，一级大米的价格是 350 美元/吨，而三级大米的价格为 300 美元/吨，则(　　　)。

A. 卖方可交三级大米

B. 卖方应按合同规定交货

C. 因价格波动卖方可按比例少交一些货物

D. 无论进货多少，只要卖方的交货符合合同和信用证的规定，卖方就能收回 36 万美元的货款

7. 我国实施 ISO9000 系列标准，努力按国际标准化组织出口商品生产的原因是(　　　)。

A. ISO9000 系列是进入国际市场的通行证

B. ISO9000 系列标准是参与国际竞争，发展对外贸易的要求

C. ISO9000 系列标准是建立现代企业制度，适应市场经济的重要组成部分

D. ISO9000 系列标准是全面提高企业素质，强化质量管理的手段

8. 在国际贸易中，常用的度量衡制度有(　　　)。

A. 公制   B. 国际单位制   C. 英制   D. 美制

9. 在国际贸易中，溢短装条款包括的内容有(　　　)。

A. 溢短装的百分比   B. 溢短装的选择权

C. 溢短装部分的作价   D. 买方必须收取溢短装的货物

10. 在国际贸易中，关于包装由谁供应的通常做法是(　　　)。

A. 由卖方提供包装，包装连同商品一起交付买方

B. 由卖方提供包装，但交货后，卖方将原包装收回

C. 由买方提供包装或包装材料

D. 由厂家免费提供包装

三、判断题

1. 在出口贸易中，表达品质的方法多种多样，为了明确责任，最好采用既凭样品又凭规格买卖的方法。 (　　　)

2. 在出口凭样品成交业务中，为了争取国外客户，便于达成交易，出口企业应尽量选择质量最好的样品请对方确认并签订合同。 (　　　)

3．在约定的品质机动幅度或品质公差范围内的品质差异，除非另有规定，一般不另行增减价格。　　　　　　　　　　　　　　　　　　　　　　　　　（　　）

4．某外商来电要我方提供大豆，按含油量 18%，含水量 14%，不完善粒 7%，杂质 1% 的规格订立合同。对此，在一般条件下，我方可以接受。　　　　　　　（　　）

5．中国 A 公司向《公约》缔约国 B 公司出口大米，合同规定数量为 50 000 公吨，允许卖方可溢短装 10%。A 公司在装船时共装了 58 000 公吨，遭到买方拒收。按公约的规定，买方有权这样做。　　　　　　　　　　　　　　　　　　　　　　　　　（　　）

6．运输包装上的标志就是指运输标志，也就是通常所说的唛头。　　　　（　　）

7．对于警告性标志，各国一般都有统一规定。但我国出口危险品货物除印刷我国的危险品标志外，还应标明国际上规定的危险品标志。　　　　　　　　　　　（　　）

8．进出口商品包装上的包装标志，都要在运输单据上表明。　　　　　　（　　）

9．双方签订的贸易合同中，规定成交货物为不需包装的散装货，而卖方在交货时采用麻袋包装，但净重与合同规定完全相符，且不要求另外加收麻袋包装费。货到后，买方索赔，该索赔不合理。　　　　　　　　　　　　　　　　　　　　　　　　　（　　）

10．包装费用一般包括在货价之内，不另计收。　　　　　　　　　　　（　　）

四、案例分析题

1．我出口公司与美国商人凭样成交一批高档瓷器。复验期为 70 天，货到目的港复验后未提出任何异议。但事隔一年买方来电称：瓷器全部出现"釉裂"，只能削价处理，因此要求我方按原成交价赔偿 60%，我方接电后立即查看留存的复样，发现其釉下亦有裂纹。我方应如何处理？

2．出口合同规定：糖水桔子罐头，每箱 24 听，每听含五瓣桔子，每听罐头上都要用英文标明"MADE IN CHINA"。卖方为了讨个吉利，每听装了六瓣桔子，装箱时，为了用足箱容，每箱装了 26 听。在刷制产地标志时，只在纸箱上注明了"MADE IN CHINA"。买方以包装不符合同规定为由，向卖方要求赔偿，否则拒收货物。请问买方的要求是否合理？为什么？

3．一笔出口矿砂的合同规定："25 000 M/T 3% more or less at seller's option."卖方准备交货时，矿砂的国际市场价格上涨，作为卖方你准备交付多少？为什么？如果站在买方的立场上，磋商合同条款时，应注意什么？

第三章　国际货物运输

学习目标

- **理论目标**

学习掌握国际货物运输的方式、主要的运输单据和贸易合同中的装运条款等知识，并通过所学知识指导国际货物运输中的具体操作程序。

- **案例目标**

运用所学的国际货物运输过程中的理论知识，培养和提高在特定业务情境中分析问题与决策设计的能力；能结合教学内容，掌握装运条款的基本内容、提单的种类。

- **实务目标**

能运用国际货物运输主要概念、观念、基本理论等知识，选择正确的运输方式，订立合理的装运条款。

第一节　海　洋　运　输

案例导入

因船名、船期通知错误引起的争议

中国 A 公司(开证申请人、买方)与澳大利亚 B 公司(信用证受益人、卖方)订立了一份货物买卖合同，条款为 CFR 张家港，信用证付款，装运期为 2010 年 8 月，A 公司于 7 月 31 日开出信用证，9 月 9 日卖方发传真给申请人货已装船，但要在香港转船，香港的船名为 safety，预计到达张家港的时间为 10 月 10 日。但直到 10 月 18 日该轮船才到港，申请人去办理提货手续时发现船上根本没有合同项下的货物，后经多方查找，才发现合同项下的货物已于 9 月 20 日由另一条船运抵张家港，但此时已造成申请人迟报关和迟提货，被海关征收滞报金。

【思考】　船名、船期通知错误应由谁负责？

海洋运输(Ocean Transport)是利用海洋通道，使用船舶在不同的国家和地区之间，通过一定的航区或航线运送货物的一种运输方式，在国际货物贸易中被广泛采用。目前，其运量在国际货物运输总量中占 80%以上。

一、海洋运输的特点

(一) 海洋运输的优点

海洋运输之所以被如此广泛采用，是因为它与其他国际货物运输方式相比，有非常明显的优点。

(1) 运输量大。海洋运输船舶的运载能力远远大于铁路运输车辆和公路运输车辆，如一艘万吨船舶的载重量一般相当于250～300车皮的载重量。并且，目前船舶正向大型化方向发展，如已有50～60万吨的巨型油轮以及大型集装箱货船等。

(2) 通过能力强。海洋运输可以利用四通八达的天然航道，它不像火车、汽车受轨道和道路的限制，故其通过能力很强。如果受政治、经济贸易条件变化的影响，还可以随时改选航线。

(3) 运费低廉。按照规模经济的观点，因为运量大、航程远，分摊于每货运吨的运输成本就少，因此运价相对低廉，一般是铁路运费的1/5，公路运费的1/10，航空运费的1/30。

(4) 适合运输多种货物。海洋运输船舶是根据各种货物的不同而专门设计的，如有散装货船、冷藏船、木材船、油轮、子母船和滚装滚卸船等各种类型的船舶，因此可适合各种货物的运输。

(二) 海洋运输的缺点

海洋运输虽有上述优点，但也存在不足之处。例如，海洋运输受气候和自然条件的影响较大，航期不易准确，而且风险较大。此外，海洋运输的速度也相对较低。因此，对一些易受气候等自然条件影响的货物，以及时间性强的货物，一般不宜采用海洋运输方式。

二、海洋运输的方式

国际货物海上运输，按照船舶营运方式的不同，可分为班轮运输和租船运输两大类。

(一) 班轮运输(Liner Transport)

班轮运输是在不定期船运输的基础上逐渐发展起来的，它是当今国际海洋运输中不可缺少的主要运输方式之一。

班轮运输是指在固定的航线上，以既定的港口顺序，按照事先公布的船期表航行的水上运输方式。

1. 班轮运输的特点

(1) "四固定"，即固定的航线、固定的停靠港口、固定的船期和相对固定的运费率。

(2) 船方负责货物的配载装卸，装卸费包含在运费之内，货方不再另付装卸费，船货双方也不另算滞期费和速遣费。

(3) 船货双方的权利、义务与责任豁免以船入签发的提单条款为依据。

(4) 班轮承运货物比较灵活，不论数量是多是少，只要有舱位都接受装运，货运质量较有保证，因此特别有利于一般杂货和小额贸易货物的运输。在国际贸易中除大宗商品利用租船运输外，零星成交、批次多、到港分散的货物一般采用班轮运输。

2. 班轮运输的运费

班轮运费是承运人为承运货物而收取的报酬，包括基本运费和附加费两部分。基本运费即班轮航线内基本港之间对每种货物规定的必须收取的运费，它是班轮运费的主要部分；附加费是在基本运费之外另收取的费用，是由于客观情况的变化而需加收的费用或对有些需经特殊处理的货物加收的费用，它们在运费中通常都占有一个不可忽视的比重，而且随客观情况的变化而变动。

(1) 基本运费。基本运费一般按班轮运价表规定的计费标准计收。计费标准有如下几种：

① 按货物毛重计收。它又称重量吨(Weight Ton)，在运价表中用"W"表示，计费单位一般为公吨，也有按长吨或短吨计算。

② 按货物的体积计收。它又称尺码吨(Measurement Ton)，在运价表中用"M"表示，计费单位为立方米或立方尺。重量吨和尺码吨统称为运费吨(Freight Ton)。

③ 按毛重或体积计收。它在运价表中用"W/M"表示，以毛重和体积二者中较高者计收运费。

④ 按货物的价格计收。它又称从价运费，在运价表中用"A．V．"或"Ad．Val"表示，一般按货物 FOB 价格的百分比计收。

⑤ 按货物的重量、体积或价值三者中最高的一种计收。它在运价表中用"W/M or A．V．"表示。也有先按货物的重量或体积计收，再加一定的从价运费，远价表中以"W/M plus A．V．"表示。

⑥ 按货物的件数计收。它在运价表中以"per unit, head, piece, etc."表示，如活牲畜按"头"，车辆按"辆"计收。

⑦ 按议价运费计收。它在运价表中以"open rate"表示。即大宗低值货物，如粮食、豆类、煤炭、矿石等，一般在班轮运价表中不制定具体费率，在订舱时，由货主和船公司根据商品的具体情况临时协商议定。议价运费一般较低。

⑧ 起码运费(Minimum Rate)。起码运费是指按每一提单上所列的货物重量或体积计算出的运费，尚不足运价表中规定的最低费率时，按最起码运费计收，即对每一提单应计收的最低运费不低于起码运费。

(2) 附加费。附加费名目繁多，而且会随着航运情况的不断变化而变动。其计算方法有的是在基本运费的基础上加收一定百分比，有的是按每运费吨加收一个绝对数计算。班轮运输中常见的附加费有：

① 超重附加费(Heavy Life Additional)。每件商品的毛重超过规定重量时所征收的附加运费。

② 超长附加费(Long Length Additional)。每单件货物的长度超过一定限度时所加收的附加费用。

③ 选卸附加费(Optional Surcharge)。对于选卸货物需要在积载方面给予特殊的安排，这就会增加一定的手续和费用，甚至有时会发生翻舱。由于上述原因而追加的费用称为选卸附加费。

④ 直航附加费(Direct Additional)。如一批货达到规定的数量，托运人要求将一批货物直接抵达非基本港口卸货，船公司为此加收的费用称为直航附加费。

⑤ 转船附加费(Transshipment Additional)。如果货物需要转船运输的话，船公司必须在

转船港口办理换装和转船手续，由于上述作业所增加的费用称为转船附加费。

⑥ 港口附加费(Port Additional)。由于某些港口的情况比较复杂，装卸效率较低或港口收费较高等原因，船公司特此加收一定的费用称为港口附加费。

除上述各种附加费外，船公司有时还根据各种不同情况临时决定增收某种费用，例如燃油附加费、货币附加费、绕航附加费等。

3. 班轮运费的计算

计算班轮运费时，一般按下列步骤进行：

(1) 根据装运船舶所属班轮公司，选择相应的运价表。

(2) 了解货物的品名、译名、特性、包装、重量、尺码(是否超重、超长)、装卸港(是否需转船、选卸)等。

(3) 根据货物的品名，从货物分级表中找出该货物的等级和计费标准。

(4) 查找货物所属航线的等级费率表，找出该等级货物的基本费率。

(5) 查找有无附加费，以及各种附加费的计算办法和费率。

(6) 最后，列式进行计算。

班轮运费的计算公式为

$$班轮运费 = 基本运费 + 附加运费$$

例如：从我国大连运往某港口一批货物，计收运费标准 W/M，共 200 箱，每箱毛重 25 公斤，每箱体积为长 49 厘米、宽 32 厘米、高 19 厘米，基本运费率每运费吨 60 美元，特殊燃油附加费为 5%，港口拥挤费为 10%，试计算 200 箱应付多少运费。

解： $W = 25$ 公斤 $= 0.025$ 运费吨

$M = 0.49 \times 0.32 \times 0.19 = 0.029\,792$ 运费吨

因为 $M > W$，所以采用 M 计算运费，即

运费 = 基本运费 + 附加运费

$= 60 \times 0.029792 \times 200 + 60 \times 0.029792 \times 200 \times (5\% + 10\%)$

$= 411$(美元)

答：200 箱应付运费 411 美元。

案例　　　　　　　**班轮运费的计算**

某企业出口门锁 1000 箱，从上海装中国远洋运输公司班轮运往莫桑比克达雷斯萨拉姆，每箱毛重 30 千克，体积 0.025 立方米。查中远集团 1 号运价表，门锁为 10 级货，计费标准为 W/M，去东非航线每运费吨 66 美元，另加收港口附加费 10%，燃油附加费 20%。

【思考】　该批货物的运费是多少？

(二) 租船运输(Shipping by Chartering)

1. 租船运输的特点

租船运输又称不定期船运输，它和班轮运输不同，没有预定的船期表，没有固定的航线，停靠港口也不固定，无固定的运费费率。船舶的营运是根据船舶所有人与需要船舶运

输的货主双方事先签订的租船合同来安排的。租船运输具有如下的基本特点：

(1) 租船运输是根据租船合同组织运输的，租船合同条款由船东和租方共同商定。

(2) 船东与租方一般通过各自或共同的租船经纪人洽谈、成交租船业务。

(3) 不定航线、不定船期，船东对于船舶的航线、航行时间和卸货种类等按照租船人的要求来确定，提供相应的船舶，经租船人同意进行调度安排。

(4) 租金率或运费率是根据租船市场行情来决定的。

(5) 船舶营运中有关费用的支出，根据不同的租船方式由船东和租方分担，并在合同条款中订明。租船运输适用于大宗货物运输。

2. 租船运输的方式

(1) 定程租船(Voyage Charter)。定程租船又称程租船或航次租船，是指由船舶所有人负责一艘船舶，在指定的港口之间进行一个航次或几个航次运输指定货物的租船。航次租船是租船市场上最活跃且运费水平波动最为敏感的一种租船方式。在国际现货市场上成交的大多数货物(主要包括液体散货和干散货两大类)都是通过航次租船方式运输的。

航次租船的"租期"取决于航次运输任务是否完成。由于航次租船并不规定完成一个航次或几个航次所需的时间，因此船舶所有人对完成一个航次所需的时间是最为关心的，他特别希望缩短船舶在港停泊的时间，所以在签订租船合同时，承租双方还需约定船舶的装卸速度以及装卸时间的计算办法，并相应地规定延滞费和速遣费率的标准和计算方法。

航次租船的特点主要表现在以下几个方面：船舶的营运调度由船舶所有人负责，船舶的燃料费、物料费、修理费、港口费、淡水费等营运费用也由船舶所有人负担。船舶所有人负责配备船员，负担船员的工资、伙食费。航次租船的"租金"通常称为运费，运费按货物的数量及双方商定的费率计收，也有按航次包租的总金额计算的；在租船合同中需要订明货物的装、卸费用由谁负担。航次租船有四种情况，即船方管装管卸、船方不管装管卸、船方管装不管卸、船方不管装不管卸。

(2) 定期租船(Time Charter)。定期租船又称期租船，是指由船舶所有人按照租船合同的约定，将一艘特定的船舶在约定的期间，交给承租人使用的租船方式。这种租船方式不以所完成的航次数为依据，而以约定使用的一段时间为限。在这个期限内，承租人可以利用船舶的运载能力来安排运输货物，也可以用于从事班轮运输，以补充暂时的运力不足，还可以以航次租船方式承揽第三者货物，以取得运费收入。此外，承租人还可以在租期内将船舶转租，以谋取租金差额的收益。关于租期的长短，完全由船舶所有人和承租人根据实际需要洽商而定。

定期租船的主要特点如下：船长由船舶所有人任命，船员也由船舶所有人配备，并负担他们的工资和伙食费，但船长应听从承租人的指挥，否则承租人有权要求船舶所有人予以撤换；船舶的营运调度由承租人负责，并负担船舶的燃料费、港口费、货物装卸费、运河通行费等与营运有关的费用，而船舶所有人则负担船舶的折旧费、维修保养费、船用物料费、润滑油费、船舶保险费等船舶维持费；租金按船舶的载重吨、租期长短及商定的租金率计算；租船合同中订有关于交船、还船以及停租的规定；较长期的定期租船合同中常订有"自动递增条款"，以保护船舶所有人在租期内因部分费用上涨而使船舶所有人的盈利减少或发生亏损。

(3) 光船租船(Bareboat Charter)。光船租船是指船舶所有人仅将一艘光船出租给承租人使用，租船人自己配备船员，负责船舶的经营管理及航行的各项事宜。光船租船实际上是一种财产租赁，在国际货运中较少使用。

(4) 包运租船(Contract of Affreightment，COA)。包运租船是 20 世纪 70 年代国际上新发展起来的一种租船方式，是指船舶所有人向租船人提供一定运力，在确定的港口之间，以事先约定的期限、航次周期和每航次较为均等的货运量，完成合同规定的总运量的一种租船方式。它是在连续单航次租船方式的基础上发展起来的，因此，也有人将它看做是程租船运输方式的一种。在包运租船方式下，船舶出租期限的长短取决于货物的总量和船舶航次周期所需的时间。包运租船合同中不需要确定船名和船籍，一般仅规定船级、船龄和技术规范。因此，船舶所有人只需提供能够完成合同规定的航行航次货运量的运力即可，对船舶所有人调度和安排船舶极为便利。

(5) 航次期租(Time Charter on Trip Basis，TCT)。航次期租是介于航次租船和定期租船之间，以完成下个航次运输为目的，按完成航次所花时间和约定的租金率计算租金，费用和风险按期租方式处理的一种租船方式，又称为"日租租船"(Daily Charter)。

三、海运运输单据

(一) 海运提单(Ocean Bill of Lading，B/L)

海运提单简称提单，是证明海上运输合同和货物由承运人接管或装船，以及承运人据以交付货物的凭证。在进出口贸易中，海运提单是最主要的单据，具有十分重要的作用。

1. 海运提单的性质和作用

海运提单的性质和作用，可以概括为以下几个方面：

(1) 提单是承运人或其代理人签发给托运人的货物收据，证明承运人已按提单所列内容收到或接管托运人的货物。

(2) 提单是代表货物所有权的凭证。提单的持有人拥有支配货物的权利，因此，凭提单可以在指定目的地提取货物，可以向银行议付货款，也可以通过合法转让提单而转让货物所有权。

(3) 提单是承运人与托运人之间订立的运输契约的证明。提单条款明确规定了承运人与托运人或提单持有人等各方之间的权利与义务、责任与豁免，是处理他们之间有关海洋运输方面争议的法律依据。

2. 海运提单的内容

海运提单的内容分为提单的正面记载和背面条款两大部分。提单正面记载也可分为两部分：一部分是托运人提供并填写的部分，一般包括下列内容：

(1) 承运人的名称(Carrier)和主要营业场所。

(2) 托运人的名称(Shipper)。

(3) 收货人的名称(Consignee)。

(4) 被通知人的名称(Notify Party)。

(5) 提单号码(B/L NO.)。

(6) 船名、航次及船舶国籍(Vessel Name、Voyage and Nationality)。

(7) 装货港、卸货港及最终目的港(若货物需中转)(Port of Loading, Port of Discharge and Final Destination, if goods to be transshipped at port of discharge)。

(8) 运费和费用(Freight and Charge)。

(9) 货物描述(Description of Goods)，包括货物名称、唛头、件数、体积或重量及表面状况。

(10) 提单正本份数(Number of Original B/L)。

(11) 提单的签发日期和地点(Place and Date of Issue)。

(12) 承运人或其代理签字(Sign of the Carrier or his agent)。

另一部分是承运人印就的文字部分，内容有：

(1) 外表状况良好条款：说明外表状况良好的货物已装在上列船上，并应在上列卸货港或该船能安全到达并保持浮泊的附近地点卸货。

(2) 内容不知条款：说明重量、尺码、标志、号数、品质、内容和价值是托运人所提供的，承运人在装船时并未核对。

(3) 承认接受条款：说明托运人、收货人和本提单的持有人接受并同意本提单和其背面所载的一切印刷、书写或打印的规定、免责事项和条款。

提单背面印就的条款规定了承、托双方之间的权利、义务和责任豁免，是双方当事人处理争议时的主要法律依据。主要条款包括：① 定义条款；② 法律诉讼条款；③ 承运人责任与豁免条款；④ 运费条款；⑤ 有关改航、转船、改卸目的港、甲板货物、危险货物、冷藏货物、装货、卸货、交货及共同海损等条款；⑥ 赔偿条款；⑦ 留置权条款；⑧ 地区条款或美国条款等。

案例　　海运提单"托运人"一栏填写不当的教训

我国 B 企业与西班牙 F 公司订立了一份货物贸易合同，其贸易条件为 FOB，议付信用证付款。4 月 15 日，B 企业收到 F 公司开来的信用证，该信用证中要求海运提单的"托运人(shipper)"栏内填写进口商 F 公司的名称。4 月 15 日，B 企业将该批货物交付给某船公司的 D 轮承运，货物装船后，外代公司根据船公司的授权向出口商 B 签发了已装船的清洁提单，并在提单"托运人"栏内填写了 F 公司的名称，收货人栏填写"to order"。B 取得提单后，在该提单上背书向银行办理结汇，但银行以提单的第一背书人与"托运人"不符为由拒绝接受该提单，不予结汇。因此，B 企业无法获得货款，之后，又获悉：载货船舶抵达目的港后，迟迟不见提单持有人前往码头提货，当地港务局又不允许该批货物进入码头仓库，于是船公司根据提单"托运人"——进口商 F 的指示，将该批货物在无正本提单的情况下，直接交给了收货人。

【思考】　我出口商 B 的做法有何不当之处，应如何维护自身的权益？

3. **海运提单的种类**

海运提单可以从各种不同角度予以分类，主要有以下几种：

(1) 根据货物是否已装船分为已装船提单和备运提单。

① 已装船提单。已装船提单是指轮船公司已将货物装上指定船舶后所签发的提单，其特点是提单上必须以文字表明货物已经装在某船上，并载有装船日期，同时还应由船长或

其代理人签字。

② 备运提单。备运提单又称收讫待运提单，是指船公司已收到托运货物，等待装运期间所签发的提单。

(2) 根据提单上有无对货物外表状况的不良批注可分为清洁提单和不清洁提单。

① 清洁提单。清洁提单是指货物在装船时外表面状况良好，船公司在提单上未加注任何有关货物受损或包装不良等批注的提单。

② 不清洁提单。不清洁提单是指轮船公司在提单上对货物表面状况或包装有不良或存在缺陷等加以批注的提单。例如提单上批注"×件损坏"(…packages in damaged condition)、"铁条松散"等。

(3) 根据提单收货人抬头的不同可分为记名提单、不记名提单和指示提单。

① 记名提单。记名提单是指提单上的收货人栏内填明特定收货人的名称，只能由该特定收货人提货。由于这种提单不能通过背书方式转让给第三方，它不能流通，故其在国际贸易中很少使用。

② 不记名提单。不记名提单是指提单收货人栏内没有指明任何收货人，谁持有提单，谁就可以提货；承运人交货，只凭单，不凭人。采用这种提单风险大，故其在国际贸易中很少使用。

③ 指示提单。指示提单是指提单上的收货人栏填写"凭指定"或"凭某某人指定"字样。这种提单可经过背书转让，故其在国际贸易中广为使用。目前在实际业务中，使用最多的是"凭指定"并经空白背书的提单，习惯上称其为"空白抬头、空白背书提单"。

案例　　记名提单使用不当的教训

我国 A 公司与国外 B 公司通过信用证结算方式成交了几笔货物，均顺利收汇。后来双方又成交一笔货物，货物总价值二十万美元。经 B 公司要求，A 公司同意以 D/P(付款交单)方式结算，并且提单的收货人(抬头)一栏写的是 B 公司的名称。代收行多次催款，B 公司不付款赎单。经了解，B 公司已经凭提单副本将货物取走。A 公司财货两空，损失惨重。

【思考】 我方从中得到什么样的经验教训？

(4) 按运输方式可分为直达提单、转船提单和联运提单。

① 直达提单。直达提单是指轮船中途不经过换船而直接驶往目的港卸货所签发的提单。凡合同和信用证规定不准转船者，必须使用这种直达提单。

② 转船提单。转船提单是指从装运港装货的轮船不直接驶往目的港，而需在中途港换装另外船舶所签发的提单。在这种提单上要注明"转船"或"在××港转船"字样。

③ 联运提单。联运提单是指经过海运和其他运输方式联合运输时由第一程承运人所签发的包括全程运输的提单。它如同转船提单一样，货物在中途转换运输工具进行交接时，由第一程承运人或其代理人向下一程承运人办理。应当指出，联运提单虽包括全程运输，但签发联运提单的承运人一般都在提单中规定只承担他负责运输的一段航程内的货损责任。

(5) 根据船舶营运方式的不同可分为班轮提单和租船提单。

① 班轮提单。班轮提单是指由班轮公司承运货物后签发给托运人的提单。

② 租船提单。租船提单是指承运人根据租船合同而签发的提单，在这种提单上注明"一

切条件、条款和免责事项按照某年某月某日的租船合同"或批注"根据××租船合同处理"字样。这种提单受租船合同条款的约束，银行或买方在接受这种提单时，通常要求卖方提供租船合同的副本。

(6) 集装箱提单是指以集装箱装运货物所签发的提单。集装箱提单有两种形式：一种是在普通的海运提单上加注"用集装箱装运"字样；另一种是使用"多式联运提单"，这种提单的内容增加了集装箱号码和封号。使用多式联运提单，应在信用证上注明多式联运提单可以接受或类似的条款。

(7) 根据提单内容的繁简可分为全式提单和略式提单。

① 全式提单。全式提单是指提单背面列有承运人和托运人权利、义务的详细条款的提单。

② 略式或简式提单。略式提单是指提单背面无条款，而只列出提单正面必须记载事项的提单。这种提单一般都列有"本提单货物的收受、保管、运输和运费等项，均按本公司全式提单上的条款办理"字样。此外，租船合同项下所签发的提单，通常也是略式提单。在这种略式提单上应注明"所有条件根据×年×月×日签订的租船合同"。

(8) 按提单使用有效性可分为正本提单和副本提单。

① 正本提单。正本提单是指提单上有承运人、船长或其代理人签字盖章并注明签发日期的提单。这种提单在法律上和商业上都是公认有效的单证。提单上必须要有标明"正本"字样，以示与副本提单有别。

② 副本提单。副本提单是指提单上没有承运人船长或其代理人签字盖章，而仅供工作上参考之用的提单。在副本提单上一般都以"copy"或"non-negotiable"(不作流通转让)字样，以示与正本提单有别。

(9) 其他种类提单。除了上述种类的提单外，还有以下类型的提单：

① 舱面提单。舱面提单是指承运货物装在船舶甲板上所签发的提单，故又称甲板货提单。由于货物装在甲板上风险较大，故托运人一般都向保险公司加保甲板险。

② 过期提单。过期提单是指错过规定的交单日期或者晚于货物到达目的港的提单。前者是指卖方超过提单签发日期后 21 天才交到银行议付的提单。按惯例，如信用证无特殊规定，银行将拒绝接受这种过期提单；后者是在近洋运输时容易出现的情况，故在近洋国家间的贸易合同中，一般都订有"过期提单可以接受"的条款。

③ 倒签提单。倒签提单是指提单上的出单日期早于装船实际完成日期的提单，这是一种不合法提单。

④ 预借提单。预借提单是指承运人应托运人的要求，在货物实际装船之前签发给托运人的提单。造成这种状况的原因可能是船舶未能按期到港受载和托运人未能按时备妥货物，出具这样提单的承运人要承担一定的风险。

(二) 海上货运单(Sea Waybill)

海上货运单简称海运单，是证明海上货物运输合同和货物由承运人接管或装船，以及承运人保证据以将货物交付给单证所载明的收货人的一种不可流通的单证，因此又称"不可转让海运单"，在实际业务中相当于记名提单。目前欧洲、斯堪的纳维亚半岛、北美和某些远东、中东地区的贸易界越来越倾向于使用不可转让的海运单。海运单和空运单、陆运单性质相同，承运人不凭海运单而凭收货人提交的到货通知单交货，只要该通知单能证实其为运单上指明的收货人即可。

海运单是近十几年才产生的，其产生的原因主要有：① 当船舶在提单之前到达目的港时，使用提单会造成延误，但海运单能方便进口商及时提货；② 海运单有助于减少欺诈的可能性。因为它不是物权凭证，不可能转让。另外，海运单的产生有利于"EDI"的顺利推行，因为海运提单的转让是通过纸张单证来实施的，而海运单在 EDI 的技术处理上比较容易。因此为了 EDI 的顺利推广，国际上倾向于扩大不可转让海运单的使用。

海运单目前在下列情况下有其实用性：① 跨国公司的总公司与相互关联的子公司之间的业务；② 赊销的或双方记帐的贸易；③ 买卖双方有悠久业务交往，双方充分信任，关系密切的贸易伙伴间的业务。

第二节 铁 路 运 输

铁路运输是(Reilway Transportation)是指利用铁路进行进出口货物运输的一种方式。它在国际贸易货物运输中是一种仅次于海洋运输的主要运输方式，海洋运输的进出口货物也大多是靠铁路运输进行货物的集中和分散。在我国对外贸易运输中，铁路运输约占 10%的比重。

一、 铁路运输的特点

与其他运输方式相比较，铁路运输具有以下显著特点：

(1) 运输量较大。铁路运输的货运量仅次于海洋运输，一列货车一般能运送 300 吨～500 吨货物。

(2) 铁路运输速度较快。铁路运输速度仅次于航空运输。

(3) 铁路运输成本较低。在陆路运输方式中，其成本仅为汽车运输的几分之一甚至十几分之一。

(4) 铁路运输具有较高的连贯性和准确性，一般不受气候条件的影响，一年四季可以不分昼夜地进行运输。

但铁路运输也有受轨道限制且基建投资较大的缺点。

二、 铁路运输的运营方式

(一) 国际铁路货物联运

国际铁路货物联运简称国际联运，是指使用一份统一的国际铁路联运票据，由铁路负责经过两国或两国以上的全程运输，并由一国铁路向另一国铁路移交货物。移交货物时，不需发货人和收货人参加。

目前，我国对朝鲜、独联体国家的大部分进出口货物以及东欧一些国家的小部分进出口货物，都是采用国际铁路联运的方式运送的。

为了适应东欧、北欧一些国家的需要，1980 年我国成功试办了通过西伯利亚大陆桥实行集装箱国际铁路联运，通过西伯利亚铁路向西欧、北欧和伊朗运输货物，货运里程可比海运缩短 1/3 或 1/2，这对加速货运速度以及节省运费都有重要意义。目前，我国负责国际铁路联运进出口集装箱货物的总承运人和总代理是中国对外贸易运输总公司。在1992 年，东起我国连云港，经陇海、兰新、北疆铁路进入独联体直达荷兰鹿特丹的第二条亚欧大陆桥运输的正式营运，更进一步加快了货运速度，节省了运杂费用，进一步促进了我国对外贸易的发展。

联运货物的运输费用有如下规定：发送国铁路的运送费用按发送国铁路的国内运价计算；到达国铁路的运送费用按到达国铁路的国内运价计算；过境国铁路的运送费用按《国际铁路联运协定统一过境运价规程》(统一货价)的规定计算。国际铁路联运具有手续简便，节省运输时间、人力、物力，降低运输中的风险、加速资金周转等优点。国际铁路货物联运促进了我国边境贸易的发展，将欧亚大陆连成一片，有利于欧亚各国和地区间的经济交往和经济一体化的发展。

(二) 国内铁路运输

国内铁路运输是指仅在本国范围内按《国内铁路货物运输规程》的规定办理的货物运输。我国出口货物经铁路运至港口装船及进口货物卸船后经铁路运往各地，均属国内铁路运输的范畴。

供应港、澳地区的物资经铁路运往香港、九龙，也属于国内铁路运输的范围，不过，这种运输同一般经铁路运到港口装船出口有所区别。它的做法是，首先要发货人按照《国内铁路运输规程》的规定，把货物从始发站托运到深圳北站，交由设在深圳北站的外贸机构接货(不卸车)，然后由设在深圳的外贸机构通过原车过轨办法再转港段铁路运交买方；或者，先将出口货物运至广州南站再转船运至澳门。采用此种特定的运输方式时，因国内铁路运单不能作为对外结汇的凭证，故由各地外贸运输公司以承运人的身份签发货物承运收据，作为向银行办理结算货款的凭证。

三、铁路运输单据

国际铁路联运和通往港、澳的国内铁路运输分别使用国际铁路货物联运单和承运货物收据。

(一) 国际铁路联运运单

国际铁路联运运单是指参加联运的发送国铁路与发货人缔结的运送契约的证明。它规定了参加联运各铁路的发、收货人在货物运送上的权利、义务和责任，对铁路、发货人、收货人都具有约束力。国际铁路联运运单不是物权凭证，不能通过背书而转让。该运单从始发站随同货物附送至终点站并交给收货人，它不仅是铁路承运货物出具的凭证，也是铁路同货主交接货物、核收运杂费用和处理索赔与理赔的依据。由于国际铁路货物联运分为快运和慢运两种，故在运单及其副本上加有不同的标记。凡需快运的货物则在运单及其副本的正反两面的上边与下边加印红线；慢运货物则使用不加印红线的运单和运单副本。国际铁路联运运单副本，在铁路加盖承运日期戳记后发还给发货人，它是卖方凭以向银行结算货款的主要证件之一。

联运运单一般是一式五联。第一联是运单正本，随货送交收货人；第二联是运行报单，随货至到达站，留存到达站；第三联是运单副本，于运送契约缔结后交给发货人，发货人可凭此副本向收货人结算货款，行使变更运输要求以及在货物和运单正本全部丢失时，凭此向铁路部门提出索赔要求；第四联是货物交付单，随同货物至到达站，并留存到达站；第五联是货物到达通知单，随货送交收贷人。

(二) 承运货物收据

承运货物收据是港、澳联运中由各地外运分公司向发货单位签发的运输单据。作用有三：① 双方的运输契约；② 承运人的货物收据；③ 物权凭证。

在对港、澳地区的运输中，由于大陆与港、澳地区不办理直通联运，因此内地铁路提供的货物运送单证不是全程运输的契约，国内银行不同意作为对外的结汇凭证。根据这种情况，由各地外运分公司以货运代理人的身份向各发货单位签发承运货物收据，负责发站至香港全程的运输。承运货物收据是发货人向银行结汇的凭证，起到了类似海运提单或国际铁路联运运单副本的作用。

第三节　航　空　运　输

案例导入

航空运输丧失货权应如何避免？

我方出口公司与印度某进口商达成一笔出口合同，规定贸易条件为 CPT NEW DELHI BY AIR。支付方式为 100%不可撤销的即期信用证，合同订立后，进口方按时开来信用证，通知行和议付行均为国内银行，信用证的价格术语为"CIP NEW DELHI"，出口方当时对此未太在意，收到信用证后即发运货物并办理了议付手续。但有关单据寄到印度开证行后不久就收到拒付通知书，理由为单证不符。得知这一消息后，出口方即与进口方联系要求对方付款赎单并通过国内议付行向开证行发出电传，要求对方及时履行偿付义务，同时与货物承运人联系，结果是进口方与银行对此置之不理，货物也已被收贷人提走。

【思考】
1. 出口方是如何丧失货权的？
2. 如何防范空运方式下的信用证风险？

航空运输(Air Transportation)是指利用飞机运送对外贸易货物的运输方式。同其他运输方式相比，航空运输具有运输速度快、货运质量高、且不受地面条件的限制，可节约包装、保险、利息等费用的优点。正因为如此，航空运输虽比海运、陆运起步晚，但发展很快，运量也日益增加。目前，我国已开辟170多条国内航线和30多条国际航线，可通往欧、亚、美、大洋洲等几十个国家和地区，但航空运输运费相对高昂，且对危险品的运送非常严格，同时运量较小，不适宜大宗货物的运输。因此，它最适宜运送急需物资、易损货物、贵重货物、鲜活商品和精密仪器等。

　中国对外贸易运输总公司既是中国民航的代理，也是各进出口公司的货运代理，它负责办理货运出口货物的报关、托运等工作，同时还为空运进口货物代办报关、提货和办理中转运输等。为了利用国外代理共同完成空运任务，中国对外贸易运输公司还同日本、美国、德国、法国等许多国家以及香港地区的货运代理公司建立了航空货运代理业务。

一、航空运输的方式

(一) 班机运输(Scheduled Airline)

　班机运输是指在固定航线上定期飞行的飞机运输。这种飞机具有固定始发站、目的站和途经站。一般航空公司都使用客货混合型飞机，但一些较大的航空公司也在某些航线开辟定期的货运航班，使用全货机运送货物。班机运送具有迅速准确、方便货主的优点，但舱位有限，不能满足大批量货物的及时运输，往往需要分期、分批运输。

(二) 包机运输(Chartered Carrier)

　包机运输是指包租整架飞机或由几家航空货运代理(或发运人)联合包租一架飞机来运送货物的一种运输方式。它分为整架包机和部分包机两种形式。整架包机一般要在货物装运前一个月与航空公司谈妥，以便航空公司安排飞机装载和向有关政府申请飞机的过境、着陆及机组人员签证等有关手续。整架包机适合运输数量较大的商品；部分包机适合于多家货运代理公司承包的、货物到达站是同一地点的货物运输。一般来说，如果能充分利用来回程舱位，包机比班机运费低得多；但如果只使用单程，要交"空放费"，费用则较高。

(三) 集中托运(Consolidation)

　集中托运是指航空货运代理公司把若干单独发运的货物组成一批货物，用一份总运单(附分运单)整批发运到某一预定站，再由该代理公司委托到站地的当地代理人负责收货、报关和分拨给各个实际收货人。集中托运方式对货主来说，可以支付比直接向航空公司托运较低的运费，一般比班机低 7%～10%；对出口方来说，可利用分运单尽早结汇，而航空货运代理公司则可赚取其中运价的差额，作为盈利手段之一，同时也可以把航空公司的业务范围扩展、延伸，因此对各方来说都比较有利，故而在国际上使用较多。但集中托运也并非适合各种货物的运输，而且贵重物品、危险品、活动物以及文物等不能办理集中托运。

(四) 航空急件传送(Air Express)

　航空急件传送即航空快件业务，是指专门经营该业务的空运代理公司设专人用最快的速度在货主、机场、用户之间运输和交接货物的服务项目。

航空急件传送业务主要有三种：① 机场到机场：发货人在飞机始飞站将货物交给航空公司，然后发货人打电话通知目的地的收货人到机场取货。② 门到门服务：快件公司派专人在发货人办公室取货，货物到达目的地机场后，再由专人送交收货人手中。③ 派专人送货：即由速递公司设专人随机送货。这种方式服务最周到，收费极高。

近十几年来，快件业务在世界发展很快，尤其是在美国、西欧、日本等发达国家，快件业务十分普通。我国于 1979 年开始办理航空快件业务，主要承办各种文件、资料、单据、货样、急需药品和包裹等快件业务。

二、航空运费

航空运费指的是从启运机场到目的机场的运价，一般按重量或体积计算，取两者中高者为准，并且按照一般货物、特种货物和货物等级规定不同的运价标准。尽管航空运输费用较高，但是由于空运比海运计算运费的起点低，又便于抢行应市，因此有些货物用空运更为有利。

三、航空运单

航空运单(Air Waybill)是航空运输的主要单据，它是航空承运人与托运人之间签订的运输契约，也是承运人或其代理人签发的货物收据。航空运单还可作为承运人核收运费的依据和海关查验放行的基本单据。但航空运单不是代表货物所有权的凭证，也不能通过背书转让。收货人提货不是凭航空运单，而是凭航空公司的提货通知单。在航空运单的收货人栏内，必须详细填写收货人的全称和地址，而不能做成指示性抬头。

航空运单共有正本一式三份：第一份正本注明"Original-for the Shipper"应交托运人，作为其接收货物的证明；第二份正本注明"Original-for the Issuing Carrier"由航空公司留存，作为收取运费的凭据；第三份正本注明"Original-for the Consignee"由航空公司随机交收货人，收货人据此核收货物；其余副本则分别注明"For Airport of Destination"、"Delivery Receipt"、"For second Carrie"、"Extra Copy"等，由航空公司按规定和需要进行分发。

航空运单分为两种，一种是航空公司的运单(Air Waybill，AWB)，又称总运单(Master Air Waybill，MAWB)；另一种是航空货运公司的运单(House Air Waybill，HAWB)，又称分运单。

案例

航空运单装运日期的确定

某银行在议付时，发现在受益人提供的保险单上注明的启运日期为 2010 年 8 月 13 日，而其提供的航空运单的签发日期为 2010 年 8 月 12 日，但在仅供承运人使用栏中标注的航班号和航边日期分别为"××××"和"2010 年 8 月 13 日"。

【思考】 究竟应该以哪一日期为装运日期呢？

第四节　其他运输方式

海陆联运案例

2009 年中旬，我方 S 公司(卖方)与俄罗斯 A 公司(买方)成交一笔服装贸易，金额为 48 万美元，合同规定运输方式为海陆联运，从中国港口至莫斯科。发货后一个月，买方以货物尚未到港为由拒绝履行付款义务，S 公司立即扣留有关单据同时查验此事，经查，该批货物于 2009 年 12 月中旬抵达汉堡后，即装集装箱卡车运往莫斯科，并于该月 23 日被卡在边境港口，直到 2010 年 1 月 25 日才抵达莫斯科。而由于货物的运输时间太长，货物抵港时买方借口已过销售季节，拒绝付款赎单。

【思考】

1. 运输方式对交货期的关系极大，对于像俄罗斯及东欧大部分地处内陆的国家，我方应注意哪些方面？

2. 对于一些应季商品的买卖，在制订合同的过程中应注意哪些细节？

国际货物运输的领域逐渐延伸，现在发展出了公路运输、内河运输、邮政运输、管道运输等运输方式，而随着国际货物运输的高速发展，又出现了集装箱运输、大陆桥运输和国际多式联合运输等方式，尤其是集装箱运输被称为"运输领域的一次革命"。后两种运输方式都以集装箱运输为基础，把多种运输方式进行有机结合，从而进行大量、快速、廉价、安全的连贯运输，使运输效率大大提高，更好地为经济发展服务。

一、公路运输

公路运输(Road Transportation)与铁路运输同为陆路运输的基本运输方式。公路运输具有机动灵活、简捷方便的优点，是连接铁路、水路、航空运输起端和末端不可缺少的运输方式。没有公路运输的衔接，其他运输就不能正常进行，但公路运输载货有限，运输成本高，运输风险也较大。

公路运输在我国对外贸易运输中占有重要的地位，它是我国边疆地区与邻国物资交流的主要手段。此外，我国内地对香港、澳门地区的部分出口货物也是通过公路运输完成的。

二、内河运输

内河运输(Inland Waterway Transportation)是水上运输的一个组成部分，它是内陆腹地与沿海地区的纽带，也是边疆地区与邻国边境河流的连接线，在进出口货物的运输和集散中起着重要的作用，具有投资少、运量大、成本低的优点。

我国有广阔的内河运输网，同一些邻国还有国际河流相连通，这就为我国发展内河运输提供了十分有利的条件。

三、邮政运输

邮政运输(Parcel Post Transportation)是一种通过邮局运送进出口货物的一种运输方式。邮包运输手续简便、费用不高，是一种较简便的运输方式，适用于重量轻、体积小的货物的传递。

国际邮政运输具有国际多式联运和"门到门"运输的性质。托运人只需按邮局章程办理托运，一次付清足额邮资，取得邮政包裹收据(Parcel Post Receipt)，交货手续即告完成。邮包运输可分为普通邮包和航空邮包两种。

邮政特快专递是近年来发展起来的一种邮政运输方式，专递采用"门到门"和"桌到桌"方式，一般不会发生遗失和纠纷。我国的国际特快专递(International Express Mail Service，EMS)是我国邮政部门办理的快邮专递业务。根据其业务性质分为定时特快专递和特需特快专递。前者是按事先订立合同的规定，有规律地根据寄送频次、时间、寄达地和收件人以及邮件的投递时间办理交寄；后者无须签订合同，而是在邮局营业时间中，可随时办理交寄，其邮资略高于前者。邮政特快专递与航空急件传送业务不同：首先，航空急件传送业务无须去邮局办理，且具有送交有回音、查询快而有结果的特点，而邮政特快传递发生丢失时，是被动查询，速度慢；其次，二者隶属不同的国际组织。世界各地邮政参加"万国邮政联盟"(Universal Postal Union)，而从事航空快送业务的快件公司隶属货运代理业，参加国际航空运输协会(International Air Transport Association)。

四、集装箱运输

集装箱运输(Container Transportation)是以集装箱作为运输单位进行货物运输的一种现代化运输方式，是成组运输中的一种高级运输形态，可适用于海、陆、空等运输方式。集装箱最早在20世纪初期英国的铁路上使用，随后在美国、德国、法国也相继出现。世界各国对集装箱的使用，首先是在铁路上和公路上开始的，但集装箱运输真正在世界各国推广开来是靠海上集装箱运输的发展，因为在传统的海上杂货的运输中，装卸时间几乎占了2/3，这样提高海上杂货运输的竞争能力的唯一方法就是改革装卸方式，即提高装卸效率，而集装箱运输正好适应了这一需要。1956年美国两家航运公司开展了海上集装箱式的运行，取得巨大成功，从而引起世界各国的注视，并且很快被许多国家相继使用和推广。目前，世界各国及地区都十分重视集装箱运输。集装箱运输的产生与发展，不仅对运输业本身而且对与运输业有关的其他部门，如贸易、金融、海关、商检等都带来很大影响。因此，集装箱运输被称为"运输领域的一次革命"。

案例　　　　**集装箱运输中的责任划分**

我某进出口公司委托某对外贸易运输公司将750箱红茶从A港出口运往S国，该运输公司又委托其下属L分公司代理出口，L分公司接受委托后，向G远洋运输公司申请舱位，该公司指派了 3 个 20 英尺集装箱，运输条件是集装箱运输。9 月 15 日，G 远洋运输公司收到 3 个满载的集装箱后签发了清洁提单，同时发货人投保海上货物运输的战争险和一切险，货物抵达 S 国港口拆箱后发现部分茶叶串味变质，经检验表明 250 箱红茶受精茶污染，为此保险公司赔付了损失后向法院提出了诉讼。

【思考】　在集装箱运输中，G 远洋运输公司、L 分公司均负有什么义务？他们是否应对损失负责？

集装箱运输之所以一经出现即获得强大的生命力，是因为它具有以下其他运输方式无可比拟的优点。

(1) 便利货运，简化手续，加快货运速度，缩短货运时间。

(2) 提高装卸效率，扩大港口吞吐能力。

(3) 加速船舶周转，降低营运成本。

(4) 提高货运质量，减少货损、货差。

(5) 节省包装用料，减少运杂费用。

(6) 可提前结汇。货物一交到集装箱场、站，即可凭联合运输单据结汇。

集装箱的规格有很多，现在大型集装箱已发展到国际间采用统一标难，划分不同规格的阶段。其中使用最广泛的有：IA 型，规格为 8 英尺×8 英尺×40 英尺；LAA 型，规格为 8 英尺×8.6 英尺×40 英尺；这两种都称为 40 英尺集装箱。另有 IC 型，规格为 8 英尺×8 英尺×20 英尺，称为 20 英尺集装箱。我国多采用 IC 型集装箱，而且集装箱正向大型化发展。为了便于统计计算，目前国际上都以 20 英尺集装箱作为计算衡量单位，以 TEU(Twenty-foot Equivalent Unit)表示，即"20 英尺等量单位"。在统计型号不同的集装箱时，按集装箱的长度一律换算成 20 英尺单位(TEU)加以计算，用 TEU 来表示船舶的载重量。如 3000TEU 表明该船可以装下 3000 个 20 英尺标准箱。

集装箱运输有整箱货(Full Container Load，FCL)和拼箱货(Less than Container Load，LCL)之分。整箱货货物的数量一般应达到集装箱容积的 75% 或载重量的 95%。整箱货的发货人在海关监督下在工厂或仓库自行将货物进行装箱并加铅封，然后交集装箱堆场(Container Yard，CY)。货到目的地(港)后，收货人可直接从目的地(港)的集装箱堆场提货。拼箱货则是指货量不足一整箱，需由承运人在集装箱货运站(Container Freight Station，CFS)负责将不同发货人的货物拼装在一个集装箱内发运。货到目的地(港)后，由承运人拆箱后分拨给各收货人。

集装箱的交接方式有以下四种：

(1) 整箱交、整箱接(FCL/FCL)是指承运人从起运地到目的地都是整箱交接货物。如"门到门"(Door to Door)、"场到场"(CY to CY)、"门到场"(Door to CY)、"场到门"(CY to Door)均属于整箱交接货物。

(2) 整箱接、拼箱交(FCL/LCL)指发货人是一个，但收货人却不止一个，故货到目的地后需拼箱分发。如"场到站"(CY to CFS)和"门到站"(Door to CFS)均属此类。

(3) 拼箱交、整箱接(LCL/FCL)指若干个发货人而收货人只有一个。如"站到门"(CFS to Door)和"站到场"(CFS to CY)均属此类。

(4) 拼箱交、拼箱接(LCL/LCL)是指收、发货人均不止一个。如"站到站"(CFS to CFS)即属于这种情况。

集装箱运输的运费计算主要包括：内陆运输费、堆场运输费、拼箱运输费、集装箱及其他设备使用费、海运运费等。其中集装箱运输的海运运费的计算与班轮运输中的运费计算一致，也是根据商品等级的不同规定有不同的费率，所不同的是有最低运费和最高运费的计算。

1. 最低运费(Minimum Freight)的计算

(1) 拼箱货的最低运费：即在每一航线上各规定一个最低运费额。

(2) 整箱货的最低运费：该标准不是金额而是运费吨。对不同规格的集装箱分别规定计收运费的最低应计收的运费重吨和尺码吨。如：对 20 英尺标准型干货集装箱，最低运费吨为重量货 17.5 公吨和尺码货 21.5 立方米；对 40 英尺干货集装箱，规定为重量货 27.5 公吨和尺码货 43 立方米。

2. 最高运费(Maximum Freight)的计算

最高运费的计算是集装箱运输所独有的特点。最高运费的标准是运费吨，主要是尺码吨，至于货物重量可以通过地秤衡量，而且重量货以最大载重量计算，故无须另作规定。如：20 英尺集装箱为 31 立方米，40 英尺箱为 67 立方米。如超过上述规定，则可对超过部分免计运费。这是鼓励人们提高集装箱积载技术，充分利用箱容积，从而节省运费。

五、大陆桥运输

大陆桥运输(Land Bridge Transportation)是指利用横贯大陆的铁路或公路运输系统作为中间桥梁，把大陆两端的海洋运输连接起来的一种连贯运输方式。一般都是以集装箱为媒介。

世界上现有的大陆桥有三类。

(一) 北美大陆桥

北美大陆桥有两条，一条是美国大陆桥，另一条是加拿大大陆桥，都是连接大西洋和太平洋的大陆通道，主要是运输从远东国家经北美销往欧洲的货物。美国大陆桥运输始于 20 世纪 50 年代的初期，曾吸引过不少货载，但不久因东部港口和铁路拥挤、换装不及时而未得到预期的发展。

(二) 西伯利亚大陆桥

西伯利亚大陆桥又称欧亚大陆桥。它是利用原苏联西伯利亚铁路作为陆地桥梁，把太平洋和远东地区同波罗的海和黑河沿岸以及西欧大西洋口岸连接起来的一条运输线，全长约为 13 000 公里，为世界第一。这条大陆桥最早是由日本人开创的。

(三) 新欧亚大陆桥

新欧亚大陆桥也叫中荷大陆桥。该桥于 1992 年正式开通，东起我国的连云港，西至荷兰的鹿特丹，全长 10 800 公里，是连接亚欧两洲最便捷的通道，比海上运输缩短约 9000 公里，节省一半的时间和 20％的运费。与西伯利亚大陆桥相比，陆运距离可缩短约 3000 公里，可节约 1/3 的运费。该大陆桥的开通为我国"沿桥地带"经济的发展以及我国与西北欧、伊朗等国家的贸易发展起到很大的促进作用。

六、国际多式联合运输

国际多式联合运输(International Multimodal Transportation)一般称为国际多式联运，是在集装箱运输基础上发展起来的一种新的运输方式，具体是指由多式联运经营人按照多式联运合同，以至少两种不同的运输方式，将货物从一国境内接受货物的地点运至另一国境内指定地点交货的运输方式，它以集装箱为媒介，把水、陆、空等传统的单一运输方式有机地结合起来，构成一种连贯的过程来完成国际间的运输任务。20世纪60年代，多式联运开始于美国，后被国际上广泛采用。我国于20世纪80年代初开办此项业务。

国际多式联运是将不同的运输方式组合成综合性的一体化运输，通过一次托运、一次付费、一张单证、一次保险，由各运输区段的承运人共同完成货物的全程运输，即将全程运输作为一个完整的、单一的运输过程来安排。国际多式联运应具备的条件有：① 多式联运经营人与托运人之间必须签订多式联运合同(Multimodal Transport Contract)，明确规定承托双方的权利和义务、责任与豁免关系。多式联运合同是确定多式联运性质和区别于一般传统联运的依据。② 多式联运经营人(Multimodal Transport Operator，MTO)必须对全程运输负责。③ 必须是国际性货物的运输。④ 多式联运是两种或两种以上不同运输方式间的连续运输。⑤ 多式联运的费率为全程单一运费费率。⑥ 货物全程运输由多式联运经营人签发一份全程多式联运单证(Multimodal Transport Document，MTD)。

国际多式联运经营人是国际多式联运的当事人，是一个独立的法律主体，是对运输全程负责的总承运人，负有履行合同的责任。

国际多式联运经营人具有双重身份，对货主来说，他是货物的承运人，同货主签订多式联运合同；对其委托人来说，他又是货物的托运人，自己以托运人的身份与其他分承运人签订运输合同。多式联运经营人可以是实际承运人也可以不是。即此种情况下，他本身不掌握运输工具，是货物运输的设计者和组织者，他将运输工作分段委托给别的承运人来完成，因此被称为"无船公共承运人"(Non-Vessel Operating Common Carrier，NVOCC)。

国际多式联运也具有同集装箱类似的一系列优越性，如一次托运、手续简便、安全准确、迅速合理、提早收汇、统一理赔等。

国际多式联运单据(Multimodal Transport Document)是指证明多式联运合同以及证明多式联运经营人已经接管货物并负责按照合同条款交付货物的一种单据。根据发货人的要求，它可以做成可转让的，也可以做成不可转让的。

国际多式联运单据与联运提单的区别表现在：① 国际多式联运运输单据的签发人即多式联运经营人对运输全程负责，联运提单的签发人只对第一程负责。② 签发人不同。前者是由多式联运经营人签发，后者则是由船长、承运人或他们的代理人签发。③ 前者是由任何两种以往不同的运输方式组成的；后者仅指海运和其他运输相结合，且海运必须为联运中的第一程运输。④ 前者可以不表明货物已装船，也无须载明具体的运输工具，但后者必须表明。

案例　　多式联运单据的签发所引起的争议案

某出口企业收到国外开来的信用证，规定："装运自重庆至汉堡。多式联运单据可接受。

禁止转运。"出口方按照信用证规定，委托外运公司在重庆将货物装上火车，经上海改装轮船至汉堡。外运公司在装车当日签发多式联运单据给出口方，出口方即持单到银行议付。议付行议付后寄单往开证行索偿，开证行提出单证不符，拒绝付款。理由为：一是运输单据上的船名为"预期"字样，但无实际装船日期和船名，二是信用证规定禁止转运，运输单据上却表示"将转运"。

【思考】　开证行拒付的理由是否成立？为什么？

七、OCP 运输

OCP 是 "Overland Common Point" 的简称，即 "内陆地区" 的意思，具体是指以美国的落基山脉为界，其以东的各州。按 OCP 运输条款的规定：凡经美国西海岸港口转往内陆的货物，可享受比一般直达美国东海岸港口低的内陆优惠运输费率(约低 3%～5%左右)。

采用 OCP 运输方式时，在提单卸货港一栏内要注明 "OCP" 字样，且在货物的运输标志内要把卸货港和 OCP 的最终目的港同时注明，如西雅图转芝加哥，可注明 "Seattle OCP Chicago"，为使提单与贸易合同、信用证一致，提单上的卸货港栏内应填写美国西海岸港口名称，另在提单备注栏内注明最终目的地 "OCP ××城市"。

第五节　合同中的装运条款

案例导入

装运条款的约束力

我某公司与欧洲进口商订立出口某商品 400 公吨的合同，规定采用信用证支付，允许交货数量可有 5%增减，买方银行开来的信用证规定："分 3 批装运：3 月份装运 100 公吨，4 月份装运 150 公吨，5 月份装运 150 公吨，每月内不得分批装运。"贸易公司审查信用证后认为可以接受，3、4 月份分别按信用证要求装运两批货物并顺利收回货款。等到 5 月份装运第 3 批时，因货源不足，经协商船公司同意于 3 月 15 日由该船先在青岛装货 70 公吨，接着 5 月 20 日到烟台再装 75 公吨，然后驶往目的港。贸易公司分别于两地签发提单去银行议付，议付行议付后将单据交给开证行索偿。开证行认为单证不符，拒绝偿付。

【思考】

1. 开证行拒绝的理由是什么？

2. 我方从中获得怎样的教训？

在国际货物贸易中，装运条款是进出口合同的重要条款之一，它直接关系到货物的运送和买卖双方的风险，装运条款通常包括装运(交货)时间、装运港(发货地)、目的港(目的地)、分批装运、转运、装运通知、速遣、滞期等内容。

一、装运时间

装运时间(Time of Shipment)，又称装运期，是指双方在合同中规定卖方将货物装上运输工具或交给承运人的期限。

在国际货物贸易中，装运时间和交货时间(Time of Delivery)是两个不同的概念。在使用FOB、CFR、CIF 及 FCA、CPT、CIP 这六个贸易术语签订的买卖合同中，当卖方将货物装上船或交给承运人时，就完成交货义务。此时，"交货"与"装运"并无区别，装运时间也就是交货时间。但若以其他贸易术语成交时，情况就发生变化，有时是先装运、后交货(如DDP 术语)，有时是先交货、后装运(如 EXW 术语)，两者不能相互替代使用，以免引起不必要的纠纷。

装运时间的规定方法主要有四种。

(1) 笼统规定，即使用一些表示模糊时间概念的词语，如"尽快装运"(shipment as soon as possible)、"立即装运"(immediate shipment)、"即期装运"(prompt shipment)等。由于此类术语在国际上尚无统一的解释，为了避免不必要的纠纷，最好不采用。

(2) 明确规定一段时间。如"2005 年 3 月装运"(shipment during March，2005)、"2005年 2/3 月装运"(shipment during Feb. /Mar. 2005)、"2005 年 3 月 10 日至 3 月 20 日装运"(shipment from March 10th to March 20th，2005)，等等。

(3) 规定最迟期限。如"2005 年 5 月底或以前装运"(shipment at or before the end of May 2005)、"不迟于 2005 年 7 月 15 日装运"(shipment not later than July 15th 2005)等。

(4) 规定在收到信用证后若干天内装运。如"收到信用证后 45 天内装运"(shipment within 45 days after receipt of L/C)。

此种规定主要是针对某些进口管制较严的国家和地区，或专为买方制造的特定商品，或对买方资信不够了解等情况，为防止买方不履行合同而造成经济损失专门设立的。要注意的是，合同中必须规定信用证开到的期限，如"买方必须不迟于×月×日将信用证开到卖方"(The relevant L/C must reach the seller not later than...)，否则，卖方很可能因买方拖延开证，无法及时安排生产、包装、装运而陷于被动。

二、装运港与目的港

装运港(Port of Shipment)是指货物起始装运的港口。目的港(Port of Destination)是指货物最终卸货的港口。在国际货物贸易中，装运港一般先由卖方提出，目的港一般先由买方提出，然后经对方同意后确认。

1. 装运港与目的港的规定方法

(1) 装运港与目的港各规定一个。这是最常见的规定方法。例如："装运港：上海。目的港：新加坡"。

(2) 规定两个或两个以上的装运港与目的港，即采用选择港的规定方法。例如："装运港：上海/厦门，或上海/厦门/广州。目的港：伦敦/利物浦"。

(3) 规定某一航区。例如："装运港：中国港口。目的港：地中海主要港口"。

2．规定国外港口时应注意的问题

(1) 规定装运港与目的港时必须明确具体。

(2) 内陆城市不能直接作为装运港与目的港。

(3) 必须注意装卸港的具体条件。

(4) 注意港口的重名问题。

(5) 慎用选择港。

3．规定国内港口时应注意的问题

在规定国内装运港时，一般以靠近货源地、交通便利、费用较低廉以及仓库与其他设施较完善的港口为宜。进口规定国内目的港时，则应选择靠近用货地或销售地区的港口。为不致于因港口堵塞而延误装卸，在不给对方造成不便、不增加费用的前提下，在进出口合同中可规定为"中国港口"。

案例　　　　　　**装卸港引发的纠纷**

我某出口公司按 CFR 条件向日本出口大豆 250 吨，合同规定卸货港为日本口岸。发货时，正好有一船驶往大阪，我公司打算租用该船，但在装运前，我方主动去电询问哪个口岸卸货时，时值货价下跌，日方故意让我方在日本东北部的一个小港卸货，我方坚持要在神户、大阪卸货，双方争执不下，日方就此撤销合同。

【思考】　　我方做法是否合适？日本商人是否违约？

三、分批装运与转船

分批装运(Partial Shipment)和转船(Transshipment)都直接关系到买卖双方的经济利益，因此，在买卖合同中，买卖双方应根据实际情况作出具体规定。

1．分批装运

分批装运是指一个合同项下的货物分若干批装运。在大宗货物或成交数量较大的交易中，买卖双方根据交货数量、货源准备情况、运输条件、市场销售和资金等因素，可在合同中订立分批装运条款。

分批装运一般有以下两种规定方法：

(1) 只规定"允许分批装运"(Partial Shipment to be allowed)。这种规定对卖方较为主动，卖方可根据货源和运输条件，灵活安排货物出运。

(2) 具体规定每批的时间和数量。如"4～8 月每月等量装运"(Shipment during April/August in equal monthly lots)。这种规定往往是买方根据对货物使用或转售的需要而定，对卖方限制较严，只要其中任何一批未按规定装运，即为违反合同。

案例　　　　　　　　　　**分批装运引起合同失效**

我出口公司 A 与美国 B 公司签订了一份 10 000 吨大米的出口合同，采用不可撤销即期付款信用证付款。合同规定："2011 年 5～10 月分六批装运"。B 公司按时开出信用证，A 公司在 5～7 月每月平均装运 2000 吨，银行已分批凭单付款。然而，第四批货物由于中间环节有误，A 公司于 9 月 1 日首先在宁波港装运了 1200 吨，然后该船又驶往连云港，于 9 月 3 日装运同样品质规格的大米 800 吨。A 公司向付款银行提交两套单据办理付款事宜时，银行认为单证不符拒绝付款，提出两点不符：一为信用证没有规定每月允许分批装运，二为提单签发日期迟于信用证规定的日期。同时，B 公司因资金紧张，遂以 A 公司延迟交货、银行宣布信用证失效为由拒付该批货款，并宣告合同该批及以后各批均失效。A 公司与 B 公司协商未果，最终以 A 公司折价处理该批货物，双方解除合同关系而告终。

【思考】　此案中，我方的主要教训何在？

2. 转船

转船是指货物由两艘或两艘以上的船舶从装运港运至目的港。在装运港至目的港没有直达班轮或班轮航线较少时，合同中一般会规定"允许转船"(transhipment to be allowed)。

按有些国家的合同法规定，如合同中对分批装运、转船未作出规定，则卖方不得分批装运、转船。因此，在出口时，为了避免不必要的争议和便利交货，除非买方坚持反对，买卖合同中最好规定"允许分批装运、允许转船"。

四、装卸时间、装卸率和滞期、速遣条款

在国际贸易中，大宗商品多使用定程租船运输。由于船方在核算航次租船运费时，已将船舶在港停泊时间(包括装卸货物的时间)和在港停泊期间所发生的港口费用作为成本要素包括在运费之内。因此，如果承租人按约定的装卸时间将货物装完和卸完，使船舶如期开航，航次如期结束，船舶所有人是不能再向承租人索取其他任何报酬的。但是，如果承租人未能在约定的装卸时间内将货物装完和卸完，也就是说因货物未装完和卸完而延长了船舶在港停泊时间，从而延长了航次时间，这对船舶所有人来说，既可能因在港停泊时间延长而增加了港口费用的开支，又因航次时间延长意味着相对降低了船舶的周转率，从而相对减少了船舶所有人的营运收入。与此相反，如果承租人在约定的装卸时间以前，将全部货物装完和卸完，从而缩短了船舶在港停泊时间，使船舶所有人可以更早地将船舶投入下一次航次的营运，取得新的运费收入，这对船舶所有人来说是有利的。正由于装卸时间的长短和装卸效率的高低直接关系到船方的利害得失，故船方出租船舶时，都要求在定程租船合同中规定装卸时间、装卸率，并规定延误装卸时间和提前完成装卸任务的罚款与奖励办法，以约束租船人。

但是，在实际业务中负责装卸货物的不一定是租船人，而是买卖合同的一方当事人，如 FOB 合同的买方或 CIF 合同的卖方。因此，负责租船的一方为了促使对方及时完成装卸任务，故在买卖合同中也要求规定装卸时间、装卸率和滞期、速遣条款。

(一) 装卸时间

装卸时间是指允许完成装卸任务所约定的时间，它一般以天数或小时数来表示。装卸时间的规定方法很多，其中主要有下列几种。

1. 日或连续日

所谓日，是指午夜至午夜连续 24 小时的时间，也就是日历日数。以"日"表示装卸时间时，从装货或卸货开始，到装货或卸货结束，整个经过的日数就是总的装货或卸货时间。在此期间，不论是实际不可能进行装卸作业的时间(如雨天、施工或其他不可抗力)，还是星期日或节假日，都应计为装卸时间。这种规定对租船人很不利。

2. 累计 24 小时好天气工作日

这是指在好天气情况下，不论港口习惯作业为几小时，均以累计 24 小时作为一个工作日。如果港口规定每天作业 8 小时，则一个工作日便跨及几天的时间。这种规定对租船人有利，而对船方不利。

3. 连续 24 小时好天气工作日

这是指在好天气情况下，连续作业 24 小时算一个工作日，如中间因坏天气影响而不能作业的时间应予以扣除。这种方法一般适用于昼夜作业的港口。当前，国际上采用这种规定的较为普遍，我国一般都采用此种规定办法。

由于各国港口习惯和规定不同，在采用此种规定办法时，对星期日和节假日是否计算也应具体订明。如在工作日之后加订"星期日和节假日除外"，或者规定"不用不算，用了要算"或"不用不算即使用了也不算"。对星期六或节假日前一天怎样计算也应予以明确。

除了具有一定含义的日数表示装卸时间的办法外，有时关于装卸时间并不按日数或每天装货物的吨数来规定，而只是按"港口习惯速度尽快装卸"。这种规定不明确，容易引起争议，故采用时应审慎行事。

为了计算装卸时间，合同中还必须对装卸时间的起算和止算时间加以约定。

关于装卸时间的起算时间，各国法律规定或习惯并不完全一致，一般规定在船长向承租人或他的代理人递交了"装卸准备就绪通知书"以后，经过一定的规定时间开始起算。

我国规定的递交与接受、装卸准备就绪通知的时间是从 10:00～17:00，星期六是从 10:00～12:00。

关于止算时间，现在世界各国习惯上都以货物装完或卸完的时间作为止算时间。

案例　　　　如何妥当处理运输中出现的问题

我某公司对南非出口一批化工产品 2000 公吨，采用信用证支付方式。国外来证规定："禁止分批装运，允许转运。"该证并注明：按《UCP600》办理。现已知：装期临近，已定妥一艘驶往南非的货轮，该船先停靠新港，后停靠青岛。但此时该批化工产品在新港和青岛各有 1000 公吨尚未集中在一起。

【思考】　如果你是这笔业务的经办人，最好选择哪种处理方法，为什么？

(二) 装卸率

所谓装卸率，即指每日装卸货物的数量。装卸率的具体确定，一般应按照港口习惯的正常装卸速度，本着实事求是的原则。装卸率的高低关系到完成装卸任务的时间和运费水平，装卸率规定过高或过低都不合适。规定过高，完不成装卸任务，要承担滞期费的损失；反之，规定过低，虽能提前完成装卸任务，可得到船方的速遣费，但船方会因装卸率低，船舶在港时间长而增加运费，致使租船人得不偿失。因此，装卸率的规定应当适当。

(三) 滞期费和速遣费

如果在约定的允许装卸时间内未能将货物装卸完，致使船舶在港内停泊时间延长而给船方造成经济损失，则延迟期间的损失应按约定的每天若干金额补偿给船方，这项补偿金叫滞期费；反之，如按约定的装卸时间和装卸率提前完成装卸任务，使船方节省了船舶在港的费用开支，船方将其获取的利益的一部分给租船人作为奖励，叫速遣费。按照惯例，速遣费一般为滞期费的一半。滞期费和速遣费通常约定为每天若干金额，不足一天者，按比例计算。

思 考 与 练 习

一、名词解释

1. 班轮运输　2. 租船运输　　3. 速遣费、滞期费　4. 清洁提单　5. 国际多式联运

二、单项选择题

1. 班轮运输的运费应该包括(　　　　)。

A. 装卸费，计滞期费、速遣费　　　B. 装卸费，不计滞期费、速遣费

C. 卸货费和速遣费，不计滞期费　　D. 卸货费和滞期费，不计速遣费

2. 在班轮运价表中用字母"M"表示的计收标准为(　　　　)。

A. 按货物毛重计收　　　　　　　B. 按货物体积计收

C. 按商品价格计收　　　　　　　D. 按货物件数计收

3. 我某公司与外商签订一份 CIF 出口合同，以 L/C 为支付方式，国外银行开来的信用证中规定："信用证有效期为 8 月 10 日，最迟装运期为 7 月 31 日。"我方加紧备货出运，于 7 月 21 日取得大副收据，并换回正本已装船清洁提单，我方应不迟于(　　　　)向银行提交单据。

A. 7 月 21 日　　　　　　　　　B. 7 月 31 日

C. 8 月 10 日　　　　　　　　　D. 8 月 11 日

4. 在进出口业务中，能作为物权凭证的运输单据有(　　　　)。

A. 海运提单　　　　　　　B. 铁路运单　　　　　　　C. 航空运单

5. 必须经过背书才能转让的提单是(　　　　)。

A. 海运提单　　　　　　　B. 记名提单

C. 不记名提单　　　　　　D. 指示提单

6. 在规定装卸时间的办法中, 使用最普遍的是( )。

A. 日或连续日　　　　　　　　B. 连续 24 小时好天气工作日

C. 24 小时好天气工作日　　　　D. 累计 24 小时好天气工作日

7. 海运提单日期应理解为( )。

A. 货物开始装船的日期　　　　B. 货物装船过程中的任何一天

C. 货物装船完毕的日期　　　　D. 签订运输合同的日期

8. 签发多式联运提单的承运人的责任是( )。

A. 只对第一程运输负责　　　　B. 必须对全程运输负责

C. 对运输不负责　　　　　　　D. 只对最后一程运输负责

9. 在国际货物运输中, 使用最多的运输方式是( )。

A. 公路运输　　　　　　　　　B. 铁路运输

C. 航空运输　　　　　　　　　D. 海洋运输

三、判断题

1. 采用定期租船时, 在租赁期内, 租船人可随意在任何航区和任何航线上使用和调度船舶。 ( )

2. 按惯例, 速遣费通常为滞期费的一半。 ( )

3. 清洁提单是指不载有任何批注的提单。 ( )

4. 在航空运输中, 收货人凭航空公司的提货通知单提货。 ( )

5. 如合同中规定装运条款为 "2008 年 7/8 月份装运", 那么我航空公司必须将货物于 7 月、8 月两个月内, 每月各装一批。 ( )

6. "CIF 伦敦/利物浦/安特卫普" 是指货物分别在三个港口卸货。 ( )

7. 凡装在同一航次、同一条船上、同一目的港的多次装运的货物, 即使装运时间和装运地点不同, 也不作分批装运。 ( )

8. 采用 OCP 条款, 货物最终目的地必须属于 OCP 地区。 ( )

四、简述题

1. 简述班轮运输的特点和班轮运费的计算标准。

2. 在国际贸易中, 买方不愿接受哪些提单? 为什么?

3. 简述海运提单的性质和作用。

4. 什么是租船运输? 有哪几种方式?

5. 在实际业务中, 装运时间是如何规定的?

五、计算题

1. 某公司出口商品共 100 箱, 每箱的体积为 30 cm × 60 cm × 50 cm, 毛重为 40 千克, 查运费表得知该货为 9 级, 计费标准为 W/M, 基本运费为每运费吨 HK\$109, 另外收燃油附加费 20%, 港口拥挤费 20%, 货币贬值附加费 10%, 试计算该批货物的运费是多少港元?

2. 某公司出口货物共 200 箱, 对外报价为每箱 438 美元 CFR 马尼拉, 菲律宾商人要求将价格改报为 FOB 价, 试求每箱货物应付的运费及应改报的 FOB 价为多少? (已知该批货物每箱的体积为 45 cm × 35 cm × 25 cm, 毛重为 30 千克, 商品计费标准为 W/M, 基本运费为每运费吨 100 美元，到马尼拉港需加收燃油附加费 20%，货币贬值附加费 10%，港口拥挤费 20%。)

3. 我方按 CFR 价格出口洗衣粉 100 箱，该商品内包装为塑料装，每袋 0.5 千克，外包装为纸箱，每箱 100 袋，箱的尺寸为：长 47 cm，宽 30 cm，高 20 cm，基本运费为每尺码吨 HK$367，另加收燃油附加费 33%，港口附加费 5%，转船附加费 15%，计费标准为"M"，试计算该批商品的运费为多少？

第四章　国际货物运输保险

● **理论目标**

了解国际货物运输保险的概念、作用和基本原则，把握海运货物的风险和损失，了解海运货物的保险条例，重点掌握国际货物运输中海运货物的投保与索赔。

● **案例目标**

能运用所学的国际货物运输保险的概念、作用和基本原则研究相关案例，培养和提高学生在特定业务情境中分析问题与决策设计的能力；能结合"国际货物运输中海运货物的投保与索赔"的教学内容，进行保险索赔和理赔。

● **实务目标**

能运用国际货物运输保险的主要内容、保险保障范围等相关知识，通过国际货物运输保险控制国际贸易在运输、装卸和储存过程中遇到的各种风险，使损失降到最低。

案例导入

损失如何定性，怎样才能得到赔付？

一载货船舶在航行途中不慎搁浅，事后船长下令反复开倒车，强行起浮，使船上轮机受损并且船底划破，致使海水渗进货仓，造成船货部分受损。该船驶至附近的一港口修理并暂卸大部分货物，共用了一周时间，增加了各项费用支出，包括船员工资。船修复后装上原货重新启航后不久，A舱起火，船长下令灌水灭火。A舱原载有儿童玩具、茶叶等，灭火后发现儿童玩具一部分被焚毁，另一部分儿童玩具和全部茶叶被水浸湿。

【思考】 试分析上述各项损失的性质，并说明在投保何种险别的情况下，保险公司方负责赔偿？

在国际贸易中，由于买卖双方涉及不同的国家和政体、不同的经济状况和管理体制，另外，货物运输线路较长，时间较久，经过地的地形和气候复杂，变换的运输工具和装卸搬运繁多，货物在运输过程中可能会遇到各种风险而遭受损失。为了使货物遭受损失后能得到经济上的补偿，并由第三者来承担风险责任，这种做法称为保险(Insurance)。国际货物运输保险属财产保险的范畴，按运输方式的不同可分为海上货物运输保险、陆上货物运输保险和航空货物运输保险等。其中又以海上货物运输保险起源最早、历史最长、业务量最大。

第一节　货物运输保险概述

保险是一种损害补偿制度，是由保险人(Insurer)承担风险，集中社会上有同一危险的被保险人的分散资金，组成保险基金，对少数被保险人(Insured)由于特定灾害或事故造成的损失进行经济补偿。从法律角度看，保险是一种补偿性契约行为，被保险人按契约规定向保险人交纳保险费，保险人按契约规定的责任范围对被保险人的损失承担赔偿责任，符合双务原则。

现代保险业务种类繁多，但总的来说，可分为财产保险、责任保险、保证保险和人身保险四类。财产保险是最主要的一种，它是以财产及其有关利益作为保险对象的。货物运输保险属财产保险类。

一、货物运输保险的作用

国际货物运输保险是指保险人在收取约定的保险费后，对被保险货物遭受承保责任范围内的风险而受到的损失负赔偿责任。货物运输保险作为国际贸易业务中交易条件之一，是不可缺少的组成部分。它是随国际贸易和航海事业的发展而发展起来的。货物运输保险业务的发展，又反过来促进国际贸易和航运事业的发展。它对国际贸易发展的促进主要表现在以下几方面。

1. 保障作用

通过货物运输保险，外贸企业可将不定的损失以支付保险费的形式变为固定费用，便于经济核算。一旦货物在运输途中遭受意外损失，可从保险公司及时得到经济补偿，这有利于外贸企业对外贸易业务的顺利开展，对发展国际贸易起保护作用。

2. 监督作用

保险公司为了保护自身利益，一方面，要积极开展业务，增加收入；另一方面，要积极做好防灾防损工作，降低赔付率。因此，当货物发生残损后，保险公司要从事故赔偿的案件中分析致残原因，找出致残规律，从中吸取教训，建议有关单位从货物的装卸、运输、储存以及港口和货物包装等方面改进工作，共同采取防损措施。

3. 为国家积累资金作用

货物运输保险可为国家积累外汇资金。出口力争采用带保险的 CIF 价格术语，可以增加外汇收入；进口采用不带保险的 FOB 价格术语，可以节省外汇支出。由于我国保险公司在世界上享有较好的声誉，制定的保险费率较国际市场略低一些，也吸引了不少外商向我国投保，增加了外汇收入。保险作为一种无形贸易，随着我国保险事业的发展，将为国家积累资金起到重要作用。

4. 扩大国际交往作用

再保险也是保险公司经营的主要业务之一，在当前国际保险业中，已受到普通重视。再保险即保险人在接受保险业务时，如认为自己所承担的保险额过高，一旦发生危险，超过了自己的偿付能力，或认为保险标的危险性大，可通过契约规定把一部分(或全部)保险额转让给另一保险人，也称分保或共同保险(Co-insurance)。我国已同世界上大部分国家或地区的保险机构建立了再保险业务关系，扩大了国际间的经济交往，增进了我国同世界各国的友好关系。

二、货物运输保险的基本原则

被保险人对一批或若干批货物向保险人投保一定的险别，并交纳保险费，保险人承保后，如果货物在运输过程遭受承保范围内的损失，保险人都将按照它所出立的保险单的规定给被保险人以经济上的补偿。原则上这种补偿只能恢复到受损前的经济状态，不能因此而获利。另外，这种保障仅限于资金方面的补偿，保险人不负责使保险标的物恢复原状或归还原主。货物运输保险合同的成立与其他保险相同，当事人双方均须遵守一些基本原则，主要有以下几个方面。

1. 保险利益原则

保险利益是指被保险人对保险标的拥有某种合法的经济利益。进出口货物运输保险标的物是指货物及与之相关的利益，如运费、保险费、预期利润。即被保险人向保险公司投保的并不仅是货物本身，而是被保险人对货物所具有的利益。这种利益表现为对被保险标的享有所有权、担保物权或承担经济风险和责任。保险利益具有以下特点：

(1) 保险利益必须是一种合法的利益。

被保险人对于保险标的所具有的保险利益，不应是违反国家法规通过不正当的手段获得的，如投保国家法令禁止的毒品、文物等，保险公司在不知情的情况下给予承保，一旦查明事实，保险公司可立即撤销合同或拒绝赔款。

(2) 保险利益必须是一种确定的利益。

所谓确定的利益是指已经确定或可予确定的利益。前者是现有的利益，后者是预期的利益，两者都必须是客观上可以实现的利益，而不是单凭主观上的臆测推断可能获得的利益。例如，预期利益在签订保险合同时尚不存在，但它在客观上是可以实现的，并且在订立合同或者在保险事故发生前或发生时能具体确定。

(3) 仅要求保险标的发生损失时必须具有保险利益。

货物运输不像有的保险那样，被保险人在订立合同时便具有保险利益，这与国际贸易的特点有关。国际贸易交货方式多属象征性交货，货物装船前，卖方承担货物风险，它具有保险利益，买方无保险利益；当货物装上轮船时，货物及风险由卖方转移给买方，买方具有保险利益。若硬性规定被保险人在投保时就必须具有保险利益，则在 FOB 或 CFR 价格术语成交的条件下，买方便无法在货物装船之前及时对装船货物办理保险。

(4) 保险利益可转让。

在货物运输保险中，利益的转让一般是通过转让保险单的形式来实现的，转让人在保险单背面签字背书，把保险利益转让给受让人，受让人就成为保险单的善意持有者，享有合法的保险利益。保险单的背书多为空白背书，货物所有权和保险利益可多次转让。因此货物运输保险单被视为一种流通证券。

(5) 保险利益的失效。

保险利益的失效大致可分为四种情况：一是期满终止，当被保险货物运送至目的地入库，保险责任即告终止，或被保险物在最后卸载港全部卸离海轮后超过二年，保险索赔时效就告届满；二是协议失效，保险合同可由双方在订购时订明在期满失效前随时注销的条件；三是违约失效，保险人可因被保险人的违约行为而终止合同(如航程保单下，货物未按保单原定航道运输，合同失效)；四是自动失效，指被保险人以隐瞒、欺诈等手段订立合同。

2．最高诚信原则

最高诚信原则要求保险双方在签订合同时必须恪守最大的诚实和信义，特别是被保险人必须如实把有关保险标的情况向保险人申报和陈述，如有漏报或所报不实，则合同不能成立，即便已成立，保险人有权宣告无效。

3．就近原则

就近原则是指保险人对被保险标的是否负赔偿责任，在于查明造成被保险标的的损失的最直接原因是否属于承保的责任范围。

4．补偿原则

补偿原则指被保险标的受到承保责任范围内的损失后，被保险人有权获得损失补偿。补偿的总额不能超过损失的总金额。保险在取得代位权后，有权向第三责任方进行追索补偿，但不得超过保险人已赔付的金额。若有超出，其超过部分应退还被保险人。

5．重复保险处理原则

重复保险是指同一货物同时向几家保险公司投保，而各家保险公司并不知其同时投保，因此，保险金额远远超过保险标的的价格。处理方法是各保险公司按照本身承保金额占重复总金额的比例，分摊赔偿责任或由先承保的保险公司首先承担赔偿责任，不足部分由其余的保险公司承担，总之赔到保险标的的真实价值为止。

6．共同保险处理原则

共同保险处理原则是指由几家保险公司共同承担同一标的，共保人事前商妥由其中一家保险公司作为牵头公司开立保险单并负责承保和理赔事宜，发生损失后，各共保人按保险费收入比例分摊赔偿额。

第二节　海运货物保险保障范围

国际贸易货物在海上运输过程中，常常会因遇到各种风险而受到损失，但保险公司只会对不同险别保险责任范围内的风险和损失予以承保和补偿。所以为了使承保货物得到最大限度的保险保障，必须熟悉海运货物保险中的货物、损失和费用，了解海运货物保险的保障范围。

海上货物运输保险的保障范围包括保障的风险、保障的损失和保障的费用三个方面。

一、保障的风险

在海运保险业务中，保障的风险主要有海上风险和外来风险两类。

(一) 海上风险(Perils of the Sea)

海上风险又称为"海难"，是指被保险货物及船舶在海上运输中及随附海上运输过程中所发生的风险。海上风险并不包括一切海上发生的风险，但也不是仅仅局限于航海过程中发生的风险。海上风险可以根据性质分为以下两大类。

1. 自然灾害(Natural Calamity)

自然灾害是指由于自然界变异引发破坏力量所造成的灾害，一般指恶劣天气、雷电、地震、海啸、洪水等。

2. 意外事故(Fortuitous Accidents)

意外事故是指由于不可预料的原因所造成的事故。一般是指沉没、碰撞、触礁、搁浅、船破、倾覆等事故。

(二) 外来风险(Extraneous Risks)

外来风险是指除海上风险以外的其他外来原因所造成的风险，可分为以下两大类。

1. 一般外来风险

一般外来风险是指偷窃、雨淋、短量、渗漏、破损、受潮、发霉、串味、受热、锈损和钩损等。

2. 特殊外来风险

特殊外来风险是指战争、罢工、交货不到、拒收等。

二、保障的损失

海运货物保障的损失，包括在海运途中遭受海上风险所产生的任何损失和与海运连接最近的一段陆路运输或内河运输所发生的损失。按损失程度的不同，损失可以简单地分为全部损失和部分损失。

(一) 全部损失(Total Loss)

全部损失简称全损，是指运输途中整批货物或不可分割的一批货物的全部损失。从损失的性质上看，又可大致分为实际全损和推定全损。

1. 实际全损(Actual Total Loss)

实际全损又称绝对全损，是指被保险货物在运输途中全部灭失或等同于全部灭失。下列情况之一即构成实际全损：

(1) 被保险货物完全毁损和灭失。例如，船舶遭遇风暴倾覆而沉入深海，无法打捞。

(2) 被保险货物丧失原有用途或已不具有商业价值。例如，茶叶被海水浸泡，既不能饮用也不能销售。

(3) 被保险货物所有权被剥夺，已无法追回。例如，战时船舶或货物被敌对国家扣留没收。

(4) 载货船舶失踪无音讯达到一定时期。按照国际惯例，失踪半年仍未得到船舶行踪消息的，可以视为实际全损。

2. 推定全损(Constructive Total Loss)

推定全损是指被保险货物未完全损坏或灭失，但已没有什么实用价值。凡下列情况之一可视为推定全损：

(1) 被保险货物受损后，虽未达到完全灭失的程度，但完全灭失将不可避免。

(2) 被保险货物受损后进行施救整理或修复所需要的费用已经超过货物原有价值。

(3) 被保险货物受损后，其整理和继续运往目的港的费用超过货物到达目的港后的价值。

(4) 被保险货物受损使被保险人失去被保险货物的所有权，而收回所有权所花费的费用已超过收回物的价值。

发生了推定全损，既可要求按部分损失赔偿，也可要求按全部损失赔偿。如果要求按全部损失赔偿，被保险人必须向保险人提出"委付"，经保险人同意后，才能按推定全损赔付。所谓"委付"是指被保险货物发生推定全损时，被保险人将货物的一切权利转让给被保险人，要求被保险人按全损给予赔偿的表示。

(二) 部分损失(Partial Loss)

部分损失是指货物没有达到全部损失的程度。按损失的性质不同可分为共同海损和单独海损。

1. 共同海损(General Average)

共同海损是指载货船在海运途中遇到危险，船方为了维护船货的共同安全或使航程得以继续完成，有意地、合理地做出某些牺牲或支出额外费用。

构成共同海损，一般应具备以下条件：

(1) 船舶确实遭遇危险，此危险不是主观臆测的，而且危及船和货物的共同安全。

(2) 采取的措施必须是有意的、合理的，是为了船货各方面的共同安全。

(3) 牺牲或费用支出是非常合理的。

共同海损所造成的损失，都是为了使船舶、货物和运费免于避受更大损失而支出的。因此，应由船方、货方、运费方三者根据获救价值共同按比例分摊，这种分摊叫共同海损分摊(G．A．Contribution)。

2. 单独海损(Particular Average)

单独海损是指共同海损以外的部分损失。这种损失仅仅属于特定方面的特定利益，并不涉及其他货主和船方，由风险直接造成的损失应由受损者单独负担。

(三) 其他损失

除海损外，货物在运输途中也会由于外来原因引起的一般风险和特殊风险而遭受其他损失。如由于偷窃行为所遭受的损失和因战争所遭受的损失等。

三、保障的费用

保障的费用是指保险公司承保的费用。被保险货物遭遇保险责任范围内的事故，除了能使货物本身受到损毁导致经济损失外还会产生费用方面的损失，如施救费用、救助费用等，保险公司也予以赔偿。

(一) 施救费用(Sue and Labour Changes)

施救费用又称单独海损费用，是指被保险货物在遭受保险责任范围内的灾害事故时，被保险人(或其代理人、雇佣人员或受让人等)为抢救被保险货物，防止损失继续扩大而采取措施所支出的费用，保险人对这种施救费用负责赔偿。不论施救是否有效，保险人均对所支出的费用予以赔偿。

(二) 救助费用(Salvage Changes)

救助费用是指被保险货物在遇到承保范围内的灾害事故时，由保险人和被保险人以外的第三者采取救助措施而向第三者支付的报酬。保险人负责赔偿救助费用，但要求救助成功。

第三节　货物运输保险条款与险别

海运货物保险是各种运输保险中最主要的一种。目前，我国通常采用中国人民保险公司 1981 年 1 月 1 日修订的货物运输保险条款(China Insurance Clause，C.I.C.)。

一、主要险别

我国海运货物保险的险别分基本险和附加险两大类。基本险包括平安险、水渍险和一切险三种。附加险包括一般附加险和特殊附加险。附加险不能单独投保，必须投保了一种基本险后才可加保。

二、险别的责任范围

(一) 基本险

1．平安险(Free from Particular Average，F.P.A)

平安险是我国保险业务中的习惯叫法，英文原意是"不负单独海损责任"，即只对全部损失负赔偿责任，其责任范围主要包括：

(1) 被保险货物在运输途中，由于自然灾害造成整批货物的全部损失或推定全损。

(2) 运输工具发生意外事故造成货物全部或部分损失。

(3) 在运输工具发生意外事故的情况下，货物在此前后又遭受自然灾害所造成的部分损失。

(4) 在装卸或转运时，由于一件或数件货物落海造成的全部或部分损失。

(5) 共同海损的牺牲、分摊和救助费。

(6) 对受损货物进行施救的费用，但以不超过该批被救货物的保险金额为限。

(7) 运输工具遭遇自然灾害或意外事故，在中途港或避难港停靠而引起的装卸、存仓等特别费用。

(8) 运输契约订有"航船互撞责任"条款，按规定应由货方偿还船方的损失。

2．水渍险(With Average or With Particular Average，W.A or W.P.A)

水渍险也是我国保险业务中的习惯叫法，英文原意为"负单独海损责任"，也就是说除了包括平安险的责任范围外，还对平安险不负责任的部分损失予以负责。即对由于自然灾害这类海上风险造成的损失予以赔偿，不对由外来风险造成的损失负责。

3．一切险(All Risk，A.R.)

一切险责任范围，除包括水渍险的责任外，还负责由一般外来风险所造成的全部或部分损失，但不包括由于特殊外来风险造成的损失。也就是说并非承保一切风险损失，只是负责水渍险附加十一种一般附加险的损失，但不包括特殊附加险的范围。

案例

2003年4月，我某外贸公司与加拿大进口商签订一份茶叶出口合同，并要求采用合适的包装运输，成交术语为CIF渥太华，向中国人民保险公司投保一切险。生产厂家在最后一道工序中将茶叶的湿度降低到了合同规定值，并用硬纸筒盒作为容器装入双层纸箱，在装入集装箱后，货物于2003年5月到达渥太华。检验结果表明：全部茶叶变质、湿霉，总共损失价值达10万美元。但是，当时货物出口地温度与湿度适中，进口地温度与湿度也适中，运输途中并无异常发生，完全为正常运输。

【思考】 以上货物的损失该由谁来赔偿，为什么？

(二) 附加险

附加险不能单独投保，是依附于基本险项下的险别，承保的是由于外来原因所造成的损失。被保险人可以根据实际需要加保一种或多种附加险。附加险可分为一般附加险和特殊附加险。

1．一般附加险(General Additional Risk)

一般附加险是指由于一般风险而造成的各种损失的险别。由于一切险的承保范围包括了一般附加险，故投保了一切险时，就毋须再加保一般附加险。目前，中国人民保险公司承保的一般附加险有十一种。

(1) 偷窃、提货不着险(Theft，Pilferage and Non-Delivery，T.P.N.D)，指整件货物被偷以及整件提货不着的损失由保险公司负责赔偿。

(2) 淡水雨淋险(Fresh Water Rain Damage)。投保水渍险只负责海水所致的损失，如因船上淡水舱水管漏水、雨淋、融雪等所造成的损失，只有保了此险保险公司才负责赔偿。

(3) 短量险(Risk of Shortage)，指负责赔偿货物数量短少和重量损失，但不包括正常途耗。

(4) 混杂、沾污险(Intermixture and Contamination Risk)，指保险货物在运输途中被混进杂质或被其他物质沾污而引起的损失。

(5) 渗漏险(Leakage Risk)，指流质或半流质的液体货物在运输途中因容器损坏而引起的渗漏及变质损失。

(6) 碰损、破碎险(Clashing and Breakage Risk)，指运输途中货物因受震动、颠簸、挤压等造成的凹瘪、脱瓷、脱漆、划痕等损失，或因野蛮装卸而造成的货物破裂、断碎等损失。

(7) 串味险(Taint of Odor Risk)，指货物因受其他物品的气味影响所造成的串味损失。

(8) 受潮受热险(Sweating and Heating Risk)，指货物在运输途中因受潮、受热所造成的损失。

(9) 钩损险(Hook Damage)，指货物在装卸过程中，因使用手钩、吊钩等工具造成的损失。

(10) 包装破裂险(Loss and/or Damage Caused by Breakage of Packing)，指因包装物破裂造成货物的短少、沾污等损失，包括在转运过程中修补或调换包装所支付的费用，保险公司予以赔偿。

(11) 锈损险(Rusting Risk)，指货物在运输途中因生锈所造成的损失，但裸装的金属板、块、条、管等不保此险。

2. 特殊附加险(Special Additional Risk)

特殊附加险是指由于特殊外来风险而造成损失的险别，主要包括：

(1) 交货不到险(Failure to Deliver Risk)，指货物装上船满六个月还未到达目的地交货，无论什么原因，保险公司按全损赔付。但货物未必全损的话，保险公司赔付后货物的全部权益归保险公司所有。

(2) 进口关税险(Import Duty Risk)负责货物受损后仍按完好价值缴进口关税所造成的损失。

(3) 舱面险(On Deck Risk)负责货物不进货舱而置于舱面所造成的损失。

(4) 拒收险(Rejection Risk)负责货物由于各种原因被进口国拒绝进口而没收所造成的损失。

(5) 黄曲霉素险(Aflatoxin Risk)负责由于黄曲霉素污染而遭进口方拒绝或没收，或强制改变用途所造成的损失。

(6) 战争险(War Risk)负责由于战争、类似战争行为和敌对行为或海盗行为所致的损失，以及由此而引起的捕获、拘留、禁制和扣押等损失，也包括由于上述原因所引起的共同海损牺牲、分摊和救助费用。

(7) 罢工险(Strikes Risk)负责由于罢工者被迫停工，工人参加工潮、暴动和民众斗争的人员采取行动造成的货物损失，以及由于上述行动所引起的共同海损牺牲、分摊和救助费用。

(三) 除外责任

除外责任是保险公司明确规定不予承保的损失和费用。凡属下列情况，保险公司不予赔偿：

(1) 被保险人的故意行为所造成的损失和费用。

(2) 被保险物的自然渗漏，重量或容量的自然损耗或自然磨损。

(3) 由于被保险物的包装或准备不足或不当造成的损失或费用。

(4) 由于被保险物的本质缺陷或特性造成的损失和费用。

(5) 直接由延迟引起的损失或费用，即使延迟是由于所承保风险所引起的。

(6) 由于船舶所有人、经理、租船人或经营人破产或不履行债务造成的损失或费用。

(7) 由于任何个人或数人非法行为故意损坏或故意破坏被保险物或其他任何部分所造成的损失或费用。

(8) 由于使用任何原子或热核裂变和(或)核聚变或其他类似反应或放射性作用性质的战争武器造成的损失或费用。

(四) 责任起讫

责任起讫也叫保险有效期，是指保险公司承担保险责任时间的起讫期限，主要包括以下几种。

1. 仓至仓条款(Warehouse to Warehouse Clause，W/W 条款)

仓至仓条款指自被保险货物运离保险单所载明的起运地仓库时起生效，直至货物运抵保险单所载明的目的地收货人的仓库为止。若未抵达仓库，则以被保险货物在最后装卸港全部卸离海轮当晚 24 小时起算满 60 天为止。我国各种基本险别均采用此条款。

2. 扩展责任条款(Extended Cover Clause)

扩展责任条款指被保险货物在运输途中，由于被保险人无法控制的情况下产生的船舶绕道、转运、被迫卸货、重装等，保险继续有效。

3. 航程终止条款(Termination of Adventure Clause)

航程终止条款指在被保险人无法控制的情况下，货物在保险单载明目的地之前卸货，保险继续有效，直到货物在卸港卖出或送交时为止，但最长不超过货物卸离海轮后 60 天。

4. 驳运条款(Craft Risk Clause)

驳运条款指海轮不能靠岸需用驳船驳运时，驳船又非保险单上写明的海轮，通过这一条款，保险公司对驳运中货物的损失也予以负责。

三、保险协会海运货物保险条例

保险协会保险的险别也分基本险和附加险两大类：基本险包括 I.C.C.(A)险、I.C.C.(B)险和 I.C.C.(C)险三种；附加险原则上不能单独投保，如经保险公司同意可单独投保特殊附加险中的战争险和罢工险，但特殊附加险中的恶意损害险必须投保了一种基本险后才允许加保。

1. 协会货物险(C)(I.C.C.(C))

I.C.C.(C)的责任范围如下：

(1) 标的物的灭失或损坏如合理归因于：① 火灾或爆炸；② 船舶或驳船遭受搁浅、触礁、沉没或倾覆；③ 陆上承运工具的倾覆或出轨；④ 船舶、驳船或运输工具同除水以外的任何物体碰撞；⑤ 在避难港卸货。

(2) 由下列情况引起保险标的损失：① 共同海损的牺牲；② 抛货。

2. 协会货物险(B)(I.C.C.(B))

I.C.C.(B)的责任范围如下：

(1) 标的物的灭失或损坏如合理归因于：① 火灾或爆炸；② 船舶或驳船遭受搁浅、沉没或倾覆；③ 陆上承运工具的倾覆或出轨；④ 船舶、驳船或运输工具同除水以外的任何物体碰撞；⑤ 在避难港卸货；⑥ 地震、火山爆发或雷电。

(2) 由下列情况引起保险标的损坏：① 共同海损的牺牲；② 抛货或浪击落海；③ 海水、湖水或河水进入船舶、驳船、运输工具、集装箱、大型海运箱或储存处所。

(3) 货物在船舶或驳船装卸时落海或跌落造成任何整件的全损。

3. 协会货物险(A)(I.C.C.(A))

I.C.C.(A)的责任范围与一切险基本一致，同时将"海盗行为"视为一般海上风险，对其负赔偿责任，另外，也对"恶意损害"造成的损失负责。

4. 协会一般附加险

协会一般附加除的种类及其承保范围与中国人民保险公司的规定大致相同。

5. 协会特殊附加险

协会特殊附加险别有战争险、罢工、暴动、民变险及恶意损害险，其责任范围如下：

(1) 战争险。战争险的责任范围与我国保险公司的战争险责任范围大致相同，只是将海盗行为造成的损失除外。

(2) 罢工、暴动、民变险。根据国际市场习惯，本险一般和战争险同时投保，保险费合并计算，仅需在保险单上列明。战争险和罢工险虽属附加险，但在需要的情况下也可单独投保。

(3) 恶意损害险。恶意损害险承保范围是指被保险人以外的其他人的故意破坏行为造成被保险物的灭失和损坏，但出于政治动机的恶意损害则不属本险别承保范围，而属罢工险承保范围。

6. I.C.C 保险条款的保险责任起讫

I.C.C.(A)、(B)、(C)的责任起讫与 C.I.C.海运货物保险条款的规定大体相同，也是"仓至仓条款"，只是规定更为详细。

I.C.C 战争险同 C.I.C.战争险的规定基本一样，也是采用港至港条款。

第四节　海运货物的投保与索赔

投保工作是外贸公司业务经营中的一项重要内容，它分为进口货物保险和出口货物保险两种。投保的目的在于货物受损后能得到保险公司的赔偿，而海运货物风险损失的概率较大，所以，进口商或出口商也会经常遇到向保险公司索赔的问题。

一、海运货物投保

当出口货物由我国外贸公司投保时，外贸公司向当地中国人民保险公司办理投保手续。在货证齐全并确定装船日期和运输工具后，填制保险单，送保险公司投保，缴纳保险费后向保险公司领取保险单证。当进口货物由我国外贸公司投保时，我国各外贸公司同中国人民保险公司均签订有预保合同，凡属预保合同规定范围内的进口货物，一经起运，保险公司即自动按照规定条件承保。

在办理投保手续时应注意以下四个方面问题。

(一) 险别的选择

投保时要选择适当的险别，以保证货物获得充分的经济保障，并节省保险费开支。投保险别选择不当会造成货物受损，得不到应有的赔偿，或因投保了不必要的险别而多支出了保险费。选择投保险别要考虑货物的性质、包装、用途、运输工具、运输路线、运输装运的季节、气候及货物的残损规律等，一般应首先在基本险别中选择一种，然后再根据情况加保必要的附加险。有的货物有一定的免赔率，如要求降低免赔率，每降低 1% 免赔率，增收保险费率 0.5%，因此要估算何种处理方法合算。

(二) 保险金额的确定和保险费的计算

保险金额是投保人对货物的投保金额。它既是计算保险的依据，也是发生损失后保险公司赔付的最高赔偿额。

1. 出口方面

中国人民保险公司承保出口货物的保险金额，一般按 CIF 货价加成 10% 计算(即发票金额的 110%)，多加的 10% 作为预期利润。若买方要求加保成数超过 10%，也可考虑接受。

$$保险金额 = CIF 价格 \times 110\%(投保加成)$$
$$保险费 = 保险金额 \times 保险费率$$

保险费率是保险公司根据一定时期货物的损失率(赔付率)、险别、航程危险大小等情况而确定的，投保时可查用。

2. 进口方面

中国人民保险公司承保进口货物的保险金额，一般按进口货物的 CIF 货值计算。

以 FOB 成交的进口货物为例：

$$保险金额 = \frac{货价(FOB价) \times (1 + 运费率)}{1 - 保险费率}$$

以 CFR 成交的进口货物为例：

$$保险金额 = \frac{货价(CFR价)}{1 - 保险费率}$$

$$保险费 = 保险金额 \times 保险费率$$

(三) 投保单的填写

在确定投保险别、投保金额后即可填写投保单，向保险公司投保，投保单的内容主要有保险人名称、货物名称、包装及数量、标志、保险金额、船名和装运工具、开航日期、航程或航路、投保险别、赔款地点等，某公司的投保单如图 4-1 所示。

投保单序号: PICC Nº 0000065

PICC 中国人民保险公司 河北省分公司
The People's Insurance Company of China, HeBei Branch

地址:　　　　　　　　　　　　　　　邮编(POST CODE):
ADD:
电话(TEL):　　　　　　　　　　　　传真(FAX):

货物运输保险单投保单
APPLICATION FORM FOR CARGO TRANSPORTATION INSURANCE POLICY

被保险人:
Insured: _____

发票号(INVOICE NO.)
合同号(CONTRACT NO.)
信用证号(L/C NO.)
发票金额(INVOICE AMOUNT)_____ 投保加成(PLUS)_____%

兹有下列物品向中国人民保险公司河北省分公司投保。(INSURANCE IS REQUIRED ON THE FOLLOWING COMMODITIES):

标　记 MARKS & NOS.	包装及数量 QUANTITY	保险货物项目 DESCRIPTION OF GOODS	保险金额 AMOUNT INSURED

起运日期:　　　　　　　　　　　　　装载运输工具:
DATE OF COMMENCEMENT _____ PER CONVEYANCE: _____
自　　　　　　　　经　　　　　　　　至
FROM _____ VIA _____ TO _____
提单号:　　　　　　　　　　　　　　赔款偿付地点:
B/L NO.: _____ CLAIM PAYABLE AT _____
投保险别: (PLEASE INDICATE THE CONDITIONS &/OR SPECIAL COVERAGES):

请如实告之下列情况:(如'是'在[ ]中打 '✓', '不是'在[ ]中打 '✗' IF ANY, PLEASE MARK '✓' OR '✗')
1. 货物种类:　装装[ ]　散装[ ]　冷藏[ ]　液体[ ]　活动物[ ]　机器/汽车[ ]　危险品等级[ ]
   GOODS:　BAG/JUMBO BULK　REEFER　LIQUID　LIVE ANIMAL MACHINE/AUTO DANGEROUS CLASS
2. 集装箱种类:　普通[ ]　开顶[ ]　框架[ ]　平板[ ]　冷藏[ ]
   CONTAINER: ORDINARY　OPEN　FRAME　FLAT　REFRIGERATOR
3. 转运工具:　海轮[ ]　飞机[ ]　驳船[ ]　火车[ ]　汽车[ ]
   BY TRANSIT: SHIP　PLANE　BARGE　TRAIN　TRUCK
4. 船舶资料:　船籍[ ]　船龄[ ]
   PARTICULAR OF SHIP:　REGISTRY　AGE

备注: 被保险人确认本保险合同条款和内容已经完全了解。　　　投保人(签名盖章) APPLICANT'S SIGNATURE
THE ASSURED CONFIRMS HEREWITH THE
TERMS AND CONDITIONS OF THESE IN-
SURANCE CONTRACT FULLY UNDERSTOOD.　　　　　_____

　　　　　　　　　　　　　　　　　　　　　　　电话:(TEL) _____

投保日期:(DATE) _____　　　　　　　地址:(ADD) _____

本公司自用 (FOR OFFICE USE ONLY)

费率:　　　　　　　保费:　　　　　　　　备注:
RATE:　　　　　　　PREMIUM: _____　NOTE:
经办人:　　　　　　核保人:　　　　　　　负责人:
BY _____　　　UNDERWRITER _____　MANAGER _____

图 4-1　某公司的投保单

(四) 领取保险单

投保人在交纳保险费后即可向保险公司领取保险单。保险单既是保险公司对被保险人的承保证明，又是双方权利和义务的契约。在被保险货物遭受损失时，它是被保险人据以索赔和保险公司据以理赔的主要依据。

目前，我国使用的保险单证有以下几种。

1. 保险单(Insurance Policy)

保险单俗称"大保单"，是一种正规的保险单据。它正面印有保险人名称、货物名称、数量、标志、运输工具种类和名称、险别、起讫地点、保险期限、保险金额等项目，背面印有详细的保险条款以明确责任范围和双方的权利与义务，是国际贸易中使用最多的一种保险单据。

2. 保险凭证(Insurance Certificate)

保险凭证俗称"小保单"，是简化的保险单，只有正面的格式项目而背面无条款，其效力与保险单相同。但买方要求提供保险单时，就不能用保险凭证代替。

3. 联合凭证(Combined Certificate)

联合凭证是一种比保险凭证更为简化的保险单据，即保险公司将承保的险别、保险金额和保险编号等内容加注在进出口公司开具的商业发票上，它实际上是发票与保险单相结合的联合凭证。此单据目前仅适用于港澳地区部分华商和少数新加坡、马来西亚地区的出口业务。

4. 预约保险单(Open Policy)

预约保险单又称预约保险合同，在预约保险单内载明保险货物的范围、险别、保险费率、每批货物的最高保险金额及保险费的结算办法等。凡属预约保险范围内的货物一经起运，保险公司即自动承保，被保险人在熟悉每批货物的起运情况后，应及时将起运通知书送交保险公司。目前，这种保单在我国仅用于 FOB 和 CFR 的进口交易。

二、海运货物索赔和理赔

索赔和理赔是一个问题的两个方面，被保险人当货物受损后向保险公司提出经济补偿的要求叫索赔(Claim)；保险公司接受报损通知后处理赔偿的过程叫理赔(Settling)。

(一) 索赔

在索赔工作中，被保险人应做好下列工作。

1. 损失通知

当被保险人获悉或发现货物已遭受损失时，应立即通知保险公司，并申请对货物进行检验，以便确定损失程度，并将保险公司出据的检验报告作为向保险公司索赔的重要证件。

2. 向承运人等有关方面提出索赔

被保险人发现货物受损后，除向保险公司报损外，还应立即向承运以及海关、港务局等有关部门索取货损、货差证明，并及时向有关责任方提出索赔，并保留追偿权利，有时还要申请延长索赔时效。

3. 采取合同施救、整理措施

索赔的货物受损后，被保险人应采取一切必要措施防止损失扩大。否则，保险公司有权拒付这部分扩大的损失费。

4. 提供必要的索赔单据

索赔的主要单据通常有：

(1) 保险单或保险凭证正本，这是向保险公司索赔的基本证件。

(2) 运输合同，如海运提单、铁路运单等，用于证明货物运输情况。

(3) 发票，是理赔的数额依据。

(4) 装箱单、磅码单，是核对损失数量的依据。

(5) 检验报告，是证明损失原因、损失程度、损失金额、残余货物的价值及受损货物处理经过的证明。

(6) 货损、货差证明，是承运人签发的证明。它既是向保险公司索赔的证明，也是日后向承运方追偿的根据。

(7) 其他证件。如向其他责任方要求赔偿的函电或其他文件等证明被保险人已办理了追偿手续。

(8) 索赔清单，要注明索赔详细项目和有关费用。如货物遭全损，应赔偿全部保险金额。如货物遭部分损失，则应正确计算和合理确定赔偿金额，注意对易碎和易短量物的索赔，要了解是否有免赔率。

5. 必要时办理权益转让手续

若被保货物的损失应由第三者负责时，当从保险公司取得赔偿后，被保险人应将向第三者追偿的权益转让给保险公司，以便保险公司取代保险人的地位向第三者追偿，这就是权益转让，保险人的这种权利称为代位权(The Right of Subrogation)。

6. 必要时办理委付手续

被保货物遭受严重损失，被保险人要求按推定全损赔偿时，应将货物及其一切权益委付(Abandonment)给保险公司。否则，只能得到部分损失赔偿。

7. 注意时效

一般索赔时效为二年。若超过二年进行索赔，保险公司便不再受理。

(二) 理赔

理赔是保险公司的一项重要工作，保险公司在接到损失通知单后，做好赔款案件的编号立案工作，然后立即进行认真仔细的审核工作，主要包括以下内容。

(1) 审查单据、审查损失是否在保险单的有效期内；是否属于保险责任和赔偿范围；索赔是否在有效期内；索赔人是否为保险权益人；单据是否齐全、内容是否真实、出证机关是否合法等。

(2) 查勘检验。保险公司获知投保单位发生损失后，应及时派人到现场查勘，了解受损原因、程度，对受损物进行检验、盘点和估算，同时视必要采取相应的救护措施，以防损失扩大。

(3) 明确责任。当损失原因属责任范围时，要具体计算赔偿的金额。若属除外责任，要向被保险人说明理由并发出"拒赔通知书"。

(4) 纠纷处理。若双方对问题的处理有争议，尽可能通过协商解决，若仍不能达成一致意见，可通过仲裁或提请经济法庭判决。仲裁结果对双方均有约束力，法庭判决则是处理的最后依据。

(5) 给付赔偿。保险公司理算后，应立即通知被保险人办理领取款手续，对属于第三者的责任，保险公司赔偿后应取得追偿权利即代位权。

(6) 损余处理。受损货物有的还有一定的经济价值，保险公司在给付赔款后，对受损物要恰当处理，尽可能挽回损失。这样，通过收回部分残值实际上也就减少了赔款支出。

第五节　其他运输方式的货运保险

根据运输方式的不同，除海运货物运输保险外，还有陆上、航空、邮包及多式联运等货物运输保险，它们都是在海运货物保险的基础上发展起来的，并各自成为独立的保险条款。

一、陆上运输货物保险

我国陆上运输货物保险仅限于火车和汽车运输。其基本险包括陆运险和陆运一切险。前者承保范围相当于海运中的水渍险；后者承保范围相当于海运中的一切险。此外，还有适用于陆运冷藏物的专门保险——陆运冷藏物险，也属基本险性质，以及附加险——陆运战争险。

陆上运输货物保险的除外责任如：由被保险人的故意行为或过失所造成的损失，属于发货人负责，或被保险货物的自然消耗所引起的损失，以及由于战争、罢工或运输延迟所造成的损失。

二、航空运输货物保险

我国航空运输货物保险的基本险分为航空运输险和航空运输一切险。前者承保范围相当于海运中的水渍险，后者承保范围相当于一切险，其附加险是空运战争险。

航空运输货物保险的除外责任及责任起讫地点与海运相同，而责任期限则以被保险货物在最后卸装地卸离飞机后满 30 天为止。

三、邮包运输货物保险

邮包运输可通过海、陆、空等多种运输方式，其基本险分别为邮包险和邮包一切险，还有附加险——邮包战争险。

其除外责任与前述的海运保险条款中的规定相同。

责任期限自邮包离开保险单所载起运地点寄件人的处所运往邮局时开始,至目的地邮局发生通知书给收件人的当日午夜起满 15 天为止,如在此期限内邮包一经递交至收件人处,所保险责任亦即终止。

思 考 与 练 习

一、单项选择题

1.我公司以CIF条件出口时,我方应负责投保,按《2010年通则》的规定应投保(　　　)。

A. 一切险

B. 一切险加战争险

C. 保险人承担责任范围内最小的险别

2. 共同海损属于(　　　)。

A. 全部海损　　　　B. 部分损失　　　　C. 单独海损

3. "仓至仓条款"是(　　　)。

A. 承运人运输责任起讫的条款

B. 保险人保险责任起讫的条款

C. 出口人交货责任起讫的条款

4. 在伦敦保险协会货物保险条款的三种主要险别中,保险人责任最小的险别是(　　　)。

A. A 险　　　　　　B. B 险　　　　　　C. C 险

5. 根据我国"海洋货物运输保险条款"规定,"一切险"包括(　　　)。

A. 平安险加 11 种一般附加险　　　　B. 一切险加 11 种一般附加险

C. 水渍险加 11 种一般附加险　　　　D. 11 种一般附加险加特殊附加险

6. 一切险与水渍险各项保险责任的不同之处在于(　　　)的赔偿。

A. 自然灾害所造成的单独海损　　　　B. 意外事故所造成的全部或部分损失

C. 一般外来原因所造成的损失　　　　D. 特殊外来原因所造成的损失

7. 我方按 CIF 条件成交一批罐头食品,卖方投保时,按下列(　　　)投保是正确的。

A. 平安险+水渍险　　　　　　　　　B. 一切险+偷窃提货不着险

C. 水渍险+偷窃提货不着险　　　　　D. 平安险+一切险

8. 某外贸公司出口茶叶 5 公吨,在海运途中遭受暴风雨,海水涌入仓内,致使茶叶发霉变质,这种损失属于(　　　)。

A. 实际全损　　　　　　　　　　　　B. 推定全损

C. 共同海损　　　　　　　　　　　　D. 单独海损

二、简答题

1. 什么叫意外事故?海上风险中意外事故包括哪些?

2. 构成共同海损应具备哪些条件?

3. 海运货物保险的一般附加险有哪些?

4．哪些是平安险、水渍险和一切险都不负赔偿责任的损失？

三、案例分析题

1．我某纺织品公司向澳大利亚出口坯布 100 包，我方按合同规定投保水渍险，货在海运中因舱内食用水管破裂，致使该批坯布中的 30 包浸有水渍。但保险公司拒绝赔偿。

问题：保险公司是否应该赔偿？

2．我国某公司按 CIF 条件向中东某国出口一批货物，根据合同投保了水渍险附加偷窃提货不着险。但在海运途中，因两伊战起船被扣押，而后进口商因提货不着便向我保险公司进行索赔，我保险公司认为不属于保险责任范围，不予赔偿。

问题：保险公司的拒赔是否合适？

第五章　商品的价格

- **理论目标**

　了解在掌握价格时应考虑的因素；熟悉作价方法的选择；熟悉计价货币的选择；掌握价格条款的构成。

- **案例目标**

　能运用所学商品价格的知识点进行进出口报价的计算。

- **实务目标**

　能运用所学商品价格的知识点，在国际贸易业务中能正确选择合适的计价货币和贸易术语，能正确使用佣金和折扣。

案例导入

发票单价中漏列术语字样致损案

　　某年10月，中国某出口公司按CIF价格条件和信用证付款的方式向中东地区某商人出售一批服装。该公司寄出的结算单据遭开户行拒付，其理由是，在商业发票上所列价格条件仅标明目的港名称，而其前面却漏打"CIF"字样。经与议付行洽商并由议付行向开证行交涉，说明提单上注明"运费已付"，又有保险单证明已投保货运险，就整套单据而言，是符合CIF价格条件的，但开证行仍然坚决拒付，并将不符合点通知开证人。开证人则以市况不佳为由，要求减价15%才接受单据。几经交涉之后，开证行通知议付行称："买方只能按90%付款赎单。"议付行就此与出口公司联系后，先按90%收汇，未收部分则继续与开证行交涉，但终未成功。

　　【思考】　从该案例中，我出口公司应汲取什么经验教训？

第一节　出口商品价格核算

一、出口商品价格的构成

　　出口商品价格的构成主要包括成本、费用和利润三大部分。

1. FOB、CFR 和 CIF 价格构成

FOB 价 = 进货成本价 + 国内费用 + 净利润

CFR 价 = 进货成本价 + 国内费用 + 国外运费 + 净利润

CIF 价 = 进货成本价 + 国内费用 + 国外运费 + 国外保险费 + 净利润

2. FCA、CPT 和 CIP 价格构成

FCA 价 = 进货成本价 + 国内费用 + 净利润

CPT 价 = 进货成本价 + 国内费用 + 国外运费 + 净利润

CIP 价 = 进货成本价 + 国内费用 + 国外运费 + 国外保险费 + 净利润

3. 出口商品成本构成

商品成本(COST)包括生产成本、加工成本和采购成本。

(1) 生产成本。

生产成本是指制造企业生产某一产品所投入的成本。其中对成品或半成品进行加工、装配所需的成本是指加工成本。

(2) 采购成本。

采购成本是指贸易商向供应商(制造企业、加工企业等)采购商品的价格，也称为进货价格。

(3) 费用。

① 包装费。包装费通常包括在采购成本中，如果客户对于货物包装有特殊要求，由此产生的费用为附加的包装费，应该另外计算。

② 仓储费。在出口发运之前，需要另外存仓的货物会产生仓储费用。

③ 国内运输费。在装运前所发生的内陆运输费用通常有卡车运输费、内河运输费、路桥费、过境费、装卸费等。

④ 认证费。出口商办理许可证、配额、产地证明以及其他证明所支付的费用。

⑤ 港区港杂费。出口货物在装运前在港区码头所需支付的各种费用。

⑥ 商检费。出口商品检验机构根据国家有关规定或出口商的请求对货物进行检验所发生的费用。

⑦ 捐税。国家对出口商品征收、代收或退还的有关税费，通常有出口关税、增值税。

⑧ 垫款利息。出口商自国内采购至收到国外进口商付款期间因购买出口商品垫付资金所产生的利息。

⑨ 业务费用。出口商在经营中发生的有关费用，例如通信费、交通费、交际费等。

⑩ 银行费用。出口商委托银行向国外客户收取货款，进行资信调查等业务所支出的费用。

⑪ 出口运费。货物出口时支付的海运、陆运或空运费用。

⑫ 保险费。出口商向保险公司投保货物运输保险或者出口信用险等所支付的费用。

⑬ 佣金。出口商为了出口商品向中间商所支付的报酬。

(4) 预期利润。

① 利润占成本的一定比例：

$$利润额 = 成本 \times 利润率$$
$$价格 = 成本 + 利润额$$

② 利润占价格的一定比例：

$$利润 = 价格 - 成本 = 价格 \times 利润率$$

$$价格 = \frac{成本}{1-利润率}$$

二、出口商品成本核算

1. 出口商品换汇成本

出口商品换汇成本是指出口商品换回一单位外汇需多少本国货币(人民币)成本。换言之，即用多少元人民币的"出口总成本"可换回单位外币的"净收入外汇"。

出口商品换汇成本反映了出口商品的盈亏情况，是考察出口企业有无经济效益的重要指标，其衡量的标准是：人民币对美元的汇价。如果换汇成本高于人民币对美元汇价，则该商品的出口为亏损，虽然有创汇，但出口本身却无经济效益，换汇成本越高，亏损越大。因此，要避免亏损，必须准确测算换汇成本。其计算公式为

$$出口换汇成本 = \frac{出口总成本(人民币元)}{出口销售外汇净收入(美元)}$$

【例5-1】 出口服装一批，出口总价为 65 000 美元 CIF 纽约，其中运费为 1650 美元，保险费为 450 美元。国内进价总计 540 000 元人民币。请计算该批货物的出口换汇成本是多少？

解：
$$出口换汇成本 = \frac{出口总成本(人民币元)}{出口销售外汇净收入(美元)}$$
$$= \frac{540\,000元}{(65\,000-1650-450)美元} = 8.585 元/美元$$

2. 出口商品盈亏率

出口商品盈亏率是指出口商品盈亏额与出口总成本的比率。出口商品盈亏额是指出口销售人民币净收入与出口总成本的差额，其中，出口销售人民币净收入是由该出口商品的 FOB 价格按当时外汇牌价折成的人民币，出口总成本是指该商品的进货成本加上出口前的一切费用和税金。前者大于后者为盈利，反之为亏损。其计算公式为

$$出口商品盈亏额 = 出口销售人民币净收入 - 出口总成本$$

$$出口商品盈亏率 = \frac{出口商品盈亏额}{出口总成本} \times 100\%$$

【例5-2】 按上例条件，如结汇时，银行外汇买入价为 1 美元兑换 6.5 人民币。计算这笔交易的盈亏额及盈亏率。

解： 出口商品盈亏额 = 出口销售人民币净收入 - 出口总成本
$$= (65\,000 - 1650 - 450) \times 6.5 - 540\,000 元$$
$$= -131\,150 元$$

$$出口商品盈亏率 = \frac{出口商品盈亏额}{出口总成本} \times 100\%$$

$$= -\frac{131150}{540\,000} \times 100\%$$

$$= -24.29\%$$

因此，该批商品的盈亏率为 −24.29%，由于结果小于零，所以亏损。

3. 出口创汇率

出口创汇率也称外汇增值率，原本是用以考核进料加工的经济效益，具体计算方法是以成品出口所得的外汇净收入减去进口原料所支出的外汇，算出成品出口外汇增值的数额，即创汇额，再将其与原料外汇成本相比，计算出百分率。其计算公式为

$$出口创汇率 = \frac{成品出口外汇净收入 - 原料外汇成本}{原料外汇成本} \times 100\%$$

如原料为国产品，其外汇成本可按原料的 FOB 出口价计算。如原料是进口的，则按该原料的 CIF 进口价计算。

三、正确贯彻对外作价的原则

在国际贸易中，价格的掌握是一项十分复杂的工作，做好此项工作必须正确贯彻我国进出口商品的作价原则，即在贯彻平等互利的原则下，要做到以下几个方面。

1. 按照国际市场价格水平作价

国际市场价格是以商品的国际价值为基础，并在国际市场的竞争中形成的，它是交易双方都能接受的价格，是确定进出口商品价格的客观依据。

2. 要结合国别、地区政策作价

为了使外贸配合外交及我国对外经济与政治关系的发展，在参照国际市场价格水平的同时，也可适当考虑国别、地区政策。

3. 要结合购销意图作价

进出口商品价格在国际市场价格水平的基础上，可根据购销意图来确定，即可略高或略低于国际市场价格。

四、影响对外报价的各种具体因素

由于价格构成因素不同，影响价格变化的因素也是多种多样的。因此，在确定进出口商品价格时，必须充分考虑影响价格的种种因素，加强成本和盈亏核算，并注意同一商品在不同情况下应有合理的差价。

1. 交货地点和交货条件

在国际贸易中，由于交货地点和交货条件不同，买卖双方承担的责任、费用和风险也不同，在确定进出口商品价格时，必须首先考虑这一因素。例如，在同一距离内成交的同

一商品，按 CIF 条件成交与按 DDP 条件成交，其价格应当不同。

2. 运输距离

国际商品买卖一般都要经过长途运输，运输距离的远近关系到运费和保险费的开支，从而影响到商品价格。因此，在确定商品价格时，必须核算运输成本，做好比价工作。

3. 商品的品质和档次

在国际市场上，一般都是按质论价，即优质高价，劣质低价。品质的优劣，包装装潢的好坏，款式的新旧，商标、牌名的知名度等都影响商品价格。

4. 季节因素

在国际市场上，某些节令性商品，如赶在节令前到货，抢行应市，即能卖上好价。过了节令商品往往售价很低，甚至以低于成本的"跳楼价"出售。因此，应充分利用节令因素，争取按有利的价格成交。

5. 成交量

按国际贸易的习惯做法，成交量的大小直接影响价格，成交量大，在价格上应予适当优惠，或采用数量折扣办法。反之，成交量小，可适当提价。

6. 支付条件和汇率变动的风险

支付条件是否有利和汇率变动风险的大小都影响商品的价格。例如，在其他条件相同情况下，采取预付货款同采取凭信用证付款方式，其价格应有区别。同时，确定商品价格时，一般应采用对自身有利的货币成交。如采用不利货币成交时，应把汇率风险考虑到商品价格中去，即适当提高价格降低买价。

第二节　价格换算与作价方法

国际商品买卖的作价方法，一般采用固定作价，即在磋商交易中，把价格确定下来，合同价格一经确定，除非另有约定或对方同意，任何一方不得擅自更改。在进出口实务中，买卖双方可根据不同情况采取不同的作价方法。

一、固定作价

我国进出口合同绝大部分都是在双方协商一致的基础上，明确地规定具体价格，这也是国际上常见的做法。按照各国法律的规定，合同价格一经确定，就必须严格执行，除非合同另有约定，或经双方当事人一致同意，任何一方都不得擅自更改。在合同中规定固定价格是一种常规做法，它具有明确、具体、肯定和便于核算的特点。不过，由于市场行情瞬息万变，价格涨落不定。因此，在国际货物买卖合同中规定固定价格，就意味着买卖双方要承担从订约到交货付款以至转售时价格变动的风险。况且，如果行市变动过于剧烈，这种做法还可能影响合同的顺利执行。一些不守信用的商人很可能为逃避亏损，而寻找各种借口撕毁合同。为了减少价格风险，在采用固定价格时，首先，必须对影响商品供需的各种因素进行细致的研究，并在此基础上对价格的前景作出判断，以此作为决定合同价格的依据；其次，必须对客户的资信进行了解和研究，慎重选择订约对象。

二、非固定价格

非固定价格，即一般业务上所说的"活价"，大体上可分为下述三种。

1．具体价格待定

这种订价方法又可分为两种：

(1) 在价格条款中明确规定定价时间和定价方法。

例如："在装船月份前 45 天，参照当地及国际市场价格水平，协商议定正式价格"或"按提单日期的国际市场价格计算"。

(2) 只规定作价时间。

例如："由双方在××年×月×日协商确定价格"。这种方式由于未就作价方式作出规定，容易给合同带来较大的不稳定性，双方可能因缺乏明确的作价标准，而在商订价格时各执己见，相持不下，导致合同无法执行。因此，这种方式一般只适用于双方有长期交往并已形成比较固定的交易习惯的合同。

2．暂定价格

在合同中先订立一个初步价格，作为开立信用证和初步付款的依据，待双方确定最后价格后再进行最后清算，多退少补。

例如："单价暂定 CIF 神户，每公吨 1000 英镑，作价方法：以××交易所 3 个月期货，按装船月份的月平均价加 5 英镑计算，买方按本合同规定的暂定价开立信用证。"

3．部分固定价格，部分非固定价格

为了照顾双方的利益，解决双方在采用固定价格或非固定价格方面的分歧，也可采用部分固定价格、部分非固定价格的作法，或是分批作价的办法，交货期近的价格在订约时固定下来，余者在交货前一定期限内作价。

三、价格调整条款

在国际货物买卖中，有的合同除规定具体价格外，还规定有各种不同的价格调整条款。例如："如卖方对其他客户的成交价高于或低于合同价格 5%，对本合同未执行的数量，双方协商调整价格。"这种做法的目的是把价格变动的风险规定在一定范围之内，以提高客户经营的信心。值得注意的是，在国际上，随着某些国家通货膨胀的加剧，有些商品合同，特别是加工周期较长的机器设备合同，都普遍采用所谓"价格调整条款"，要求在订约时只规定初步价格，同时规定如原料价格、工资发生变化，卖方保留调整价格的权利。在价格调整条款中，通常使用下列公式来调整价格：

$$P = P_。(A + BM/M_。 + CW/W_。)$$

在上述公式中：P 代表商品交货时的最后价格；$P_。$代表签订合同时约定的初步价格；M 代表计算最后价格时引用的有关原料的平均价格或指数；$M_。$代表签订合同时引用的有关原料的价格或指数；W 代表计算最后价格时引用的有关工资的平均数或指数；$W_。$代表

签订合同时引用的工资平均数或指数；A 代表经营管理费用和利润在价格中所占的比重；B 代表原料在价格中所占的比重；C 代表工资在价格中所占的比重；A、B、C 所分别代表的比例在签订合同时确定后固定不变。

如果买卖双方在合同中规定，按上述公式计算出来的最后价格与约定的初步价格相比，其差额不超过约定的范围(如百分之若干)，初步价格可不予调整，合同原定的价格对双方当事人仍有约束力，双方必须严格执行。上述"价格调整条款"的基本内容，是按原料价格和工资的变动来计算合同的最后价格。在通货膨胀的条件下，它实质上是出口厂商转嫁国内通货膨胀、确保利润的一种手段。

第三节　佣金与折扣

一、佣金

1. 佣金的含义

佣金(Commission)是卖方或买方付给中间商为其对货物的销售或购买提供中介服务的酬金。上述中间商通称为经纪人(Broker)或代理人(Agent)。但在实际业务中，凡是为招揽生意、促成交易提供服务的企业或个人都可能成为佣金的收受者。

2. 佣金的表示

凡成交价格中有需要支付给中间商的价格即为含佣价。佣金有明佣、暗佣之分，明佣是在买卖合同或发票等有关单证上公开表明的佣金；暗佣对实际买方保密，由卖方暗中支付给中间人，不在发票等有关单证上显示。国外的一些中间商或买主为了赚取"双头佣"，或为了达到逃汇或税的目的，往往提出使用"暗佣"。

合同中常见的佣金的表示方法有如下几种：

(1) 以文字说明表示。例如：每公吨 100 美元 CIF 纽约包括 2%佣金。

(2) 在贸易术语上加注佣金的缩写英文字母 "C" 和佣金率。例如：每公吨 100 美元 CIFC2%纽约。

(3) 用绝对数来表示。例如：每公吨付佣金 20 美元。

案例　　　　　　　　　　　　　　　　　**错付佣金案**

中国某公司(卖方)曾向西欧某中间商(买方)出售一批货物，合同规定佣金为 5%。卖方按合同规定将货物装运出口后，收到了买方全部货款。卖方经办人员竟误将全部货款当作佣金开具佣金传票，以便公司财会人员向中国银行开立汇票，该传票虽然先后经过另一名业务人员和科领导复核，但均未发现错误。中国银行开立汇票时觉得金额过大怀疑有差错，于是中国银行按原货款金额向国外中间商开出了支付佣金的汇票。外商收到该汇票时，吃惊地发现金额过大，实属错汇，乃将原汇票退回。

【思考】　从上述案例中，我出口公司应接受什么教训？

3. 佣金的计算

凡成交价格中有需要支付给中间商的价格即为含佣价，不含佣金的价格为净价。佣金的计算公式为

$$佣金额 = 含佣价 \times 佣金率$$
$$净价 = 含佣价 - 单位货物佣金额 = 含佣价 \times (1 - 佣金率)$$
$$含佣价 = \frac{净价}{1 - 佣金率}$$

【例 5-3】 某出口公司对外报价某商品每公吨 2000 美元 CIF 纽约，外商要求 4%佣金。在保持我方净收入不变的情况下，应该报含佣价为多少呢？

解：
$$含佣价 = \frac{净价}{1 - 佣金率}$$

$$CIFC4\% = \frac{CIF净价}{1 - 4\%} = \frac{2000}{1 - 4\%} = 2083.33 \,(美元)$$

因此，改报后的 CIFC4%纽约价为每公吨 2083.33 美元。

二、折扣

1. 折扣的含义

折扣(Discount)是指卖方在原价格基础上给予买方一定比率的价格减让。卖方实际净收入要低于含折扣价。正确运用折扣有利于调动采购商的积极性，从而扩大销路。

2. 折扣的表示

(1) 以文字说明表示。例如：每公吨 100 美元 CIF 伦敦，减 3%折扣。

(2) 用绝对数来表示。例如：每公吨折扣 20 美元。

在实际业务中，也有用"CIFD"或"CIFR"来表示 CIF 价格中包含折扣。这里的"D"和"R"是"Discount"和"Rebate"的缩写。鉴于在贸易往来中加注的"D"或"R"含义不清可能引起误解，故最好不使用此缩写语。

3. 折扣的计算

折扣的计算和佣金的计算基本一致，也是以成交额或发票金额为基础计算出来的。其公式为

$$单位货物折扣额 = 原价(或含折扣价) \times 折扣率$$
$$卖方实际净收入 = 原价 - 单位货物折扣额$$

【例 5-4】 某外贸公司出口某商品，价格条款中规定："USD 500 per metric ton FOB Tianjin less 3% discount"，若出口 110 公吨该商品，试计算单位货物折扣额，卖方实际净收入和总折扣额。

解： 单位货物折扣额 = 原价(或含折扣价) × 折扣率 = 500 × 3% = 15 (美元/公吨)

卖方实际净收入 = 原价 - 单位货物折扣额 = 500 - 15 = 485 (美元/公吨)

总折扣额 = 单位货物折扣额 × 商品总量 = 15 × 110 = 1650 (美元)

第四节　计价货币的选择与合同中的价格条款

一、计价货币

计价货币是指合同中规定的用来计算价格的货币。这些货币可以是出口国或进口国的货币，也可以是第三国的货币，具体采用哪种货币由双方协定。在当前国际金融市场普遍实行浮动汇率制的情况下，买卖双方都将承担一定的汇率变化的风险。

二、计价货币的选择

国际贸易中，对于现汇贸易应采用可兑换货币。我国的人民币已实行经常项目下可兑换，所以也是我国对外贸易中使用的货币之一，可兑换货币的价值因汇率的变动而变动，故买卖双方均应密切注意货币汇率的升降趋势。选择合适的货币以减少由于汇率波动而带来的风险，买卖双方愿意选择汇率稳定的货币作为计价货币。但在汇率不稳定的情况下，出口方倾向于选用"硬币"，即币值坚挺、汇率看涨的货币，而进口方则倾向于选用"软币"，即币值疲软、汇率看跌的货币。合同中采用何种货币要由双方自愿协商决定。若采用的计价货币对其中一方不利，这一方应采取合适的保值措施，比如远期外汇买卖，并应把所承担的汇率风险考虑到货价中去。

三、合同中的价格条款

1. 合同中的价格条款的内容

进出口合同中的价格条款一般包括商品的单价和总值两项基本内容。商品的价格通常是指单价，包括计量单位、单位价格金额、计价货币与贸易术语。

例如：每公吨　　　　500　　　　美元　　　CIF 鹿特丹

　　　计量单位　　单位价格金额　　计价货币　　贸易术语

商品的总值(或称总价)是单价与数量的乘积，也就是一笔交易的货款总金额。

2. 拟定价格条款应注意的事项

为了使价格条款的规定明确合理，必须注意下列事项：

(1) 合理确定商品的单价，防止作价偏高或偏低。

(2) 根据经营意图和实际情况，在权衡利弊的基础上选用适当的贸易术语。

(3) 争取选择有利的计价货币，以免遭受汇率变动带来的风险；如采用不利的计价货币时，应当加订保值条款。

(4) 灵活运用各种不同的作价办法，以避免价格变动的风险。

(5) 参照国际贸易的习惯做法，注意佣金和折扣的合理运用。

(6) 如交货品质和数量约定有一定的机动幅度，则对机动部分的作价也应一并规定。

(7) 如包装材料和包装费另行计价时，对其计价办法也应一并规定。

(8) 单价中涉及的计量单位、计价货币、装卸地名称必须书写正确、清楚，以利合同的履行。

思 考 与 练 习

一、名词解释

1. 出口换汇成本　　2. 佣金　　3. 折扣

二、单项选择题

1. 在国际贸易中，含佣价的计算公式是(　　　)。

A. 单价×佣金率　　　　　　　　B. 含佣价×佣金率

C. 净价×佣金率　　　　　　　　D. 净价/(1 − 佣金率)

2. 凡货价中不包含佣金和折扣的被称为(　　　)。

A. 折扣价　　　　　　　　　　　B. 含佣价

C. 净价　　　　　　　　　　　　D. 出厂价

3. 一笔业务中，若出口销售人民币净收入与出口总成本的差额为正数，说明该笔业务为(　　　)。

A. 盈　　　　　　　　　　　　　B. 亏

C. 平　　　　　　　　　　　　　D. 可能盈、可能亏

4. (　　　)是含佣价。

A. FOBS　　　　　　　　　　　　B. FOBT

C. FOBC　　　　　　　　　　　　D. FOB

5. 在我国进出口业务中，计价货币选择应(　　　)。

A. 力争采用硬币收付

B. 力争采用软币收付

C. 进口时采用软币计价付款，出口时采用硬币计价收款

D. 出口时采用软币计价付款，进口时采用硬币计价收款

6. 出口总成本是指(　　　)。

A. 进货成本

B. 进货成本 + 出口前的一切费用

C. 进货成本 + 出口前的一切费用 + 出口前的一切税金

D. 对外销售价

7. 以下是我出口商品的单价，只有(　　　)的表达是正确的。

A. 250 美元/桶　　　　　　　　　B. 250 美元/桶 CIF 伦敦

C. 250 美元/桶 CIF 广州　　　　　D. 250 美元

8. 支付给中间商的酬金叫(　　　)。

A. 预付款　　　B. 折扣　　　　　C. 佣金　　　　D. 订金

9. FCA、CPT、CIP 三种术语涉及的国内费用与 FOB、CFR、CIF 的区别是它们不包括(　　　)。

A．装船费　　　B．邮电费　　　　C．预计耗损　　　D．拼箱费

10．在我国进出口业务中，一般多采用(　　)方法定价。

A．固定价格　　　　　　　　　　B．待定价格

C．暂定价格　　　　　　　　　　D．部分固定价格、部分非固定价格

三、下列出口单价的写法是否正确

1．USD3.68CIFC HONGKONG。

2．300 英镑每箱 CFR USA。

3．USD Per Ton FOB London。

4．Fr98.50 Per Doz FOBD2%。

5．DM28.85 CIFC2% Shanghai。

四、计算题

1．某出口公司对外报价某商品每公吨 2000 美元 CIFC2%纽约，外商要求将佣金率提高到 4%。在保持我方净收入不变的情况下，应该报含佣价为多少？

2．某公司出口化工原料，报价为每公吨 100 美元，FOB 厦门包括 2%佣金，共计 1000 公吨，请计算该商品的外汇净收入。

第六章　国际货款的收付

● **理论目标**

学习和把握国际货款收付的主要概念、观念和基本理论等陈述性知识，并能用其指导"国际货款收付"的相关认知活动。

● **案例目标**

能运用所学国际货款收付的主要概念、观念和基本理论研究相关案例，培养和提高学生在特定业务情境中分析问题与决策设计的能力；能结合"国际货款收付"的教学内容，根据企业实际情况，选择合适的支付工具。

● **实务目标**

能运用国际货款收付的主要概念、观念、基本理论知识，规范"国际货款收付"的相关技能活动。

第一节　支付工具

案例导入

支付工具选择不当的后果

某省公司一位业务员与国外客户商定，货款结算使用美元电汇支付。货物发出后十余天，该公司业务员收到客户电汇付款的银行收据传真件，当即书面指示船公司将货物电放(凭提单正本影印件提货)给提单上的通知人，客户将货提走，货款却未到账。经查，客户在银行办理了电汇付款手续后，取得银行收据，马上传真给卖方，并要求立即电放货物，在拿到卖方给船公司的电放指示附件后，即去银行撤销了这笔电汇付款，造成了该公司 8 万美金的损失。

【思考】

1. 通过本案例，你认为暴露出的问题是什么？

2. 应该选择哪种支付工具？

在国际贸易中，作为支付的工具有货币和票据两种。票据是以支付金钱为目的的证券，是由出票人签名于票据上，约定由自己或另一人无条件地支付确定金额的可流通转让的证券。目前，在国际货款结算中，货币作为一种支付工具较少使用，采用的主要支付工具是票据。票据是各国通行的结算工具和信用工具，它主要包括汇票、本票和支票。在国际贸易中，汇票使用最多，本票、支票次之。

一、汇票

(一) 汇票的含义

根据我国 1996 年 1 月 1 日施行的《中华人民共和国票据法》第 19 条规定：汇票(Bill of Exchange，Draft)是由出票人签发的，委托付款人在见票时或者在指定日期无条件支付确定金额给收款人或持票人的票据。

英国《1882 年票据法》对汇票的定义是：汇票是一人向另一人签发的无条件的书面命令，要求另一人在见票时或在某一规定的时间或可以确定的将来时间向特定的人或其指定人或持票人支付一定的金额。(A bill of exchange is an unconditional order in writing, addressed by one person to another, singed by the person giving it requiring the person to whom it is addressed to pay on demand, or at a fixed or determinable future time a sum certain in money to or to the order of a specified person, or to bearer.)

(二) 汇票的主要内容及说明

各国的票据法对汇票的项目规定不一。一般认为汇票应包括以下内容：写明"汇票"字样；无条件的支付命令；确定的票据金额；付款人的名称及地址；付款日期；收款人的名称；出票的日期和地址；出票人签字。

除上述主要项目外，汇票还可以记载如利息与利率、付一不付二、付二不付一、禁止转让、出票依据及汇票编号等内容，如图 6-1 所示。

Drawn under <u>JOHSON International LTD.</u>   L/C or A/D No <u>2002005</u>

Dated <u>MAY 02，2002</u>

Payable with interest @ % per annum NO <u>20020615DT</u> EXCHANGE FOR USD 25160.00

Shanghai，China <u>MAY 25，2002.</u>

At ___ **** ___ sight of this FIRST of exchange(the SECOND of exchange being unpaid)pay to

the order of <u>Bank of China，Shanghai Branch.</u>

The Sum of SAY UNITED STATES DOLLARS TWENTY FIVE THOUSAND ONE HUNDRED AND SIXTY ONLY TO <u>JOHSON International LTD.</u>

SIGNED: _____

图 6-1 汇票样本

图 6-1 中相关术语的含义如下：

(1) "Drawn under"是出票依据。

(2) "No"是汇票的号码，一般为发票号。

(3) "EXCHANGE"表明该票据是汇票，而不是本票或支票。

(4) "USD 25 160.00"为汇票的小写金额。

(5)	"Shanghai China，MAY25，2002"为出票的日期和地点：出票日期一方面用来判断出票人在出票时是否具有法律行为的资格和能力，另一方面也是确定汇票付款日期及支付利息的依据；出票地点主要用来解决汇票在流通中发生纠纷时的法律适用问题。

(6)	"At-sight"是付款期限(Tenor)，又称付款到期日(Maturity)，是付款人履行付款义务的期限。

(7)	"FIRST of exchange(the SECOND of exchange being unpaid)"表明该票据为第一份。汇票一般一式两份，上面记载"付一不付二"或"付二不付一"字样。

(8)	"pay to"是无条件的支付命令，表明支付不能受到任何限制，也不能附带任何条件。

(9)	"Bank of China，Shanghai Branch"即汇票的收款人，也称汇票的抬头。汇票的抬头通常有以下三种表示方法：

①	限制性抬头：例如"仅付 xx 公司"(Pay xx co.，only)或"付 xx 公司，不准流通"(pay xx co.，not negotiable)。这种汇票只能由指定公司收取款项，不能流通转让。

②	指示性抬头：例如"付中国银行或其指定人"(Pay the order Bank of China Shanghai Branch)，这种汇票除中国银行可以收款外，还可以经背书转让。

③	持票人或来人抬头：例如"付给来人"或"付给持票人"(Pay bearer)，这种汇票不需要持票人背书，可自由转让。

(10)	"SAY UNITED STATES DOLLARS TWENTY FIVE THOUSAND ONE HUNDRED AND SIXTY ONLY"汇票的大写金额。汇票上的大小写金额必须一致，否则汇票无效。

(11)	"TO_____"是付款人的名称及地址：该项目必须清楚、准确，以便出票人向他提示、承兑或要求付款，付款地点也是在汇票遭拒付时，表明拒付证书的出证地点。

(12)	"SIGNED"指出票人签字：汇票必须经由出票人签字。出票人签字后，即承担汇票被承兑及付款的责任，汇票上的签字若是伪造的或是由未经授权的人签字，则视为无效。

(三)	汇票的种类

(1)	按出票人不同，汇票可以分为商业汇票和银行汇票。

①	商业汇票(Commercial Draft)。商业汇票的出票人是工商企业或个人，付款人可以是工商企业或个人，也可以是银行。在国际结算中，使用商业汇票的居多。商业汇票通常是由出口人开立，在向国外进口人或银行收取货款时使用。商业汇票大都附有货运单据。

②	银行汇票(Banker's Draft)。银行汇票的出票人和付款人都是银行。在国际结算中，银行汇票签发后，一般交汇款人，由汇款人寄交国外收款人向指定的付款银行取款。出票行签发汇票后，必须将付款通知书寄给国外付款行，以便付款行在收款人持票取款时进行核对。

(2)	根据在使用过程中是否附带商业单据，汇票可分为光票和跟单汇票。

①	光票(Clean Bill)。光票是指在流通过程中，不附带任何商业单据的汇票。银行汇票在使用中多采用光票。

②	跟单汇票(Documentary Bill)。跟单汇票是指在流通过程中，附带商业单据的汇票。商业汇票一般为跟单汇票。在国际贸易中，大多使用跟单汇票。

(3)	根据付款时间的不同，汇票可以分为即期汇票和远期汇票。

① 即期汇票(Sight or Domand Draft/Demand Draft)。汇票上规定在提示或见票时立即付款的汇票称为即期汇票。即期汇票无须承兑。汇票上没有明确表示付款日期，也没有注明到期日者，即可视为见票即付的汇票。

② 远期汇票(Time Bill/Usamce Bill)。汇票上规定付款人于一个指定的日期或在将来一个可以确定的日期付款的汇票称为远期汇票。远期汇票的付款时间有以下几种表示方法：

a. 定日付款：如 15th，June2002。

b. 见票后若干天付款：如 At 60 days after sight。

c. 出票后若干天付款：如 At 45 days after date of draft。

d. 提单签发日后若干天付款：如 At 30 days after date of bill of lading。

上述四种表示方法中，以第二种使用最多，第四种次之，采用第一和第三种的比较少见。

(4) 根据承兑人不同，可将汇票分为商业承兑汇票和银行承兑汇票。

① 商业承兑汇票(Commercial Acceptance Bill)。商业承兑汇票是由一家工商企业开出的，以另一家工商企业为付款人的远期汇票，在另一家工商企业承兑后，该汇票即为商业承兑汇票。商业汇票是建立在商业信用基础上的一种汇票。

② 银行承兑汇票(Banker's Acceptance Bill)。银行承兑汇票是由一家工商企业开立的，以一家银行为付款人的远期汇票，在银行承兑后，该汇票即为银行承兑汇票。

一张汇票，银行承兑后即称为该汇票的主债务人，而出票人则称为从债务人，或称次债务人。所以，银行承兑汇票是建立在银行信用的基础之上，便于在金融市场上流通。

一张汇票可以同时具备以上几种性质，如一张商业汇票又可以同时是即期的跟单汇票；一张远期的商业跟单汇票，同时又是商业承兑汇票。

(四) 汇票的使用

汇票的使用因有即期和远期之分，所以其使用程序略有差异。

即期汇票的使用程序一般包括：出票→提示→付款。

远期汇票的使用程序一般包括：出票→提示→承兑→付款。

1. 出票(Issue)

出票是指出票人在汇票上填写付款人、付款日期、付款金额、付款地点及收款人等项目，经签字后交给受票人的行为。

出票应包括两个方面的行为：一要缮制汇票并签字；二要提交汇票。只缮制汇票而不提交不叫出票，该汇票也没有生效。出票人签发汇票后，即承担该汇票被承兑或付款的责任。当汇票得不到承兑或付款时，持票人可以向出票人追索。

2. 提示(Presentation)

提示是指持票人将汇票提交给付款人要求承兑或付款的行为。付款人见到汇票叫见票。

提示分为两种，即付款提示和承兑提示。付款提示是指持票人向付款人提交汇票，要求付款的行为；承兑提示是指持票人向付款人提交远期汇票，要求付款人见票后办理承兑手续，到期付款的行为。

3. 承兑(Acceptance)

承兑是指付款人对远期汇票表示承担到期付款责任的票据行为。

付款人在汇票正面写明"承兑"字样，注明承兑日期，并由付款人签字。要求见票后定期付款的汇票，承兑时还需写明付款日期。汇票一经承兑，付款人就成为汇票的承兑人，并成为汇票的主债务人，而出票人便成为汇票的次债务人。

4．付款(Payment)

即期汇票在持票人提交汇票时，付款人即应付款；对远期汇票而言，付款人先承兑，到期后再付款。付款人一经付款，汇票上的一切债务即告终止。

5．背书(Endorsement)

背书是指票据的持有人在票据背面记载有关事项并签章，或再加上受让人(即被背书人)的名字，并把票据交给受让人的行为。

在国际贸易中，汇票是一种流通工具，因而可在票据市场上转让。

汇票在转让过程中应办理称为"背书"的法定手续，汇票经背书可不断地转让下去。对受让人来说，所有在他前面背书的人以及出票人都是他的"前手"；而对出让人来说，所有在他后面的受让人都是他的"后手"。"前手"对"后手"负有担保汇票必然会被承兑或付款的责任。

在国际市场上，一张远期汇票的持有人如想在汇票到期前取得票款，可以将汇票进行贴现(Discount)。所谓贴现就是持票人将承兑后的远期汇票提交给贴现或贴现机构，由贴现机构扣除从贴现日到付款日的利息后，将余额付给持票人的行为。

6．拒付(Dishonor)

持票人提示汇票要求承兑时遭到拒绝承兑，或出票人提示汇票要求付款时遭到拒绝付款均称为拒付。此外，由于付款人死亡、逃匿、破产或被责令停业等原因，致使持票人无法取得承兑或票款时，也构成付款人的拒付行为。汇票遭拒付后，汇票的善意持有人(Bonafide Holder)有权向所有的"前手"追索，一直可追到出票人。持票人为了行使追索权，通常应及时作出拒绝证书(Protest)。拒绝证书是由付款地的法定公证人或其他依法有权作出证书的机构如法院、银行、工会等作出证明拒绝事实的文件，是持票人凭以向其"前手"进行追索的法律依据。如拒绝的汇票已经承兑，出票人可凭此向法院起诉，要求承兑人付款。出票人或者背书人为了避免被追索，可以在出票时加注"不受追索"(Without Recourse)字样。但此类汇票一般很难在市场上流通。

二、本票

(一) 本票的含义

根据我国《中华人民共和国票据法》(以下简称《票据法》)第73条规定，本票(Promissory Note)是由出票人签发的，承诺自己在见票时无条件支付确定的金额给收款人或持票人的票据。

英国《英国票据法》规定，本票是一人向另一人签发的，保证于见票时或在指定的或可以确定的将来时间向特定的人或其指定人或持票人无条件支付一定金额的书面承诺。(A promissory note is an unconditional promise in writing made by one person to another signed by the maker, engaging to pay, on demand of at a fixed or determinable future time, a sum certain in money to，or to the order of a specified person，or to bearer.)

(二) 本票的种类

1. 银行本票

由银行签发的本票称为银行本票。银行本票只有即期，没有远期。在我国外贸实践中用本票作为支付工具的不多，即便使用也都是银行本票。出口企业在收到国外银行开来的本票后，要注意本票的有效期限。按我国《票据法》规定，我国允许开立自出票日起，付款期限不超过 2 个月的银行本票。

2. 商业本票

商业本票又称为一般本票，它是由工商企业或个人签发的。商业本票根据付款时间的不同又可分为即期本票和远期本票两种。

值得注意的是，根据我国《票据法》第 73 条"本法所称本票，是指银行本票"的规定，我国不承认银行以外的企事业、其他组织和个人签发的本票。

(三) 本票和汇票的主要区别

本票和汇票作为支付工具都属于票据的范畴，但两者又有较大的不同，其主要区别有：

(1) 本票是无条件的支付承诺；而汇票是无条件的支付命令。

(2) 本票的当事人有两个，即出票人和收款人；而汇票的当事人有三个，即出票人、付款人和收款人。

(3) 本票的签发人即是付款人，因而远期本票无须承兑；而远期汇票则必须承兑。

(4) 本票在任何情况下，签字人都是主债务人；而汇票在承兑前，出票人是主债务人，在承兑后，承兑人是主债务人。

(5) 本票只能开出一张；而汇票可以开出一套，即一式两份或数份。

三、支票

(一) 支票的含义

我国《票据法》第 82 条规定，支票(Check)是由出票人签发的，委托办理支票存款业务的银行或其他金融机构在见票时无条件支付确定金额给收款人或持票人的票据。

英国《英国票据法》规定，支票是银行存款户对银行签发的授权银行对特定的人或其指定人或持票人在见票时无条件支付一定金额的书面命令。(A check is an unconditional order in writing drawn on a banker signed by the drawer，requiring the banker to pay on demand a sun certain in money to，or to the order of a specified person，or to bearer.)

(二) 支票的种类

按我国《票据法》的规定，支票可分为现金支票和转账支票两种，用以支取现金或转账，且应分别在支票正面证明。现金支票只能用于现金支取；转账支票只能通过银行或其他金融机构转账结算。但在资本主义国家，支取现金或转账，通常可由持票人在支票的左上角画上两道平行线，此支票称为"画线支票"，这种支票只能通过银行付款，不得由持票人直接提取现金；对于"未画线支票"，收款人既可通过自己的往来银行代向付款银行收款，存入自己的账户，也可亲自到付款银行提取现金。

第二节　汇付和托收支付方式

案例导入

货物该由谁保管？

我方的一笔出口货款请银行按 D/P 即期托收，在托收申请书中，我方没有增加银行责任，该项托收货款被买方拒付，银行随即告知我方。时隔数周，我方向银行交代货物处理办法，此时，货物已有部分被盗，我方认为银行没有保管好货物，并要求赔偿，银行断然拒绝。

【思考】

1. 银行这样做是否有道理？
2. 我方应从中吸取哪些教训？

国际贸易中的支付方式按其信用的不同可以分为商业信用和银行信用。

汇付和托付这两种支付方式均由买卖双方根据商务合同的规定互相提供信用，故属于商业信用；信用证及银行保函是银行向交易的一方提供信用，故属于银行信用。

按资金流向与支付工具的传递方向，支付方式可以分为顺汇和逆汇两种。汇付是顺汇的支付方式，而托收和信用证是逆汇的支付方式。

在国际贸易货款结算中，汇付、托收及信用证是最主要的支付方式。本节将详细介绍汇付和托收的有关情况。

一、汇付

(一) 汇付的含义及其当事人

汇付(Remittance)又称汇款，是指债务人或付款人主动通过银行或其他途径将款项汇交债权人或收款人的结算方式。

在汇付业务中，主要有四个当事人：

(1) 汇款人(Remitter)。即汇出款项的人，在进出口业务中通常为合同中的买方。
(2) 收款人(Payee)。即收取款项的人，在进出口业务中，通常为合同中的卖方。

(3) 汇出行(Remitting Bank)。即接受汇款人委托汇出款项的银行，通常为买方所在地的银行。

(4) 汇入行(Paying Bank)。即受汇出行委托接收汇出款项的银行，通常是卖方所在地的银行。

(二) 汇付的种类

汇付有信汇、电汇和汇票三种方式。

1. 信汇(Mail Transfer，M/T)

信汇是指债务人将货款交给本地银行(汇出行)，请该行用信件委托债权人所在地的分行或代理行(汇入行)付款给债权人。

信汇方式的优点是费用较低，但收款人收汇时间较迟。

2. 电汇(Telegraphic Transfer，T/T)

电汇是指本地银行(汇出行)应债务人请求以电报或电传等电讯手段委托债权人所在地的分行或代理行(汇入行)付款给债权人。

电汇方式的优点是收款人可以迅速收到汇款，但费用较高。

3. 票汇(Demand Draft，D/D)

票汇是指债务人向本地银行购买银行汇票，自行寄给债权人，债权人凭此向汇票上指定的银行取款。票汇除了以银行汇票作为支付工具外，还有的以银行本票和支票作为支付工具。

票汇与信汇、电汇不同，主要表现在两个方面：

(1) 票汇是收款人主动持票索款，而信汇、电汇的收款人要等到汇入行的通知才能收款；

(2) 票汇使用的是银行汇票，其收款权经背书可以转让，而信汇或电汇凭汇款通知取款，收款人不能转让收款权。

(三) 汇付方式在国际贸易中的运用

汇付方式的性质属于商业信用，银行只提供一些服务。有关单据一般不通过银行转递，而由出口人自行寄交进口人。因此，卖方交货或交单后买方是否按时付款，及买方预付货款后卖方是否交付合格的货物或单据，完全取决于买卖双方的信用。

在国际贸易中，汇付方式通常用于预付货款(Payment in Advance)、随订单付款(Cash with Order)和赊销(Open Account)等业务。前两种方式卖方先收款，后交货，所以对卖方最为有利；后一种方式即赊销业务，卖方先交货，后付款，不仅占用资金而且还要承担买方不付款的风险，因此对卖方不利，而对买方最为有利。此外，汇付方式还用于定金、分期付款、货款尾数及佣金等费用的支付。

案例　　　　　　　　　　虚假汇票的防范

出口合同规定的支付条款是装运月前15天汇付付款，买方延迟至装运月中始从邮局寄来银行汇票。为保证按期交货，出口企业于收到该汇票次日即将货物发出，同时委托银行代收票款。一个月后，接银行退票通知，原因是该汇票是伪造的。此时，货已抵达目的港并被买方凭出口企业寄去的单据提走，事后出口企业追偿，但对方早已人去楼空。

【思考】　此案中，我方的主要教训何在？

二、托收

(一) 托收的含义

国际商会指定的《托收统一规则》(国际商会第 522 号出版物)对托收的定义是：托收(Collection)是指由接到托收指示的银行根据所收到的指示处理金融单据及/或商业单据以便取得付款或承兑，或凭付款或承兑交出商业单据，或凭其他付款或条件交出单据。其基本做法是出口人根据买卖合同先行发运货物，然后开出汇票(或不开汇票)连同有关货运单据，委托出口地银行(托收行)通过其在进口地的分行或代理行(代收行)向进口人收取款项。

(二) 托收方式的当事人

(1) 委托人(Principal)。委托人是指委托银行办理托收业务的客户，通常是指出口人。

(2) 委托行(Remitting Bank)。委托行是指卖方所在地的银行，并接受委托人的委托办理托收业务的银行，也叫托收行。

(3) 代收行(Collecting Bank)。代收行是指接受委托行的委托代向付款人收款的银行。一般为进口地银行。

(4) 提示行(Presenting Bank)。提示行是指向付款人提示汇票和单据的银行。在一般情况下，均由代收行自行向付款人提示汇票和单据，即由代收行兼任提示行，但在必要时，代收行也可以委托与付款人有往来账户关系的银行作为提示行。

(5) 付款人(Payer)。付款人即汇票的受票人(Drawee)，通常为进口方。

(6) 需要时的代理(Principal's Representative in Case-of-Need)。在托收业务中，如发生拒付，委托人可指定付款地的代理人代为料理货物仓库、转售、运回等事项，这个代理人叫做"需要时的代理"。其权限必须在托收委托书上注明，如无此证明，银行将不受理需要时的代理的任何指示。

(三) 托收的种类

托收根据所使用汇票的不同可分为光票托收和跟单托收。光票托收是指委托人(出口方)委托银行向付款人(进口方)收取款项时使用光票，即不附带任何商业单据；跟单托收是指委托人(出口方)委托银行向付款人(进口方)收取款项时使用跟单汇票或仅用商业单据。国际贸易中货款的收取大多数采用跟单汇票。在跟单托收情况下，按交单条件不同又可分为付款交单和承兑交单。

1. 付款交单(Documents against Payment，D/P)

付款交单即付款是交单的前提，买方先付款，卖方后交单。根据付款时间的不同，付款交单又可以分为即期付款交单和远期付款交单。

(1) 即期付款交单(Documents against Payment at Sight, D/P at sight)。

即期付款交单是指出口方根据合同发货后开具即期汇票，连同全套货运单据委托当地银行通过其他进口地的分行或代理行向进口方提示，进口方见票后立即付款，付款后交货运单据，如图 6-2 所示。

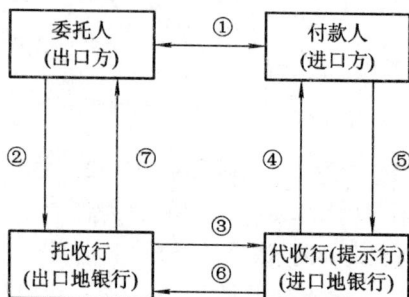

图 6-2　即期付款交单程序图

在图 6-2 中：

① 买卖双方签订合同，在合同中规定采用 D/P at sight 方式支付货款。

② 卖方按合同规定交付货物，取得全套货运单据。填写托运委托书，开立即期汇票，连同全套货运单据交托收行，委托其收取货款。

③ 托收行按委托书中的规定核实所收到的单据，确定单据表面与委托书所列一致时，托收行将汇票连同全套货运单据，并说明托收行委托书上的各项指示，寄送给进口地的分行或代理行，即提示行。

④ 提示行收到汇票及货运单据后，根据指示向进口方作出即期付款提示。

⑤ 进口方见票后立即付清全部货款，赎走全套货运单据。

⑥ 代收行电告或邮告托收行款项已收妥转账。

⑦ 托收行将货款交给出口方。

案例　　　　　采用 D/P at sight 的损失

某外贸公司与某美籍华人客商顺利地做了几笔小额交易后，付款方式为预付。后来客人称销路已经打开，要求增加数量，可是，由于数量太多，资金一时周转不开，最好将付款方式改为 D/P at sight。当时我方考虑到采用 D/P at sight 的情况下，如果对方不去付款赎单，就拿不到单据，货物的所有权仍归我方所有。结果，未对客户的资信进行全面调查，就发出了一个 40 英尺货柜的货物，金额为 3 万美元。后来，事情发展极为不顺。货物到达目的港后，客户借口资金紧张，迟迟不去赎单。10 天后，各种费用相继发生。考虑到这批货物的花色品种为客户特别指定，拉回来也是库存，便被迫改为 D/A 30 天。可是，客户将货提出之后，就再也没有音信。到涉外法律服务处和讨债公司一问才知道，到美国打官司费用极高，于是只好作罢。

【思考】　此案中，我方的主要教训何在？

(2) 远期付款交单(Documents against Payment after Sight，D/P after sight)。

远期付款交单是指出口方根据合同发货后开具汇票方，连同全套货运单据委托当地银行通过其在进口地的分行或代理行向进口方提示，进口审核无误后在汇票上进行承兑，于汇票到期日付清货款并领取全套货运单据。

从以上论述可以看出，无论是即期付款交单，还是远期付款交单，进口商都必须先付清货款，然后才能取得货运单据。在远期付款交单的条件下，若货物已到目的港，经承兑后的汇票和单据已退回代收行，此时行市看涨，买方为了抓住有利行市，可以通过两种方法提前提货转售：一是在付款到期日之前付款赎单；二是出具一张信托收据向代收行借出单据。其中以第二种较为常见，它是出口方自己承担收汇风险，如图 6-3 所示。这种做法的性质与承兑交单差不多，卖方的风险极大，因此使用时应从严掌握。

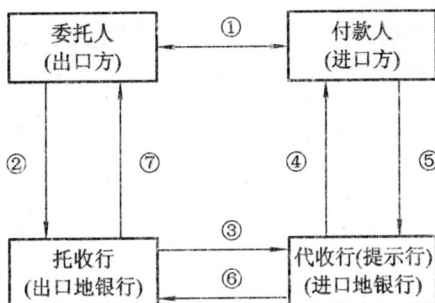

图 6-3 远期付款交单程序图

在图 6-3 中说明：

本程序之①、③、⑥、⑦步骤与即期付款交单程序基本相同，这里仅就②、④、⑤三步骤说明如下：

步骤②：卖方按合同规定交付货物，取得全套货运单据。填写托收委托书开立远期汇票，连同全套货运单据交托收行，委托其收取货款。

步骤④：提示行收到汇票及货运单据后，根据指示向进口方作承兑提示。进口方见票后立即进行承兑，提示行收回承兑后的汇票与单据。

步骤⑤：进口方到期付清全部货款后，赎走全套货运单据。

案例　　　　　　　　　　　　D/P after sight 的风险

我国 A 公司出口一批货物，付款方式为 D/P 90 天。汇票及货运单据通过托收银行寄抵国外代收行后，买方进行了承兑，但货到目的地后，恰逢行市上涨，于是买方出具信托收据向银行借出单据。货物出售后，买方由于其他原因倒闭。但此时距离汇票到期日还有30 天。

【思考】 请同学们想象一下，A 公司于汇票到期时收回货款的可能性及处理措施。

2. 承兑交单(Document against Acceptance，D/A)

承兑交单即承兑是交单的前提，也就是出口方的交单是以进口方在汇票上承兑为条件的。其基本做法是：出口方根据合同发运货物后开具远期汇票，连同全套货运单据委托银行办理托收，并在托收委托书中明确指示在进口方承兑后即可取走全套货运单据，待汇票到期日履行付款义务。承兑交单方式只适用于远期汇票的托收。承兑交单方式对出口方来说风险很大，其收款的保障依赖进口方的信用，一旦到期而进口人因种种原因不付款，出口方可能会遭受货款两空的损失。实际业务中除特殊情况外，一般不使用这种方式，如图 6-4 所示。

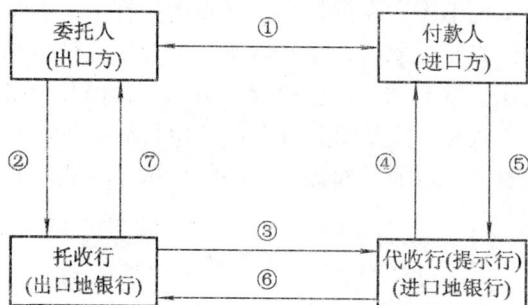

图 6-4　承兑交单的程序图

图 6-4 所示程序之①、②、③、⑥、⑦与远期付款交单程序基本相同，这里仅就④、⑤两步骤说明如下：

步骤④：提示行收到汇票及货运单据后，根据指示向进口方作承兑提示。进口方见票后立即进行承兑，提示行在承兑后交单并收回承兑后的汇票。

步骤⑤：进口方到期付清全部货款。

案例　　D/A 项下产生的拖欠

我国沿海一家进出口集团公司与澳大利亚 B 公司有 3 年多的合作历史，双方一直保持着良好的贸易关系。合作初期，B 公司的订单数量不大，但是该公司的订货很稳定，且付款情况也较好。后来，随着双方之间的相互了解和熟悉，我进出口公司为 B 公司提供了优惠付款条件，由最初的信用证即期、D/P 即期、D/A 60 天到 D/A 90 天，而双方的贸易额也由每年的六、七万增加到七、八十万美元。1999 年 9 月，B 公司又给我进出口公司下放了一批订单，货物总值 25 万美元，价格条件为 CIF 墨尔本，而我进出口公司在未对该客户进行严格信用审核的情况下，同意给予对方 D/A 180 天的信用条件。1999 年 11 月，全部货物如期出运，我进出口公司也及时向银行议付了单据。2000 年 5 月，汇票承兑日到期时，B 公司以市场行情不好，大部分货物未卖出为由，要求延迟付款。之后，我进出口公司不断给 B 公司发传真、E-mail 等，要求该公司付款或退货。B 公司对延迟付款表示抱歉，并答应尽快偿付。

2000 年 11 月，B 公司以资金困难为由，暂时只能偿付我进出口公司 3 万美元。我进出口公司表示同意，并要求马上汇款。即使这样，B 公司一会儿说其财务人员有病，一会儿又称其主要负责人休假，继续拖欠付款。2001 年 1 月，B 公司总经理 K 先生辞职，在此之前，我进出口公司与 B 公司的所有交易都是经由 K 先生达成的。以后，B 公司对我进出口公司的所有函件没有任何答复。到 2001 年 3 月，我进出口公司与 B 公司失去联系。

2001 年 5 月，东方国际保理中心受理此案，通过调查得知，B 公司已于 2001 年 3 月申请破产。东方国际保理中心为我进出口公司及时申请了债券，尽力争取将其损失降到最低。但是，根据当地清算委员会的最初报告，东方国际保理中心了解到，B 公司是债务总额为其资产总额的 3 倍，且该公司 90%以上的资产已经抵押给银行。

【思考】 我进出口公司的结果将会如何？

(四) 托收方式的性质及其利弊

托收的性质为商业信用。银行在办理托收业务时，只是以委托人的代理人身份行事，既无检查货运单据是否正确、齐全的义务，也无承担付款人到期必须付款的责任。除非另有规定，在托收遭到拒付时，银行没有义务代为保管货物。因此卖方必须关心货物的安全，直到对方付清货款为止。所以，采用托收方式时卖方要承担较大的风险。尤其是在承兑交单或付款交单信托收据借单的条件下，卖方的收汇完全取决于买方的信用，若到期买方不付款或无力付款，卖方将会货款两空。虽然如此，跟单托收对进口人却十分有利，它不仅可免去申请开立信用证的手续，不必预付银行押金，减少费用支出，而且可以加速资金的周转。因此，在出口业务中使用托收方式收汇，有利于调动国外进口商经营我方出口商品的积极性，从而有利于促成交易的达成，扩大出口。

(五) 《托收统一规则》

为了统一各国银行托收业务的做法，减少委托人与被委托人之间可能发生的纠纷和争议，国际商会于 1958 年草拟了《商业单据托收统一规则》建议各国银行采用，并于 1967 年和 1978 年两次进行修订，改名为《托收统一规则》。1995 年国际商会公布了新的修订本，为国际商会第 522 号出版物(Uniform Rules for Collection，ICC Publication NO.522)，于 1996 年 1 月 1 日起实施。这个规则现在成为各国银行和委托人在办理托收时所遵循和参考的国际惯例。

《托收统一规则》(522 号出版物)，共分为七个部分 26 条，主要内容如下：

(1) 银行必须核实所收到的单据在表面上与托收指示书所列一致，发现单据遗漏，银行有义务用电讯或其他快捷方式通知发出托收指示的一方，但银行并无审单的义务。

(2) 除非事先征得银行同意，货物不应以银行或其指定人为收货人。银行只处理单据而不处理货物或代表货物的合同，银行对跟单托收项下的货物没有义务采取任何行动。

(3) 托收不应含有远期汇票而又同时规定商业单据在付款后才交付。如果托收含有远期付款的汇票，托收指示书应注明商业单据是凭承兑交单交付款人还是凭付款交单交付款人。如无上述说明，银行只能在受票人付款后，方可将商业单据交出。

(4) 托收遭到拒付时，提示行应向托收行发出拒付通知，托收行应在收到此项通知后，对如何处理单据给予相应的指示。如发出拒付通知 60 天内提示行仍未接到此项指示，可将单据退回托收行，不再负担任何责任。

(5) 委托人应受国外法律和惯例规定的义务和责任约束，并对银行承担该项义务负赔偿之责。

(6) 托收指示书中必须注明该托收按《托收统一规则》(国际商会 522 号出版物)办理。

必须注意，在托收业务中，有关银行一方面要依照《托收统一规则》，另一方面也要服从托收指示书的内容。当两者的条款有抵触时，应服从托收指示书的规定。因为托收指示书是托收业务的基础，也是确定有关当事人权利和义务的依据。

(六) 使用托收方式应注意的问题

目前，随着买方市场的逐步发展壮大以及全球贸易的不断增长，托收作为一种支付方式在国际贸易中也被广泛使用。为了提高商品的竞争力和扩大出口，在我国出口业务中，有针对性地采用托收方式非常必要。但采用托收方式对出口方来说风险较大，因此作为出口方应建立健全企业的风险管理制度，防患于未然。具体来说，应注意下列事项：

(1) 重视调查和考察进口商的资信情况和经营作风，了解有关商品的市场动态，成交金额应掌握在进口商的支付能力范围内。采用承兑交单要从严掌握。

(2) 了解进口国的贸易管制和外汇管制措施。对贸易管制和外汇管制较严的国家和地区，使用托收方式要慎重，以免货到目的港后，因违背进口国的法令而造成不准进口或收不到外汇而造成损失。

(3) 了解进口国的商业管制，以免因为当地的习惯做法影响安全迅速收付，如某些国家把 D/P 解释为交货付款，把远期付款交单视作承兑交单处理等。

(4) 出口合同应争取按 CIF 或 CIP 条件成交，由出口人办理货运保险，或投保出口信用险。在采用 FOB/FCA 或 CFR/CPT 等价格条件成交时，要注意投保卖方利益险。

(5) 应严格按合同规定的条款办理出口事宜，以免给进口方拒付或拖延付款找到理由。

(6) 要建立健全对合同的科学管理和检查制度，定期检查，发现问题及时处理，以避免或减少可能发生的损失。

第三节　信用证支付方式

信用证(Letter of Credit，L/C)支付方式是随着国际贸易的发展，在银行与金融机构参与国际贸易结算的过程中逐步形成的。在汇付和托收方式下，由于交易建立在商业信用基础上，对买卖双方都存在着一定的风险，影响了国际贸易的发展。信用证支付方式出现后，把商业信用变成了银行信用，因此对出口人的安全收汇较有保障，同时它又向买方保证在其付款后肯定能取得代表货物的单据，因而解决了买卖双方互不信任的矛盾。此外，信用证支付方式的出现为买卖双方的资金融通提供了便利。所以，信用证方式一出现，便以很快的速度发展起来。目前该支付方式已成为国际贸易中普遍采用的一种支付方式。

一、信用证的含义

根据国际商会《跟单信用证统一管理》(UCP 500)的解释，信用证意为一项约定，根据此约定，银行(开证行)受其客户(申请人)的要求和指示，或由开证行自身作出的符合信用证条款规定的单据。

(1) 向第三者(受益人)或其指定人进行付款，或承兑并支付受益人开立的汇票。

(2) 授权另一银行进行该项付款，或承兑并支付该汇票。

(3) 授权另一银行议付。

简单地说，信用证是银行开立的一种有条件的承诺付款的书面文件。

二、信用证方式的当事人

信用证在使用过程中会涉及如下当事人。

1．开证申请人(Applicant)

开证申请人是向银行申请开立信用证的人，若信用证由银行主动开立，则不涉及开证申请即进口人，也称开证人。

2．开证银行(Issuing Bank/Opening Bank)

开证银行是指接受开证申请人的申请或自己主动开立信用证并承担付款责任的银行。一般是进口人所在地的银行。

3．通知行(Advising Bank/Notifying Bank)

通知行是指受开证行的委托，将信用证转交给出口人的银行。其主要任务是通知并鉴别信用证的真实性。通知行一般为出口人所在地的银行。

4．受益人(Beneficiary)

受益人是指信用证中指定的有权使用该证的人。一般为出口人。

5．议付行(Negotiating Bank)

议付行是指愿意买入受益人按信用证规定开立的跟单汇票的银行。议付行可以由信用证指定，也可以是非指定的银行。我国出口业务中，通知行作为议付行的较多。议付行一般在出口方所在地。

6．付款行(Paying Bank)

付款行是信用证上指定的支付货款的银行。多数情况下就是开证行，也可以是开证行指定的另一家银行。具体的付款行一般由信用证规定，信用证未作明确规定的，开证行就是付款行。

7．保兑行(Confirming Bank)

保兑行是指根据开证行请求在信用证中加以保兑的银行。保兑行与开证行对信用证承担同等的付款责任。保兑行通常由通知行兼任，但也可以由其他银行加以保兑。

8．偿付行(Reimbursing Bank)

偿付行是指信用证指定的代开证行向议付行或付款行清偿垫款的银行。信用证中如规定有关银行向指定偿付行索偿时，开证行须及时向偿付行提供恰当的指示或授权以支付索偿款项。开证行不应要求索偿行向偿付行提供单据相符的证明书。在偿付行偿付前，开证行不得解除其自行偿付的义务。

三、信用证方式的一般收付程序

在国际贸易中，信用证的种类很多，不同信用证涉及的当事人及所办的手续有所不同，但其基本环节大同小异，下面用信用证支付的一般程序图加以说明，如图6-5所示。

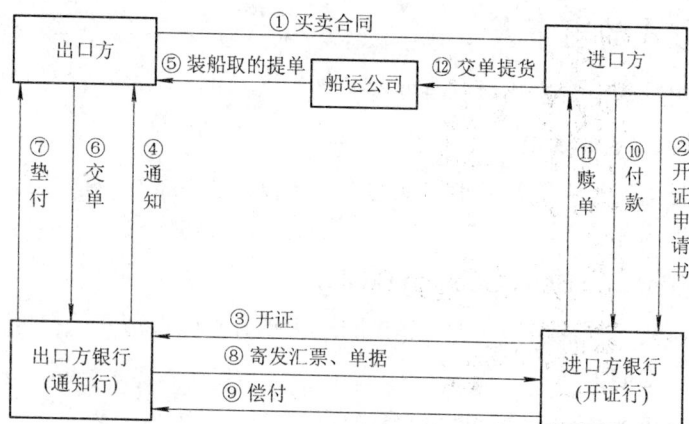

图 6-5　信用证收付的一般程序

说明：

① 买卖双方经过磋商，约定以信用证方式进行结算。

② 进口方向开证行递交开证申请书，约定信用证内容，并支付押金或提供保证人。

③ 开证行接受开证申请书后，根据申请开立信用证，正本寄给通知行，指示转递或通知出口方。

④ 由通知行转递信用证或通知出口方信用证已到。通知行在开证行要求或授权下对信用证加以保兑。

⑤ 出口方认真核对信用证是否与合同相符，如果不符，可要求进口方通过开证行进行修改；待信用证无误后，出口方根据信用证备货、装运、开立汇票并缮制各类单据，船运公司将装船的提单交予出口商。

⑥ 出口方将单据和信用证在信用证有效期内交予议付行。

⑦ 议付行审查单据符合信用证条款后接受单据并付款，若单证不符，可以拒付。

⑧ 议付行将单据或送开证行或指定的付款行，向其索偿。

⑨ 开证行收到单据后，应核对单据是否符合信用证，如正确无误，即应偿付议付行代垫款项，同时通知开证申请人备款赎单。

⑩ 进口方付款赎单，如发现不符，可拒付款项并退单。进口方发现单证不符，也可拒绝赎单。

⑪ 开证行将单据交予进口方。

⑫ 进口方凭单据提货。

四、信用证的主要内容

在国际贸易中，各国银行开出的信用证并没有统一的格式，有繁有简，有标准格式的，也有非标准格式的，但其内容基本相似，主要包括以下几个方面。

1. 对信用证本身的说明

对信用证本身的说明如信用证的号码、种类、性质、开证日期、信用证的有效期、交单期及交单地点等。

2．信用证的当事人

信用证的当事人如开证申请人、开证行、通知行、受益人、议付行、付款行、偿付行、保兑行等。

3．对货物的描述

对货物的描述如品名、规格、数量、包装及种类、商品的单价及总值等。

4．对运输的要求

对运输的要求如运输方式、起讫港(地)、目的港(地)、可否分批、可否转运及装运期限等。

5．对单据的要求

信用证中所需要的单据主要有：

(1) 资金单据(如汇票等)。

(2) 货物单据(如发票、装箱单、重量单、产地证、商检证书等)。

(3) 运输单据(如提单、铁路运单、承运货物收据、航空运单等)。

(4) 保险单据(如保险单等)。

此外还可能要求提供其他单证，如受益人证明、装船通知副本等。

6．特别条款

特别条款主要是根据每笔业务的不同需要而规定的一些条款，如要求××银行加具保兑，限制××银行议付，等等。

7．银行的保证付款词句及适用的国际惯例

银行的保证付款词句及适用的国际惯例有如"该证受国际商会《跟单信用证统一惯例》第 600 号出版物的约束"字样。

案例　　　　　　　　　　**延迟装运的麻烦**

我某公司与欧洲某客户达成一笔圣诞节应季礼品的出口交易。合同规定的交货期为 2001 年 12 月 1 日前，但未对买方的开证时间予以规定。卖方于 2001 年 11 月上旬开始向买方催开 L/C，经多次催证，买方于 11 月 25 日将 L/C 开抵我方。我方于 12 月 5 日将货物装运完毕，当我方向银行提交单据时遭到银行拒付。

【思考】

1．银行拒付有无道理？为什么？

2．此案例中，我方有哪些失误？

五、信用证业务的特点

(一) 信用证是银行信用，开证行负第一性付款责任

信用证支付方式是一种银行信用，由开证行以自己的信用作付款保证。在信用证业务中，开证行处于首要付款人的地位。它不仅向受益人以自己的信用保证付款，而且对它所

指定授权的所有当事人保证，在其凭表面与信用证相符的单据办理付款、承兑或议付后，保证依据《跟单信用证统一惯例》予以偿付。

案例　　　　　　　　　　银行的做法妥当否

某出口公司收到一份国外开来的 L/C，出口公司按 L/C 规定将货物装出，但在尚未将单据送交当地银行议付之前，突然接到开证行通知，称开证申请人已经倒闭，因此开证行不再承担付款责任。

【思考】 出口公司如何处理？

(二) 信用证是一种自足的文件

信用证是依据贸易合同开出的，但它一经开出就成为独立于合同以外的自足文件，即使信用证援引该合同的条款或内容，银行与该合同双方也不受其约束。买卖合同是进出口双方之间的契约，只对进出口双方有约束力，而信用证是开证行与受益人之间的契约，所有当事人必须按信用证的规定办事。

案例　　　　　　　　违反信用证条款带来的问题

A 公司与美国拜耳中国有限公司(HK)签订一进口合同，进口 BPA500MT。合同要求拜耳方在 2001 年 7 月装船。A 公司 7 月 5 日开出信用证，信用证规定最迟的装船期是 7 月 28 日。A 公司于 7 月 5 日将 L/C 副本传真给拜耳方面。但拜耳公司在没有征得我司同意，又没有要求修改信用证的情况下，擅自在 7 月 31 日装船，违反了信用证的条款，造成迟装。

【思考】 A 公司提出拒付并退单给拜耳，妥否？

(三) 信用证业务是纯单据业务

《跟单信用证统一惯例》第 4 条规定："在信用证业务中，有关各方所处理的是单据，而不是货物、服务及/或其他履约行为。"由此可见，信用证业务所处理的是一种纯粹的单据业务。只要单据表面上符合信用证的规定和要求，开证行就应承担付款、承兑或议付的责任，即使收到货物后发现不符合合同要求，也只能由开证人根据买卖合同向有关方面索赔。换言之，如果买方收到的货物完全符合合同的规定，但受益人所提交的单据不符信用证的要求，银行完全有理由拒付。

应当指出，按《跟单信用证统一惯例》的规定，银行虽有义务"合理小心地审核一切单据"，但这种审核，只是用以确定单据表面上是否符合信用证条款。《跟单信用证统一惯例》第 15 条规定："银行对任何单据表面的格式、完整性、准确性、真实性、伪造或法律效力或单据上规定的或附加的一般及/或特殊条件一概不负责任；对于单据所反映的货物的描述、数量、重量、品质、状态、包装、交货、价格，或货物的发货人、承运人、运输商、收货人或保险人或其代理人的诚信或行为及/或疏漏、清偿能力、履责能力或资信情况，也概不负责。"

应特别指出的是，银行虽然只对表面上符合信用证条款的单据承担付款义务，但这种符合的要求却十分严格，即通常所说的"严格相符的原则"。具体地说，受益人要做到"单证一致"和"单单一致"。

总之，信用证业务的特点就是"一个原则、两个只凭"。"一个原则"就是"严格相符的原则"；"两个只凭"就是指银行只凭信用证，不管合同，只凭单据，不管货物。

案例　　信用证与合同的关系

甲国 A 公司与乙国 B 公司签订了一份木材买卖合同。双方在合同中约定，如果 A 公司不能在约定期间内装船，B 公司有权取消该部分的买卖。合同采用信用证付款方式，但信用证的开证银行 C 银行按 B 公司要求开出的信用证上并未表明在买卖合同所规定的 8 月份装船的条件，而 A 公司实际上在 9 月 20 日才装船。B 公司根据合同的约定，取消这批交易并拒收货物。但是，C 银行已取得了与信用证上要求相符的全套单据，并已对 A 公司付款，开证行要求 B 公司根据信用证条件赎单。B 公司认为，原合同已经解除，开证行不应付款，因而拒绝赎单。

【思考】

1. 买方 B 公司拒绝赎单是否正确，为什么？
2. 在信用证法律关系上，开证行负有合同义务吗？

六、国际商会《跟单信用证统一惯例》

信用证支付方式是在国际贸易发展过程中，银行逐步参与其中而形成的。然而，在信用证发展初始阶段，由于对跟单信用证有关当事人的权利、责任以及对信用证相关条款的认知存在一定的差异，各国银行往往根据各自的习惯和权利办事。因此，当事人之间经常发生一些争议和纠纷，从而阻碍了国际贸易的发展。为了减少因各国解释不同而产生的纠纷，调和各当事人之间的矛盾，也为了有利于国际贸易的进一步发展，迫切地需要有个共同遵守的统一规则。国际商会于 1930 年拟定了一套《商业跟单信用证统一惯例》并于 1933 年正式公布，该惯例对信用证的定义和有关当事人权利、义务进行了解释，建议各国银行采用。随着国际贸易的进一步发展，国际商会先后于 1951 年、1962 年、1974 年进行了数次修改。1983 年 6 月国际商会统一惯例再次进行了修改，称为《跟单信用证统一惯例》(国际商会第 400 号出版物)。

20 世纪 80 年代末、90 年代初，随着国际上运输工具和运输方式的发展变化，通讯工具的电子化、网络化和计算机的普遍使用，国际贸易、运输、保险、单据处理和结算工作也发生了较大的变化，1991 年国际商会再一次对《跟单信用证统一惯例》(国际商会第 400 号出版物)进行研究、修改并广泛征求各专家意见和建议，于 1993 年进行最后修订，称为《跟单信用证统一惯例》(国际商会第 500 号出版物)(Uniform Customs and Practice for Documentary Credit，1993 revision，ICC Publication No.500)，并于 1994 年 1 月 1 日执行。

《UCP500》共有七大部分计 49 条，包括总则和定义、信用证的格式和通知、义务与责任、单据、其他条款、可转让信用证和款项让渡七个部分。

应当指出，《跟单信用证统一惯例》只是一种让各国银行普遍接受的国际惯例，它并不具有国际法的性质，也不具有法律的强制性和约束力，但它对跟单信用证项下的国际贸易有极强的指导作用。目前，在我国外贸业务中，如采用信用证方式支付，国外来证绝大多数均加注"非另有规定，本证根据国际商会《跟单信用证统一惯例(1993 年修订)》即国际商会第 500 号出版物办理"。

《跟单信用证统一惯例》第 500 号出版物使用十余年后，从 2007 年 7 月起，被《跟单信用证统一惯例(2007 年修订本)》第 600 号出版物所代替，简称为《UCP600》。

案例　　不可撤销信用证可以拒付吗？

我某出口公司按 CIF 条件，凭不可撤销 L/C 向某外商出售货物一批。该外商按合同规定开来的 L/C 经我方审核无误，我出口公司在 L/C 规定的装运期内将货物装上海轮，并在装运前向保险公司办理了货运保险，但装船完毕后不久，海轮起火爆炸沉没，该批货物全部灭失，外商闻讯后来电表示拒绝付款。

【思考】

1. 我公司应如何处理？
2. 根据《2010 年通则》和《UCP600》分别说明理由。

七、信用证的种类

信用证可根据其性质、期限、流通方式等特点加以划分。

(一) 不可撤销信用证和可撤销信用证

根据开证行所承担责任的不同，信用证可以分为不可撤销信用证和可撤销信用证两种形式。

1. 不可撤销信用证(Irrevocable Credit L/C)

它是指信用证一经开出，在有效期内，未经受益人及有关当事人的同意，开证行不得片面修改和撤销。只要受益人提交了符合信用证条款的单据，开证行就必须履行付款义务。

不可撤销的信用证对受益人的收汇较有保障，因此，在国际贸易中使用最为广泛。在我国出口业务中一般均使用不可撤销的信用证。

2. 可撤销信用证(Revocable L/C)

它是指开证行开出信用证后，不必征得受益人或有关当事人的意愿，有权随时撤销或修改的信用证。这种信用证对受益人的收款没有什么保障，且对出口人极为不利，因此在实际业务中，受益人一般不接受这种信用证。

按《跟单信用证统一惯例》的解释，开证行对不可撤销信用证的撤销和修改不是毫无限制的，开证行必须"对可撤销信用证项下办理即期付款、承兑或议付的银行在其接到修改或撤销通知前，已经凭表面单证相符的单据作了即期付款、承兑或议付的予以偿付"以及"对可撤销信用证项下办理延期付款的银行在其接到修改或注销通知以前，已经接受了表面单证相符的单据予以偿付"。

信用证中应清楚地表明是可撤销的或是不可撤销的，不作该种表示的信用证均视作不可撤销的信用证。

(二) 保兑信用证和不保兑信用证

根据有没有另一家银行加具保兑，信用证可分为保兑信用证和不保兑信用证。

1. 保兑信用证(Confirmed L/C)

保兑信用证是指开证行开出的信用证由另一家银行对开证行的付款承诺再次进行保证的信用证。对信用证加具保兑的银行叫保兑行。

在实际业务中，当出口方对开证行的资信或付款能力表示怀疑时，出口方可要求进口人请开证行委托另一家银行(往往是通知行)在信用证上加以保兑。在保兑信用证项下，受益人可得到两家银行的付款保证，一是开证行，一是保兑行。因此该类信用证对卖方安全收汇十分有利。

在保兑信用证项下，开证行与保兑行承担的保证付款责任一样，即两者均承担第一性付款责任。

2. 不保兑信用证(Unconfirmed L/C)

不保兑信用证是指开证行的信用证没有经另一家银行加以保兑。

(三) 跟单信用证和光票信用证

根据信用证项下所使用的汇票是否附有货运单据，信用证可分为跟单信用证和光票信用证。

1. 跟单信用证(Documentary L/C)

跟单信用证是指开证行凭跟单汇票或仅凭单据履行付款义务的信用证。国际贸易中所使用的信用证大部分是跟单信用证。

2. 光票信用证(Clean L/C)

光票信用证是指开证行凭不随附单据的汇票(即光票)付款的信用证。一般较少使用。

(四) 即期信用证和远期信用证

根据付款时间的不同，信用证可分为即期信用证和远期信用证。

1. 即期信用证(Sight L/C)

即期信用证是指信用证内规定只要受益人提交了符合信用证条款的跟单汇票或单据，开证行或付款行立即履行付款义务的信用证。即期信用证是单到付款，其特点是出口人收汇迅速、安全，所以在国际贸易中大多数出口商都愿意采用这种信用证。

即期信用证有即期付款信用证和即期议付信用证之分。两者的主要区别在于即期付款信用证不提供汇票，仅凭商业单据付款，而即期议付信用证须提供即期汇票。

在即期信用证中有时还加列电汇索偿条款(T/T Reimbursement Clause)。它是指开证行允许议付行或寄单行用电报通知开证行或付款行，说明各种单据与信用证条款完全相符，开证行或付款行有义务立即用电汇方式将款项拨交给议付行。这种信用证比一般的即期信用证收汇快，有利于加速卖方的资金周转。

2. 远期信用证(Usance L/C，Time L/C)

远期信用证是指开证行或付款行在信用证中保证，在收到符合信用证的单据时，在规定的期限内付款的信用证。远期信用证又可分为银行承兑远期信用证、延期付款信用证和假远期信用证。

(1) 银行承兑远期信用证(Banker's Acceptance Credit)。它是指以开证行或其指定银行作为远期汇票付款人的信用证。

根据《跟单信用证统一惯例》的规定，信用证不应要求凭开证申请人为付款人的汇票付款。如果信用证仍规定汇票的付款人为开证申请人，银行将视此汇票为附加的单据。

银行承兑远期信用证使用远期汇票，是卖方对买方的资金融通。在实际业务中，若卖方想提前取得款项，可以持承兑后的汇票到有关银行或贴现公司办理贴现。但贴现利息和承兑费用由卖方自己承担。

(2) 延期付款信用证(Deferred Payment Credit)。它是指在信用证上规定，开证行或付款行在收到符合信用证规定的单据后若干天或货物装船后若干天付款的信用证。

延期付款信用证和银行承兑远期信用证都属于远期信用证，但两者有着明显的不同，除运作程序不一致外，至少还有下列区别：第一，是否须开立汇票不同。银行承兑远期信用证须开立远期汇票；而延期付款信用证项下的受益人若想融资，一般通过贴现银行承兑后的汇票获得。延期付款信用证因不用汇票，受益人不能利用贴现市场的资金，只能自垫款项或从银行取得信贷。第二，适用交易的情况不同。银行承兑远期信用证适用于一般的商品买卖，而延期付款信用证一般多用于大型成套设备项目的出口或承包工程等。

(3) 假远期信用证(Usance Credit Payable at Sidll)。"假远期信用证"的实质是远期信用证，即期付款。其特点是，信用证规定受益人开立远期汇票，由付款行负责承兑和贴现，承兑费用和贴现利息由进口方承担。这种信用证从表面看是远期信用证，但受益人却能即期十足地收回款项，因而被称为"假远期信用证"。该信用证对出口方来说类似于即期信用证，但对进口方来说要承担贴现利息和承兑费用，故又称为买方远期信用证(Buyer's Usance Credit)。

进口商开立"假远期信用证"主要的目的是可以利用贴现市场或银行的资金，以解决资金周转不足的问题。假远期信用证的实质是进口方套用付款银行的资金。此外，有些国家对外汇管制较严，要求进口商品一律采用远期信用证，使用假远期信用证可以摆脱这些国家在外汇管制上的限制。

就出口方而言，假远期信用证和即期信用证最大的区别在于假远期信用证项下出口方要承担远期汇票到期前被追索的风险。

(五) 可转让信用证(Transferable Credit)

1. 可转让信用证的含义及主要当事人

根据《UCP600》规定，可转让信用证是指受益人(第一受益人)可要求被授权付款、承担延期付款责任、承兑或议付的银行(转让行)，或在自由议付信用证下被特别授权的转让行，将信用证的全部或部分交由一个或几个其他受益人(第二受益人)使用的信用证。

可转让信用证涉及的主要当事人有开证人、开证行、第一受益人、通知行、转让行、受让行及第二受益人、付款行等。

2．可转让信用证的两种做法

开立可转让信用证的出口商大多数为中间商，出于各自不同的目的转让信用证有两种运作方法。

(1) 不替换单据，即第二受益人交货并取得全套货运单据交至受让行后，受让行可将单据在信用证有效期内交转让行再寄交付款行要求付款，或直接将单据交付款行要求付款。这种做法适用于不怕实际买主与卖主直接见面，而且不赚差价的中间商，其报酬由进口方承担。

(2) 替换单据，即第二受益人交货并取得货运单据交至受让行后，受让行只能将单据在信用证的有效期内交至转让行，由转让行通知第一受益人以自己的单据替换第二受益人的单据，然后由转让行将替换后的单据交付款行要求付款。中间商这种做法的目的是赚取差价。

3．可转让信用证项下应注意下列问题

(1) 信用证办理转让时可以变动的条款。主要包括：信用证金额可以减少；单价可以降低；到期日、交单日、装运期可以提前；投保加成可以增加。此外，第一受益人的名称可代替申请人的名称，但如原信用证特别要求在除发票外其他单据上注明申请人，则不能替换。

(2) 第一、第二受益人对信用证修改的权利。在信用证尚未转让前，第一受益人必须不可撤销地指示转让行，他是否保留不允许转让行将信用证下的修改书通知第二受益人的权利。可转让信用证与一般信用证不同，一般信用证只有一个受益人，可转让信用证可能有几个受益人，其中的一个或几个第二受益人对修改书的拒绝接受并不影响其他第二受益人的接受，对拒绝修改的第二受益人而言，信用证仍保持原样。为了避免不必要的麻烦，实际业务中第一受益人基本坚持信用证一经转让不再修改的原则。

(3) 可转让信用证的使用规则。除非信用证另有规定，可转让信用证只能转让一次。可转让信用证可以转让给一个或数个本国或外国的第二受益人，第二受益人不能将信用证再转让给第三受益人，但回转给第一受益人不在禁止之列。

如果信用证不禁止分批装运，可转让信用证可分割成几个部分分别转让，但累计不能超过信用证的金额。各次转让数额的累计仍视为信用证的一次转让。

(4) 可转让信用证的转让条件。只有信用证中明确规定为"可转让的"信用证方能转让。诸如"可分割"、"可分开"、"可转移"等词语不能使信用证成为可转让信用证。

案例

A、B 两家食品进出口公司共同对外成交某一批食品，双方约定各交货 50%，各自结汇，由 B 公司对外签订合同。事后，外商开来以 B 公司为受益人的不可撤销信用证，证中未注明"可转让"字样，但规定允许分批装运。B 公司收到 L/C 后，及时通知了 A 公司，两家按照信用证的规定各出口了 50%的货物，并以各自的名义制作了有关结汇单据。

【思考】

1. 两家的做法是否妥当？
2. 他们能否顺利结汇？为什么？

(六) 循环信用证(Revolving Credit)

循环信用证是指受益人在一定时间内使用了规定的金额后，其金额又恢复到原金额，直至达到规定的时间、次数或金额为止的信用证。

循环信用证不同于一般信用证，一般信用证在使用完后即告失效，而循环信用证可多次循环使用。这种信用证多用于成交金额比较大或交货时间比较长的商品交易，其主要优点在于进口方可以减少开证手续，降低开证费用。

按循环的计算方法，循环信用证可分为按时间循环和按金额循环两种。

按时间循环(Revolving Around Time)是指受益人可根据信用证规定的期限反复支取信用证规定的金额。按金额循环(Revolving Around Value)是指信用证规定的金额被用完后自动恢复到原金额，直至规定的全部金额用完为止。

按恢复方式，循环信用证可分为自动循环、半自动循环和非自动循环三种：

(1) 自动循环(Automatic Revolving)。它是指受益人每期用完一定金额后，无须等待开证行的通知即可自动恢复到原金额供再次使用。

(2) 半自动循环(Semi-automatic Revolving)。它是指受益人每期用完一定金额后，在若干天内开证行未提出不能恢复原金额的通知即自动恢复到原金额。

(3) 非自动循环(Non-automatic Revolving)。它是指受益人每期用完一定金额后，需经开证行通知才能恢复原金额再次使用。

(七) 对开信用证(Reciprocal Credit)

对开信用证是指交易的双方都对其进口部分以对方为受益人所开立的信用证。

对开信用证的特点是第一张信用证的开证申请人和受益人分别是第二张信用证的受益人和开证申请人。

当交易双方进行互有进出和互有联系的对等或基本对等交易时，如来料加工、补偿贸易或易货贸易等，一般可采用对开信用证。

一般来说，在对开信用证情况下，两证必须同时生效。交易一方开出的第一张信用证暂不生效，等对方开来回头证(第二张信用证)为受益人接受后，才通知对方银行两证同时生效。因此，对开信用证相互关联、互为条件、彼此约束。

(八) 对背信用证(Back to Back Credit)

对背信用证是指信用证的受益人要求通知行或其他银行以原证为基础另开一张内容近似的新证给实际供货人，这另开的新证称为对背信用证。

对背信用证的内容除开证人、受益人、开证行等有关当事人及信用证金额、单价、装运期、有效期及交单期等可有变动外，其他条款基本与原证相同。对背信用证的开立不须征得原开证申请人或开证行的同意，但对背信用证的修改涉及原证的内容，必须得到原开证人的同意，一般修改比较困难。

对背信用证表面上类似可转让信用证，但两者有较大的区别，主要表现在以下三个方面：

(1) 两证的关系不同。

对背信用证虽然参照原证开立，但对背信用证与原证是完全独立的两个信用证；而可转让信用证只是转让信用证的使用权，另开的新证从属于原证。

(2) 第一受益人与第二受益人所处的地位不同。

对背信用证项下第一受益人得到原开证行的付款保证，受益人因申请开立对背信用证而成为开证申请人，第二受益人只能得到对背信用证开证行的付款保证；而可转让信用证的第一、第二受益人都能得到原开证行的付款保证，第一受益人不会因要求开立第二份信用证，其身份或地位有任何变化。

(3) 通知行的责任不同。

对背信用证项下原通知行因开立对背信用证而成为开证行，就要承担开证行的保证付款责任；而可转让信用证项下原通知行不会因开立新证，其责任有任何改变，它只承担通知行的责任。

(九) 预支信用证(Anticipatory Credit)

预支信用证是指开证行授权代付行(通常是通知行)向受益人预支信用证金额的全部或一部分，由开证行偿还并负担利息。

一般信用证是卖方先交货，买方收单后付款；而预支信用证则是买方先付款，卖方后交单，等日后受益人交单时扣除预支的货款及利息，适用于货源紧缺的商品。

预支信用证要求代付行凭受益人的光票付款，也有要求受益人附一份保证补交信用证规定单据的声明书，如受益人以后不交单，开证行及代付行并不承担责任。

为引人注目，过去在信用证中，预支货款的条款常用红字打出，故也称"红条款"信用证(Red Clause L/C)。现在信用证中的预支条款并非都用红字表示，但作用相同。

案例　　　　　　　　**循环信用证的使用问题**

海南某出口公司与英商按 CFR 伦敦成交 2 万件干蛇皮包，装运期为 7～8 月，总价为 24 万美元。进口方由英国标准麦加利银行 LZ 分行开来一张即期循环信用证，指定由英国渣打银行海南分行议付，金额为 12 万美元，即总数量一半的金额可循环使用一次。信用证规定，在第一批 1 万件干蛇皮包装船取得海运提单并议付后便可自动恢复原金额、原数量。出口公司在第一批货装船并取得海运提单，备好第一批的全套单据准备向指定银行交单议付时，该地区受强台风影响，银行停业 2 天。出口公司在银行开业后交单议付时已逾第一批规定的交单有效期，议付行在出口公司出具补偿保证书后，向开证行寄单，在面函上提出其不符点内容并附"凭担保议付"单。

开证行随即复电："本信用证项下的单据已收到。议付行面函所提出的不符点不能接受，建议改为信用证项下的托收，单据暂代为保管，听候你方处理意见"。出口公司只得把第一批货物 1 万件改成信用证项下托收处理。随后，卖方及时准备第二批货物、报验、托运和报关，做到如期出运、正点交单。但银行又提出拒付第二批货款，仍按照第一批一样作托收处理。货抵伦敦，市价疲软，两批托收单据均被拒付，经出口公司多次交涉，最后以让价 20%结案。

【思考】 此案中，我方的主要教训何在？

(十) 付款信用证、承兑信用证和议付信用证

根据《UCP600》的规定，"一切信用证都必须清楚地表明该证适用于即期付款、延期付款、承兑或议付"。因此，按照付款方式的不同，信用证可以分为付款信用证、承兑信用证和议付信用证。

1. 付款信用证(Payment Credit)

凡在信用证中明确规定某一银行付款的信用证称为付款信用证。信用证中通常注明"付款兑现"(Available by Payment)字样。

付款信用证按照付款时间不同可以分为即期付款信用证和延期付款信用证两种，无论哪种付款信用证都不需受益人开具汇票，而仅凭提交的商业单据付款。在付款信用证中通常有"我行确认凭提交符合信用证条款的单据付款"等类似的保证条款。(We hereby confirm that payment will be duly made against documents presented inconformity with the terms of this credit.)

付款信用证的到期地点通常都规定在开证行或其指定付款行的所在地，故卖方在交单时应予以特别注意，如付款信用证的指定付款行是卖方所在地的通知行，则该证的到期地点就是卖方所在地，这对卖方比较有利。

2. 承兑信用证(Acceptance Credit)

凡在信用证中明确指定某一家银行进行承兑的信用证叫做承兑信用证。

在承兑信用证中通常有"我行确认凡符合信用证条款的汇票被提示时及时承兑，并于到期日及时付款"(We hereby confirm that draft(s) drawn in conformity with the terms of this credit will duly accepted on presentation and duly honored at maturity)字样。

承兑信用证是银行付款的远期信用证，承兑信用证的到期地点就是对远期汇票进行承兑的银行所在地。

3. 议付信用证(Negotiation Credit)

凡是在信用证中明确指示受益人可以在某一指定银行或任何银行议付的信用证叫议付信用证。议付信用证中一般都注明"议付兑现"(Available by Negotiation)字样。

根据《跟单信用证统一惯例》的规定，"议付是指被授权议付的银行支付汇票及/或单据价款的行为。仅仅审核单据而不支付价款不能作为议付"。

议付信用证可分为公开议付信用证和限制性议付信用证。

(1) 公开议付信用证(Open Negotiation Credit)，又称自由议付信用证(Freely Negotiation Credit)，它是指开证行在信用证中承诺任何一家银行均可办理议付的信用证。

(2) 限制性议付信用证(Restricted Negotiation Credit)是指开证行在信用证中限定某一银

行对该证进行议付。

限制性议付信用证通常注明"本证限××银行议付"(Negotiation under this credit are restricted to ×× Bank)字样,这类议付信用证,受益人只能在指定银行办理议付。

在我国出口业务中,国外开来的信用证一般都是议付信用证,其到期地点基本上规定在出口方所在地,若收到的议付信用证规定它在国外到期,应修改信用证条款。

"议付"与"付款"的主要区别之一在于,如议付行因开证行无力偿还等原因而未能收回款项时,可向受益人追索;而开证行或付款行一经付款则无权追索。

(十一) 备用信用证(Standby Credit)

备用信用证又称担保信用证(Guarantee Credit),是指开证行开给受益人的一种有条件的保证付款的书面文件。其主要内容是在信用证中规定,在开证申请人未能履行投诉人的职责或未能按时偿还贷款或货款时,开证行负责为其支付。如开证申请人履行了信用证中规定的上述某项义务,则该信用证就不起作用,所以其被称做备用信用证。

《跟单信用证统一惯例》国际商会第 400 号出版物首次将备用信用证纳入其使用范围。1998 年 12 月国际商会针对备用信用证制定了《国际备用信用证惯例》(International Standby Practice 1998),简称《ISP 98》,并已于 1999 年 1 月 10 日起实施。

备用信用证与一般的跟单信用证的主要区别有以下几点:

(1) 备用信用证往往是备用而不用的文件。在跟单信用证项下,只要受益人提交了符合信用证要求的单据,开证行就保证付款。在备用信用证项下,只有在开证申请人不履行其承担的某项义务时,才能行使信用证规定的权利。因而备用信用证往往是备而不用的文件。

(2) 适用的范围不同。跟单信用证适用于国际贸易中一般商品的进出口,而备用信用证除适用于一般商品的进出口外,更多地用于货物以外的多方面的交易,如投标、借款、垫款、赊销等。

(3) 付款的依据不同。跟单信用证凭提交符合信用证规定的单据付款,而备用信用证一般仅凭开证申请人不履约的书面声明(Written Statement)或证件即可要求开证行或指定付款行付款。

第四节　其他支付方式

汇付、托收与信用证是国际贸易中三种主要的支付方式,但随着国际贸易的发展,诸如保理业务、银行保证书及各种支付方式的结合使用等也纷纷出现。本节简单介绍保理业务及银行保证书的使用等问题。

一、出口保理

出口保理(Factoring)是指出口企业以商业信用形式出售商品,在货物装船后立即将发票、汇票、提单等相关单据卖断给保理公司,收进全部或部分货款,从而取得资金融通的业务。出口保理业务在国外已有很长的历史,尤其是第二次世界大战后,随着国际贸易的迅速发展，一些专营的保理公司在国外设立分支机构，并在世界范围内建立了联合组织。保理业务是一种新型的集企业资信调查、账目管理、贸易融资及信用风险保障于一体的综合性服务，对出口企业的资金运转，转嫁企业风险都有很大的好处。

(一) 出口保理的当事人及操作程序

出口保理业务的主要当事人有出口商、进口商、出口保理商、进口保理商等。其中，进口保理商是出口保理商在买方所在地的保理代理人，负责买方的资信调查等。

出口保理业务的运作程序：出口商以赊销方式出卖商品，为了能将其应收款项售予保理组织，以便取得资金融通的便利，一般先与保理组织签订协定。协议签订后，保理公司通过下列程序进行业务操作：

(1) 买卖双方通过交易磋商，出口商愿以商业信用出卖自己的商品，则出口商首先将进口商的名称及有关情况通知本国的(出口)保理商；

(2) 出口方的保理公司将出口商提供的资料整理后通知进口地的保理公司；

(3) 进口地的保理公司对进口商的资信进行调查，并将调查结果及可以向进口商提供赊销金额的具体建议通知出口方的保理组织；

(4) 出口方的保理组织将调查结果通知出口商，若进口商资信可靠，可以向其提供赊销的金额的建议数字，则出口商与进口商签订合同，出口方的保理公司对该合同加以确认；

(5) 出口商按合同规定装运货物后，把有关单据售予出口方的保理公司，并在单据上注明应收贷款转让给出口方的保理公司；

(6) 出口保理商在收到出口商交来的全套单据后，按保理协议向出口商预付约定的货款；

(7) 出口保理商将单据转交给进口地的保理商；

(8) 进口保理商负责向进口商催收货款，并将款项拨交给出口保理商；

(9) 出口保理商将货款扣除预付款及利息后将差额付给出口商。

(二) 保理业务的内容及特点

1. 保理组织承担了信贷风险

出口商将全套单据卖断给保理公司时，保理公司就承担了出口商的全部债权，并承担了买方的信贷风险。如果进口商到期后不付款或不按期付款，保理公司不能向出口商行使追索权，全部风险由保理公司承担。

由于保理公司承担了全部的财务风险，所以它不仅要负责调查进口商的资信，而且要随时了解进口商的经营状态及清偿能力。

2. 出口保理是一种广泛的、综合性的服务

在保理业务中，保理公司承担了资信调查、托收、催收账款甚至代办会计处理手续，因此，此项业务尤其受中小企业青睐。

3. 预支货款

典型的保理业务是出口商在出卖单据后，立即收到现款，得到资金融通。

二、银行保证函

(一) 银行保证函的含义

银行保证函(Banker's L/G)，简称保函(Letter of Guarantee，L/G)，又称保证书，是指保证人(银行、保险公司、担保公司或个人)应申请人的请求开给第三方(受益人)的一种书面信用担保凭证。

保证人保证在申请人未按协议履行其责任或义务时，由其有条件地承担经济赔偿责任。由于担保人信用不同，所以提供担保的信用也就不同。

按索赔条件不同，保函通常分为无条件保函和有条件保函两种。

1. 无条件保函(Unconditional L/G)

无条件保函又称见索即付保函(Demand Guarantee)。国际商会《见索即付保函统一惯例》(国际商会第 458 号出版物)第 2 条规定，见索即付保函是指担保人出具的书面承诺文件，在收到符合保函条款的索赔书或保函中规定的其他文件时，承担付款责任。由此可知，见索即付保函的担保人承担的是第一性的、直接的付款责任。

2. 有条件保函(Conditional L/G)

有条件保函是指保证人向受益人保证，在符合保函规定的条件下予以付款。因此有条件保函中保证人的付款是有条件的，即"符合保函规定"。可见有条件保函的保证人承担的是第二性的付款责任。

银行保函是银行应申请人的请求，向受益人开立的一种书面信用担保凭证。由于是银行开立的，故属于银行信用。

(二) 银行保函的种类

银行保函在实际业务中的使用范围很广，银行可凭借自己的信用为各种经济行为作担保，如货物买卖、国际工程、承包、投标与招标及借贷业务等。银行保函按其用途可分为投标保函、履约保函和还款保函。

1. 投标保函(Tender Guarantee)

投标保函是指保证人(银行)应投标人(申请人)的请求开给招标人(受益人)的一种书面信用担保凭证。保证人承诺当投标人不履行其投标义务时，保证人将在规定的金额限度内负责赔偿责任。

在国际招标与投标业务中，投标人在投标时通常被要求提交投标保函，以此作为参加投标的条件之一。

2. 履约保函(Performance Guarantee)

履约保函是指保证人(银行)应签约一方(申请人)的请求开给另一方(受益人)的一种书面信用担保文件。保证人承诺当申请人不履行他与受益人之间订立的合同时，保证人按约定的金额负赔偿责任。履约保函的适用范围较广，它不仅可以为工程的承包商提供履约保证，而且也在一般货物进出口交易中使用。

用于国际货物买卖方面的银行保函主要有进口履约保函和出口人的保证书。保证书内承诺若出口人按合同规定交货后，进口人未能按规定时间付款，由银行负责偿还。出口履约保函是指银行应出口人的申请开给进口人的保证书。保证书内承诺若出口人未能按期交货，银行负责赔偿进口人的损失。

3. 还款保函(Repayment Guarantee)

还款保函是指保证人(银行)应债务人的请求开给债务人的一种书面信用担保文件。保证人承诺如果申请人不履行他与受益人订立的合同义务，不将受益人预付、支付的款项退还给受益人，银行将向受益人保证偿还进口人已付的本金及所产生的利息。

(三) 银行保函的主要内容

近年来，银行保函在国际上的使用范围越来越广，其内容也越来越复杂，为方便使用，国际商会于 1978 年制定了《合约保证书统一规则》，即国际商会第 325 号出版物，后又对其进行了修订并于 1992 年公布了《见索即付保函统一规则》，即国际商会第 458 号出版物(Uniform Rules for Demand Guarantees，ICC Publication No. 458，1992 Edition)。

银行保函没有统一的格式，但《见索即付保函统一规则》规定，保函内容应清楚、准确及简明扼要。其主要内容有：有关当事人的名址、有效期限、担保金额、担保内容、要求付款的条件等。

(四) 银行保函与信用证的主要区别

银行保函与信用证都是由银行开立的，同属于银行信用，而且都被用于国际贸易中的货款支付，但两者有很大的区别，主要表现在以下几个方面。

(1) 银行付款责任不同。

在信用证业务中，开证行承担第一性付款责任；在银行保函业务中，见索即付保函银行承担第一性付款责任，而有条件保函银行则承担第二性付款责任。

(2) 适用范围不同。

信用证业务一般只适用于货物买卖，而银行保函除适用于货物买卖外，还适用于招标投标、借款贷款等业务。

(3) 对单据要求不同。

信用证项下货运单据是付款的依据，单据不符，银行即可拒付；银行保函项下单据不是付款的依据，一般凭索赔书或其他文件付款。

(4) 能否融资不同。

信用证项下受益人可通过议付取得资金融通，而银行保函项下单据不能成为索汇的依据，也不能作为抵押贷款，受益人不能取得资金融通。

(5) 与合同关系不一样。

信用证与合同是两个完全独立的契约。而出具有条件保函的银行，当受益人以对方不履约，提交书面陈述或证明，要求银行履行赔偿诺言时，银行一般须证实不履约的情况，如果双方意见不一，保证银行就会被牵连到交易双方的合同纠纷中。有的国家，如美国、日本等，其法律禁止银行介入商事纠纷，故不允许银行开立银行保函。

第五节　支付条款及各种支付方式的综合运用

国际货物买卖中有关货款收付的规定通常以支付条款出现。买卖合同中支付条款的内容视所采用的收付方式的不同而异。现就常用的支付条款分别举例，并对各种支付方式的综合运用作简单的讲解。

一、合同中的支付条款

(一) 合同中的汇付条款

使用汇付方式时，应在买卖合同中明确规定汇付的时间、具体的汇付方式和金额等。

例如，买方应在 2001 年 9 月 15 日前将 100%的货物以电汇方式预付给卖方。(The buyer shall pay 100% of the sales preceeds in advance by T/T to reach the seller not later than Sep. 15, 2001.)

(二) 合同中的托付条款

使用托收方式时，应在买卖合同中明确规定交单条件、买方付款和/或承兑责任以及付款期限等。

1. 即期付款交单

"买方凭卖方开具的即期跟单汇票于第一次见票时立即付款，付款后交单。" (Upon first presentation the Buyer shall pay against documentary draft drawn by the Seller at sight. The shipping documents are to be delivered against payment only.)

2. 远期付款交单

"买方对卖方出具的见票后××天付款的跟单汇票于第一次提示时予以承兑，并在汇票到期日付款，付款后交单。"(The Buyer shall duly accept the documentary draft by the Seller at ×× days upon first presentation and make payment on its maturity. The shipping documents are to be delivered against payment only.)

3. 承兑交单

"买方应于第一次提示卖方开具的见票后××天付款的跟单汇票时予以承兑，并于汇票到期日付款，承兑后交单。"(The Buyer shall duly accept the documentary draft drawn by the Seller at ×× days upon first presentation and make payment on its maturity. The shipping documents are to be delivered against acceptance.)

(三) 合同中的信用证条款

在国际贸易中若买卖双方同意以信用证方式支付，则必须将所开信用证的有关事项在合同中加以明确。其主要内容包括：

(1) 开证时间。

在信用证业务中，按时开来信用证是买方的一项基本义务，也是卖方履约的基础。若合同中明确规定开证时间则对卖方较有利；如买方不按时开证，即构成违约；如合同中未规定开证日期，实际业务中，由于市场形势的变化买方可能拖延开证，则卖方处于不利的地位。为了明确开证责任，开证时间应在合同中加以规定。

(2) 信用证的种类。

信用证种类繁多。在我国出口业务中，一般只接受不可撤销的信用证，其他类别则应视每笔交易的不同情况灵活加以选择。如成交金额较大，或对开证行的资信表示怀疑或由于其他特殊原因，可考虑要求买方开立保兑信用证。专业外贸公司在货源比较分散时，可要求买方开立不可撤销的可转让信用证，对交货时间较长且分批交货的合同，可考虑使用循环信用证。这样可省去买方分批开证的手续和费用，也便于卖方安排出口。

(3) 信用证的金额。

信用证的金额一般都规定为发票金额的 100%，若预计可能发生一些额外的费用如港口拥挤费、超保险费等，可要求买方在信用证中规定，超过的有关费用凭受益人提交的有关费用收据在信用证金额外支付给受益人。

(4) 付款的日期。

付款的日期关系到买卖双方收付货款的时间。在实际业务中，卖方希望收到货款越快越好，这样一方面能加速资金的周转，另一方面也能减少汇率波动的风险；而买方则希望远期付款，这样便于资金的融通。因此，在合同中必须确定付款日期。在采用远期信用证情况下，买方在报价时应考虑利息因素。

(5) 信用证的有效期及到期地点。

信用证的有效期是指信用证中规定的交单付款、承兑或议付的到期日。在我国出口业务中，大部分采用议付信用证，所以合同条款一般都规定"议付有效期为装运月后第 15 天在中国到期"。(Valid for negotiation in China until l5th day after month of shipment.)

信用证的到期地点是指信用证有限期的终止地点。一般有三种情况：在出口方到期；在进口方到期；在第三国到期。不同的到期地点对卖方交单有着不同的影响。在出口方到期对受益人最为有利，因为便于掌握交单时间，而在进口方到期或第三国到期，有可能因为单据传递延误而错过了信用证的交单期。所以，在我国出口业务中，基本上都要求信用证在中国到期。

部分信用证支付条款示例如下：

(1) 即期信用证支付条款。买方应通过卖方所接受的银行于装运月份前 30 天开出并送达卖方不可撤销的即期信用证，于装运月后 15 天在中国议付有效。

The Buyers shall open through a bank acceptable to the Sellers an Irrevocable sight Letter of Credit to reach the Sellers 30 days before the month of shipment. Valid for negotitation in China until the 15th day after the month of shipment.

(2) 远期信用证支付条款。买方应通过卖方可以接受的银行于装运月份前××天开出并送达卖方不可撤销的见票后 45 天付款的信用证，有效期至装运月份后 15 天在上海议付。

The Buyers shall open through a bank aceeptable to the Sellers an lrrevocable Letter of

Credit at 45day's sight to reach the Sellers ××days before the month of shipment. Valid for negotiation in Shanghai until the 15th day after the month of shipment.

二、各种支付方式的选用

在国际贸易中每一种支付方式均可以单独使用，但在特殊的贸易条件下，为促成交易或加速资金周转或安全地收、付汇，也可以将不同的支付方式结合起来使用。

(一) 信用证与汇付相结合

信用证与汇付相结合的支付方式是指部分货款用信用证方式支付，部分货款用汇付方式结算。这种支付方式一般用在成交数量大、交货数量机动幅度也比较大的商品上。其主要部分用信用证方式支付，超过信用证部分采用汇付方式支付。有些交易的预计款用汇付方式支付，其余部分采用信用证支付。

(二) 托收与信用证相结合

托收与信用证相结合的支付方式是指部分货款用托收方式支付，部分货款用信用证方式支付，一般做法是来证规定出口人出立两张汇票，信用证部分凭光票付款，全套货运单据附有托收部分汇票项下收取。但信用证内须注明"在发票金额全部付清后方可交单"的条款。

如：买方应通过卖方所接受的银行于装运月份前 30 天开出不可撤销的即期信用证，规定 50%的发票金额采用即期光票支付，其余 50%的发票金额采用即期付款交单。100%的发票金额的全套装运单据随付托收项下，于买方付清发票的金额后交单。若买方不付清全部发票金额则货运单据须由开证行掌握，凭卖方指示处理。(The Buyers shall open through a bank acceptable to the Sellers an Irrevocable Sight Letter of Credit to reach the Sellers 30 days before the month of shipment, stating that 50%of the invoice value available against clean draft at sight while the remaining 50% on D/P at sight.The full set of the shipment documents of 100%of invoice value shall accompany by the collection item and shall only be released after full payment of the invoice value. If the Buyers fail to pay full invoice value, the shipping documents shall be held by the issuing bank at the Sellers disposal.)

(三) 汇付、托收与信用证三者相结合

汇付、托收与信用证三者相结合的支付方式一般用在大型成套设备项目、船舶、飞机等金额大、交货期长的交易中。这种交易一般按工程进度和交货进度分期付款或延期付款，采用汇付、托收和信用证相结合的方式。

1. 分期付款(Progression Payment)

分期付款是买卖双方在合同中规定，在产品投产前，买方可采用汇付方式预付部分定金，其余货款根据商品制造进度或交货进度，由买方开立不可撤销的信用证，即期付款。全部货款在货款交付完毕时付清或连本付清，货物所有权则在付清最后一笔货款时转移。

分期付款实际上是一种即期交易。

按分期付款成交，买方在预付定金时，通常要求卖方通过银行出具保函或备用信用证，以确保买方预付金的安全。

2. 延期付款(Defered Payment)

延期付款是买卖双方在合同中规定，买方在预付一部分定金后，其余大部分货款在卖方交货后相当长时间内分期摊还，延期付款的那部分货款可采用远期信用证方式支付。所以，延期付款实际上是卖方向买方提供的商业信贷，它带有赊购的性质，因此买方应承担延期付款的利息。

分期付款与延期付款两者虽有相似之处，但又有区别，表现在以下三方面：

(1) 付清货款的时间不同。分期付款的货款在交货时付清或基本付清；而延期付款的货款是在交货后相当长的时间内分摊付清。

(2) 货物所有权的转移时间不同。采用分期付款时，只要付清最后一笔货款，货物所有权即转移；而采用延期付款，货物所有权一般在交货时转移，因此，物权转移在先，货款付清在后。

(3) 有关利息负担不同。分期付款属即期交易，因而不存在利息负担问题；而延期付款由于买方利用了卖方的资金，所以买方须向卖方支付利息。因此，货价一般稍高。

案例

我某公司出售一批货物给外国进口商，合同规定的支付方式是 50% 货款凭不可撤销 L/C 见票后 30 天付款，其余 50% 凭即期 D/P 付款。我方委托当地银行(托收行)转托 A 银行凭单据向进口商收取货款，同时凭进口商通过 A 银行开立的以我方为受益人的 L/C 开出了 50% 价款的汇票。其后，A 银行根据进口商按 D/P 支付的 50% 货款将全部单据交给了进口商，并将代收的 50% 货款拨付给了托收行。不久，A 银行宣布破产，已承兑的汇票在到期向其提示时也遭到退票。我方遂以货物已被进口商全部收取为由，向进口商追偿 50% 的货款，进口商借口开证押金收不回来而拒不偿还。为此，我方诉诸法院。

【思考】

1. 你认为此案应如何解决？
2. 我方应从中吸取什么教训？

思 考 与 练 习

一、名词解释

1. 汇票　2. 背书　3. 贴现　4. 托收　5. 不可撤销跟单信用证

二、单项选择题

1. 承兑是(　　　)对远期汇票表示承担到期付款责任的行为。

A. 付款人　　B. 收款人　　　C. 出口人　　　　D. 开证银行

2. 信用证上若未注明汇票的付款人，根据《UCP600》的解释，付款人应是(　　　　)。

A．开证人 B．开证行 C．议付行 D．出口人

3．一张每期用完一定金额后，须等开证行通知到达额继续使用的信用证是(   )。

A．非自动循环信用证 B．半自动循环信用证

C．自动循环信用证 D．备用信用证

4．香港某公司出售一批商品给美国 ABC CO.，美国银行开来一份不可撤销可转让信用证，香港某银行按香港公司委托，将信用证转让给我国进出口公司，如信用证内未对转让费用作明确规定，按惯例应由(   )。

A．我国某进出口公司负担 B．香港某公司负担

C．美 ABC CO. 负担 D．香港某银行负担

5．L/C 与托收相结合的支付方式是(   )。

A．随信用证项下的汇票 B．随托收项下的汇票及其全套货运单据

C．50%随信用证项下的汇票，50%随托收项下的汇票

D．单据与票据分列在信用证和托收汇票项下

6．在其他条件相同的前提下，(   )的远期汇票对受款人最为有利。

A．出票后若干天付款 B．提单签发日后若干天付款

C．见票后若干天付款 D．货到目的港后若干天付款

7．信用证经保兑后，保兑行(   )。

A．只有在开证行没有能力付款时，才承担保证付款的责任

B．和开证行一样，承担第一性付款责任

C．需和开证行商议决定双方各自的责任

D．只有在买方没有能力付款时，才承担保证付款的责任

8．出口人开具的汇票，如遭付款人拒付时(   )。

A．开证行有权行使追索权 B．保兑行有权行使追索权

C．议付行有权行使追索权 D．通知行有权行使追索权

9．信用证的第一付款人是(   )。

A．进口人 B．开证行 C．议付行 D．通知行

10．国外开来的不可撤销信用证规定，汇票的付款人为开证行，货物装船完毕后，闻悉申请人已破产倒闭，则(   )。

A．由于付款人破产，货款将落空

B．可立即通知承运人行使停运权

C．只要单证相符，受益人仍可从开证行取得货款

D．待付款人财产清算后方可收回货款

三、多项选择题

1．在国际贸易中，最常用的支付方式有(   )。

A．预付 B．汇付 C．托收 D．信用证

2．国际货款结算工具的主要分类是(   )。

A．支票 B．汇票 C．外币现钞 D．本票

3．常见的银行保函有(   )。

A．投标保证书　　B．履约保证书　　C．付款保证书　　　D．还款保证书

4．信用证支付方式的特点是(　　　　)。

A．信用证是一种银行信用　　　　　　B．信用证是一种商业信用

C．信用证是一种自足文件　　　　　　D．信用证是一种单据买卖

5．下列说法中，(　　　　)是正确的。

A．远期本票的当事人有两个，出票人、收票人

B．本票有即期和远期之分

C．远期本票不需承兑

D．本票的付款人是出票人

6．对于信用证与合同关系的表述正确的是(　　　　)。

A．信用证的开立以买卖合同为依据

B．信用证的履行不受买卖合同的约束

C．有关银行只根据信用证的规定办理信用证业务

D．合同是审核信用证的依据

7．《UCP600》规定，信用证(　　　　)。

A．未规定是否保兑，即为保兑信用证

B．未规定可否撤销，即为可撤销信用证

C．未规定是否保兑，即为不保兑信用证

D．未规定可否撤销，即为不可撤销信用证

8．以下对可转让信用证表述正确的是(　　　　)。

A．可转让信用证只能转让一次

B．可转让信用证可转让无数次

C．第二受益人可将信用证转回给第一受益人

D．信用证经转让后，买卖合同中卖方仍应承担合同中的卖方责任

9．备用信用证与跟单信用证的区别主要是(　　　　)。

A．备用信用证属于商业信用，而跟单信用证属于银行信用

B．银行付款的条件不同

C．适用的范围不同

D．受款人要求银行付款时所需提供的单据不同

10．假远期信用证与远期信用证的区别是(　　　　)。

A．开证基础不同　　　　　　B．信用证条款不同

C．利息的负担者不同　　　　D．收汇的时间不同

四、判断题

1．只有银行承兑汇票才可在贴现市场上贴现。　　　　　　　　　　(　　　)

2．出口商采用 D/A30 天比采用 D/P30 天承担的风险要大。　　　(　　　)

3．信用证是一种银行开立的无条件承诺付款的书面文件。　　　　(　　　)

4．光票信用证是指开证行不须凭任何单据就履行付款责任的信用证。(　　　)

5．汇票经背书后，使汇票的收款权利转让给被背书人，被背书人若干天后遭到拒付，

可向前手行使追索权。　　　　　　　　　　　　　　　　　　　　　（　　　）

6. 一张可撤销的信用证，无论在什么情况下，都可以撤销。　　　　（　　　）

7. 保兑信用证中的保兑行对保兑信用证负第一性的付款责任。　　　（　　　）

8. 若错过了信用证有效期到银行议付时，只要征得开证人的同意，即可要求银行付款。
　　　　　　　　　　　　　　　　　　　　　　　　　　　　　　　（　　　）

9. 根据《UCP600》的规定。议付是指由议付行对汇票(或)和单据付出对价，只审单而不付出对价，不能构成议付。　　　　　　　　　　　　　　　　　　　（　　　）

10. 汇付是付款人主动通过银行或其他途经将款项交由付款人的一种支付方式，所以属于商业信用，而托收通常称为银行托收，因而它属于银行信用。　　　（　　　）

五、计算题

某公司持有一张经银行承兑的期限为 90 天的银行承兑汇票，票面金额为 500 万美元，为提前取得票款，该公司欲将汇票拿到市场上去贴现。若当时市场上的贴现率为 10%，贴现时须缴纳的手续费为 150 美元。问：该公司贴现后可取得多少金额？

六、案例分析题

1. 我国某丝绸进出口公司向中东某国出口丝绸织制品一批，合同规定：出口数量为2100 箱，价格为 2500 美元/箱 CIF 中东某港，5～7 月份分三批装运，即期不可撤销信用证付款，买方应在装运月份开始前 30 天将信用证开抵卖方。合同签订后，买方按合同的规定依时将信用证开抵卖方，其中汇票条款载有"汇票付款人为开证行/开证申请人"字样。我方在收到信用证后未留意该条款，即组织生产并装运，待制作好结汇单据到付款银行结汇时，付款银行以开证申请人不同意付款为由拒绝付款。

问：(1) 付款银行的做法有无道理？为什么？(2) 我方的失误在哪里？

2. 我国某食品进出口公司向澳洲某国出口鲜活制品一批。双方规定以即期信用证为付款方式。买方在合同规定的开证日期内开来信用证，证中规定："一旦开证人收到单证相符的单据并承兑后，我行立即付款。"我方银行在审核信用证时，把问题提出来，要求受益人注意该条款。但某食品进出口公司的业务员认为该客户为老客户，应该问题不大，遂根据信用证的规定装运出口。当结汇单据交到付款行时，付款行以开证人认为单据不符不愿承兑为由拒付。

问：(1) 银行拒付有无道理？(2) 我方的失误在哪里？

3. 我国某轻工业进出口公司向国外客户出口某商品一批，合同中规定以即期不可撤销信用证为付款方式，信用证的到期地点规定在我国。为保证款项的收回，应议付行的要求，我方请香港某银行对中东某行(开证行)开立的信用证加以保兑。在合同规定的开证时间内，我方收到通知银行(即议付行)转来的一张即期不可撤销保兑信用证。我出口公司在货物装运后，将有关单据交议付行议付。不久接保兑行通知："由于开证行已破产，我行将不承担该信用证的付款责任。"

问：(1) 保兑行的做法是否正确？为什么？(2) 对此情况，我方应如何处理？

4. 我国某纺织品进出口公司与国外某商人于 5 月 18 日签订了一份出口精纺棉织品的合同，合同中规定采用信用证付款方式付款，装运期为 10 月份。由于双方的疏忽，合同中未对信用证的种类予以规定。我方收到国外客户开来的信用证后，发现该证也未规定信用证的种类。

　　问：该证是否要经过修改才可使用？《UCP600》对此是如何规定的？

　　5. 我国某贸易有限公司以 CIP 大阪向日本出口一批货物。4 月 20 日由日本东京银行开来一份即期不可撤销信用证，信用证金额为 50 000 美元，装船期为 5 月份，证中还规定议付行为纽约银行业中信誉较好的 A 银行。我中行收到信用证后，于 4 月 22 日通知出口公司，4 月底该公司获悉进口方因资金问题濒临倒闭。

　　问：在此情况下我方应如何处理？

　　6. 我国某贸易有限公司向国外某客商出口货物一批，合同规定的装运期为 6 月份，以 D/P 支付方式付款。合同订立后，我方及时装运出口，并收集好一整套结汇单据及开出以买方为付款人的 60 天远期汇票委托银行托收货款。单据寄抵代收行后，付款人办理承兑手续时，货物已到达了目的港，且行情看好，但付款期限未到。为及时提货销售取得资金周转，买方经代收行同意，向代收行出具信托收据借取货运单据提前提货。不巧，在销售的过程中，因保管不善导致货物被火焚烧，付款人又遇其他债务关系倒闭，无力付款。

　　问：在这种情况下，责任应由谁承担？为什么？

　　7. 某笔进出口业务约定分两批装运，支付方式为即期不可撤销信用证。第一批货物发送后，买方办理了付款赎单手续，但收到货物后，发现货物品质与合同规定严重不符，便要求开证行通知议付行对第二批信用证项下的货运单据不要议付，银行不予理睬。后来议付行对第二批信用证项下的货运单据仍予议付。议付行议付后，付款行通知买方付款赎单，遭到买方的拒绝。

　　问：银行处理方法是否合适？买方应如何处理此事为宜？

第七章　商品的检验

- **理论目标**

学习和把握商品检验的主要概念、观念和基本理论等陈述性知识，并能用其指导商品检验的相关认知活动。

- **案例目标**

能运用所学商品检验的主要概念、观念和基本理论研究相关案例，培养和提高学生在特定业务情境中分析问题与决策设计的能力；能结合"进出口商品检验检疫"的教学内容，分析买卖合同中的检验条款。

- **实务目标**

能运用商品检验的主要概念、观念、基本理论等知识，规范"商品检验"的相关技能活动。

第一节　进出口商品的检验检疫

案例导入

什么是商品检验？——未及时进行商品检验的后果

我方售货给加拿大的甲商，甲商又将货物转售给英国的乙商。货抵加拿大后，甲商已发现货物存在质量问题，但仍将原货运往英国，乙商收到货物后，除发现货物质量问题外，还发现有 80 包货物包装破损，货物短少严重，因而向甲商索赔，甲商又向我方提出索赔。

【思考】

1. 我方是否应负责赔偿？为什么？
2. 为什么要进行商品的检验？

一、进出口商品检验检疫概述

在国际货物买卖中，由于交易双方处于不同的国家或地区，一般不能当面交接货物，而货物经过长途运输和多次装卸，很容易使到货的品质、数量、包装出现与合同规定不符的情况，从而引发争议。为保障买卖双方的利益，避免争议的发生或发生争议后便于分清责任和进行处理，就需要有一个权威、公正、专业的检验鉴定机构对卖方交付的货物的品质、数量、包装等进行检验，或对装运技术、货物残损短缺等情况进行检验鉴定，并出具商检证书，作为交易双方交接货物、支付货款和进行索赔理赔的依据。

对进出口商品进行检验检疫是对外贸易业务必不可少的一个环节，它是国际货物买卖合同中的一个重要内容，许多国家的法律或行政法规对此都有规定。根据各国法律及《联合国国际货物销售合同公约》规定，买方有权对收到的货物进行检验，如发现货物不符合合同规定，而且确属卖方责任者，买方有权要求损害赔偿或采取其他补救措施，甚至拒收货物。

我国《合同法》规定：买方收取货物时应当在约定的检验期间内检验，没有约定检验期间的，应当及时检验。当事人约定检验期间的，买方应当在检验期间内将货物的数量或者质量不符合约定的情形通知卖方，买方怠于通知的，视为货物的数量或者质量符合约定。当事人没有约定检验期间的，卖方应当在发现或者应当发现货物数量或者质量不符合约定的合理期间内通知卖方。同时我国《商检法》规定：属于法定检验的进口商品，未经检验的，不准销售、使用；属于法定检验的出口商品，未经检验合格的，不准出口。

《联合国国际货物销售合同公约》(简称《公约》)第 38 条规定：买方必须在按实际情况可行的最短时间内检验货物或由他人检验货物；如果合同涉及货物的运输，检验可推迟到货物到达目的地进行。《公约》同时还规定：卖方应对风险转移到买方时所存在的任何不符合合同的情形负有责任，即使这种不符合合同的情形是在该时间后方始明显。英国《货物买卖法》第 34 条规定：除另有约定者外，当卖方向买方交货时，根据买方的请求，卖方应向其提供一个检验货物的合理机会，以便能确定其是否符合合同的规定。

以上规定说明，除双方另有约定者外，对货物进行检验是买方的一项基本权利。尽管如此，为明确起见，双方应在合同中作出具体规定。但是必须指出，买方对货物的检验权并不是其接受货物的前提条件，假如买方没有利用合理的机会对货物进行检验，就是放弃了检验权，因此也就丧失了拒收货物的权利。

二、进出口商品检验检疫机构及职责

(一) 国际上的检验机构

商品的检验检疫工作通常由专门的检验机构负责办理。世界上大多数主权国家一般都设有专门的检验机构，这些机构从组织的性质上来分，有官方的，如同业公会、协会，有民间私人经营的，也有半官方的；从经营的业务范围来分，有综合性的，也有只限于检验特定商品的。检验机构的名称也多种多样，如检验机构、公证行、鉴定机构、公证鉴定人、实验室或宣誓衡量人等，其中有些比较著名的检验机构由于其检验比较公正、合理、科学，已被许多国家认可，其鉴定结果亦成为商品进入国际市场的通行证。比较著名的检验机构有日本海事鉴定协会、美国食品药物管理局(Food and Drug Administration，FDA)、美国保险人实验室(Underwriters Laboratory，UL)、法国国家实验室检测中心、瑞士日内瓦通用鉴定公司(SGS)等。在实际业务中委托哪家检验机构取决于进出口国的法律法规、商品性质以及交易条件等。

(二) 我国的进出口商品检验机构及其职责

我国的商检机构原为国家出入境检验检疫局(China Inspection and Quarantine，CIQ)及其设在全国各口岸的出入境检验检疫局。该机构由原国家进出口商品检验局、卫生部卫生检疫局、农业部动植物检疫局合并而成，原各机构相应的职责也统一由出入境检验检疫局负责。"三检合一"有利于消除口岸检验"政出多门"带来的重复管理、重复检验检疫、重复收费、通关效率低、企业负担重等一系列弊端。2001 年 4 月，国家质量监督检验检疫总局 (General Administration of Quality Supervision, Inspection and Quarantine of the People's Republic of China)成立，成为我国现时主管质量监督和检验检疫工作的最高行政执法机关。原国家质量技术监督局和原国家出入境检验检疫局的职能合并入总局，但合并以后，**检验检疫职能不变**。我国检验检疫机构的职责有三项：对进出口商品实施法定检验检疫、办理进出口商品鉴定业务、对进出口商品的质量和检验工作实施监督管理。

1．法定检验检疫

法定检验检疫是根据国家有关法令规定，由国家质量监督检验检疫总局对大宗的、关系国计民生的重点进出口商品、容易发生质量问题的商品、涉及安全卫生的商品以及国家指定由商检机构统一执行检验的商品等实施强制性检验检疫，以维护国家的信誉及利益。

根据世界贸易组织(技术性贸易壁垒协议)的规定，我国对进出口商品实施法定检验检疫的主要目的是保护人类健康和安全、保护动物或者植物的生命和健康、保护环境、防止欺诈行为、维护国家安全。

国家检验检疫机构及其各地的检验分支机构依法对指定的进出口商品实施法定检验。法定检验的内容是指确定列入《必须实施检验的进出口商品目录》(简称《目录》)的进出口商品是否符合国家技术规范的强制性要求的合格评定活动，法定检验的具体内容包括商品的质量、规格、重量、数量、包装及安全卫生等项目。合格评定程序包括抽样、检验和检查，评估、验证和合格保证，注册、认可和批准以及各项的组合。实施法定检验的范围是指列入《目录》的进出口商品的检验检疫和法律、行政法规规定实施检验检疫的进出口商品或者检验项目。法定检验的商品范围包括：

(1) 有关法规中规定的商品。

(2) 对进出口食品的卫生检验和进出境动植物的检疫。

(3) 对装运出口易腐烂变质食品、冷冻品的船舱、集装箱等运载工具的适载检验。

(4) 对出口危险货物包装容器的性能检验和使用鉴定。

(5) 对有关国际条约规定或其他法律、行政法规规定须经商检机构检验的进出口商品的检验。

(6) 国际货物买卖合同规定由检验检疫机构实施检验时，当事人应及时提出申请，由检验检疫部门按照合同规定对货物实施检验并出具检验证书。

对进出口商品实施检验检疫可以严把质量关，确保进出口商品符合合同要求，防止低劣有害商品进入国内，保障我国生产建设安全和人民健康，维护国家的权益。

2．办理鉴定业务

对外贸易鉴定业务是按照对外贸易关系人(贸易合同的买方或卖方、运输、保险、仓储、装卸等各方)的申请或委托，由第三方公证检验鉴定机构对申请的有关内容进行检验鉴定，出具权威的鉴定证书，作为对外贸易关系人办理进出口商品交接、结算、计费、理算、**报关**、纳税和处理争议索赔的有效凭证。

鉴定业务的范围包括对进出口商品的质量鉴定、数量鉴定、重量鉴定、包装鉴定和货载衡量；进出口商品的监视装载和监视卸载；进出口商品的积载鉴定、残损鉴定和海损鉴定；装载进出口商品的船舶、车辆、飞机、集装箱等运载工具的适载鉴定；装载进出口商品的船舶封舱、舱口检视、空距测量；集装箱及集装箱货物鉴定；与进出口商品有关的外商投资的价值、品种、质量、数量和损失鉴定；抽取并签封各类样品；签发价值证书及其鉴定证书和其他进出口商品检验鉴定业务。鉴定业务与法定检验的一个主要区别是依据申请或委托办理，而非强制性。因此各鉴定机构要想取得用户的信任，发展自己的业务，必须要做到态度公正、结果科学准确、服务良好周到。

3. 监督管理

检验检疫机构依据国家法规对进出口商品通过行政和技术手段进行控制管理和监督，我国检验检疫机构从以下六个方面对进出口商品实施监督管理：

(1) 对法定检验范围以外的进出口商品的抽查检验。

(2) 对重点进出口商品的生产企业派驻质量监督员。

(3) 对进出口商品质量的认证工作，准许认证合格的商品使用质量认证标志。

(4) 指定、认可符合条件的国外检验机构承担特定的检验鉴定工作，并对其检验鉴定工作进行监督抽查。

(5) 对重点进出口商品及其生产企业实行质量许可制度。

(6) 对经检验合格的进出口商品加施商标和封识管理。

检验检疫机构的监督管理对于维护我国在国际贸易活动中的国家声誉，保障国际贸易各有关方面的正当权益，促进我国对外贸易的发展有着重要的意义。

三、进出口商品检验检疫的时间和地点

在国际货物买卖中，为了明确责任，买卖双方通常都在买卖合同中对买方是否行使和如何行使检验权的问题作出明确的规定，其核心就是检验的时间和地点。

案例　　　　　　　　　　检验地点的选择

某合同商品检验条款中规定以装船地商检报告为准。但在目的港交付货物时却发现品质与约定规格不符。买方经当地商检机构检验并凭其出具的检验证书向卖方索赔，卖方却以上述商检条款拒赔。

【思考】　卖方拒赔是否合理？

在国际货物买卖合同中对检验时间和地点的约定主要有以下几种情况。

(一) 在出口国检验

关于检验的时间和地点的规定，基本做法可分为在产地检验和装运前或装运时在装运港(地)检验。

1. 在产地检验

在产地检验即货物离开产地(如工厂、农场或矿山等)之前，由卖方或其委托的检验机构人员或买方的验收人员或买方委托的检验机构人员对货物进行检验检疫。检验合格后，卖方不再对货物的质量负责。

2．装运前或装运时在装运港(地)检验

装运前或装运时在装运港(地)检验即货物在装运港(地)装运前或装运时，由双方所约定的检验检疫机构进行检验检疫，出具检验检疫证书，作为双方交货品质或数量的依据。货物运抵目的港(地)后，即使发现问题，买方也无权拒收货物或提出异议与索赔。此种规定对卖方比较有利。

(二) 在进口国检验

在进口国检验可分为货物运抵目的港(地) 卸货后检验，或在买方的营业处所以及最终用户的所在地检验。

1．在目的港(地)卸货后检验

在目的港(地)卸货后检验即以到岸质量、数量、重量为准，据此规定，在货物运抵目的港(地)卸货后的一定时间内，由双方约定在目的港(地)的检验机构进行检验，并出具检验证书作为双方交货品质、重量或数量等的依据。如果检验证书证明货物与合同规定不符并确定系属卖方责任，卖方应予负责。

2．在买方的营业处所以及最终用户的所在地检验

这种规定方法是将检验时间和地点延伸和推迟到货物运抵买方的营业处所以及最终用户所在地后的一定时间内进行，并以双方约定的该地的检验机构出具的检验证书作为决定交货品质和数量的依据。这种做法主要适用于那些需要进行安装调试检验的成套设备、机电仪器产品以及在口岸开件检验后难以恢复原包装的商品。

(三) 在出口国检验，在进口国复验

按此做法，装运地的检疫机构验货后出具的检验证明可作为卖方收取货款的单据之一，但不作为买方收货的最后依据。货物到达目的地后的一定时间内，买方有权请双方约定的检验检疫机构进行复验并出具复验证书。复验中如发现到货品质、重量或数量与合同规定不符并属于卖方责任时，买方可凭复验证书向卖方提出索赔，但应注意在索赔期内提出。

此种做法对买卖双方都比较公平合理，照顾到了双方的利益。它既承认卖方所提供的检验证书是有效的文件，可以作为双方交接货物和结算货款的依据，又给予买方复验权，因而在国际贸易中被广泛采用。采用这一做法时，合同中应对买方复验的期限与地点、复验机构、复验费用等作出明确的规定。复验期限的长短应根据货物的性质、运输条件、检验条件等情况而定。

近年来，随着国际贸易的发展，在检验的时间、地点及具体做法上，国际上出现了一些新的做法和变化。例如，在出口国装运前预检验，在进口国最终检验，即在买卖合同中规定货物在出口国装运前由买方派人自行或委托检验机构人员对货物进行预检验，货物运抵目的港(地)后，买方有最终检验权和索赔权。在我国的进口贸易中，对关系到国计民生、价值较高、技术复杂的重要进口商品和大型成套设备，可在合同中规定允许买方派人在产地或装运港(地)监造或监装，对货物进行预检验，货物运抵我国后，再由我方最终检验，这样可以保障我方的利益，防止国外商人以次充好、以假充真等问题的发生。

案例

　　某年1月初，韩国A公司和中国B公司签订购销合同，双方约定B公司向A公司购买韩国生产的手机零配件，并就价格问题达成一致意见。合同总金额13万美元，最迟不应晚于当年2月10日发运。A公司对产品的质量保证期为货物到达目的地后一年。2月7日，A公司向B公司提供合同规定的产品。2月20日货到后，B公司请检验公司进行检验，并出具了检验证明。第二年3月18日，B公司在使用过程中，发现部分产品有质量问题，于是致函A公司，要求换货，如不能换货，则要求退货，并要求A公司承担有关费用损失。A公司回函称，B公司在货物入库前已详细检查、核对且已投入使用，因而拒绝赔偿。由于B公司对合同项下的货物的品质存在异议，4月初即在收货13个月后，自行将合同项下的货物送交中国某地商品检验机构检验。检验机构出具的检验证书证明，该批货物有多项缺陷，发货前已存在，系制造不良所致。4月中旬，B公司要求A公司赔偿6万美元。A公司认为B公司不能证明第二次送检的产品系交货时的产品，且第二次商检的时间已经超过索赔有效期，商检证书不能发生效力。双方协商未果，据此提起仲裁。

　　【思考】　　B公司的第二次送检是否有效？

四、进出口商品检验检疫程序

　　凡属法定检验检疫商品或合同规定的需要检验检疫机构进行检验检疫并出具检验检疫证书的商品，对外贸易关系人均应及时提请检疫机构检验。我国进出口商品的检验检疫程序主要包括以下四个环节。

(一) 报验

　　进出口商品报验是指对外贸易关系人向检验检疫机构申请检验检疫。凡属检验检疫范围内的进出口商品，都必须报验。

1. 出口报验手续

　　(1) 填写"出境货物报验单"。报验人必须按报验单的要求详细填写，每份"出境货物报验单"仅限填报一个合同、一份信用证的商品。对同一合同、同一信用证，但标记号码不同者应分别填写。报验一般在发运前7天提出。

　　(2) 提供单证和资料。出口报验时应提供下列资料：对外贸易双方签订的贸易合同及合同附件；信用证；生产经营部门自验合格后出具的厂检单正本；法定检验出口商品报验时，提供检验检疫机构签发的运输包装容器性质检验合格单正本；实行卫生注册的商品提供检验检疫机构签发的卫生注册证书；实行质量许可证的出口商品，必须提供检验检疫机构的质量许可证书；凭样品成交的商品应提供双方确认的样品。

2. 进口报验手续

　　进口商品的报验人应在一定期限内填写"入境货物报验单"，填明申请检验鉴定项目的要求，并附合同、发票、海运提单(或铁路、航空、邮包运单)、品质证书、装箱单，接货、用货部门已验收的应附验收记录等资料，向当地检验检疫部门申请检验。如货物有残损、短缺，还须附理货公司与轮船大副共同签署的货物残损报告单、大副批注或铁路商务记录等有关证明材料。报验后，如发现报验单填写有误或客户修改信用证使货物数量、规格有变动时，可提出更改申请，更改申请时填写"更改申请单"，说明更改事项和原因。

(二) 抽样

检验检疫机构接受报验后，需及时派人到货物堆存地点进行现场检验鉴定，其内容包括货物的数量、重量、包装、外观等项目。现场检验一般采取国际贸易中普遍使用的抽样法(个别特殊商品除外)。抽样时须按规定的抽样方法和一定的比例随机抽样，以便样品能代表整批商品的质量。

(三) 检验

检验检疫机构根据抽样和现场检验记录，仔细核对合同及信用证对品质、规格、包装的规定，弄清检验的依据、标准，采用合理的方法实施。

(四) 签发证书

对于出口商品，经检验检疫部门检验合格后，凭"出境货物通关单"通关。如合同、信用证规定由检验检疫部门检验出证，或国外要求签发检验检疫证书的，应根据规定签发所需证书。

对于进口商品，经检验检疫后签发"入境货物通关单"进行通关。凡由收货、用货单位自行验收的进口商品，如发现问题，应及时向检验检疫部门申请复验。如复验不合格，检验检疫机构应即刻签发检验检疫证书，以供对外索赔。

五、国际货物买卖合同中的检验条款

国际货物买卖合同中检验条款一般包括下列内容：有关检验法规定的检验或复验的时间和地点；检验机构；检验检疫证书以及检验标准与方法等。

(一) 检验检疫证书

检验检疫机构对进出口商品检验检疫或鉴定后，根据不同的检验或鉴定项目签发的各种检验检疫证书、鉴定证书和其他证明书统称为检验证书(Inspection of Certificate)。

检验检疫证书的作用主要表现为：作为买卖双方交接货物的依据，以证明卖方所交货物的质量、重量、数量、包装是否符合买卖合同的规定；作为买卖双方结算货款的依据，在信用证支付方式下，检验证书通常是卖方向银行办理付款、承兑或议付时提交的单据之一；作为索赔和理赔的依据，买方如对到货质量、重量、数量或包装提出异议，要求索赔时，检验证书是一项很重要的凭证。在我国，国家质量监督检验检疫总局签发的检验证书主要有：品质检验证书(Inspection Certificate of Quality)、重量或数量检验证书(Inspection Certificate of Weight or Quantity)、包装检验证书(Inspection Certificate of Packing)、兽医检验证书(Veterinary Inspection Certificate)、卫生检验证书(Sanitary Inspection Certificate)、消毒检验证书(Inspection Certificate of Disinfection)、熏蒸证书(Inspection Certificate of Fumigation)、残损检验证书(Inspection Certificate on Damaged Cargo)、货载衡量检验证书(Inspection Certificate on Cargo Weight or Measureanent)、产地检验证书(Inspection Certificate of Origin)、验舱检验证书(Inspection Certificateon Tank/Hold)、价值证明书(Certificate of Value)等。

在实际业务中，买卖双方应根据成交货物的种类、性质、有关国家的法律和行政法规、政府的对外经济贸易政策和贸易习惯等来确定卖方应提供何种检验证书，并在买卖合同中予以明确。

(二) 检验标准与方法

检验标准是指检验机构从事检验工作在实体和程序方面所遵循的尺度和准则，是评定检验对象是否符合规定要求的准则。

根据《中华人民共和国进出口商品检验法》规定，凡是列入目录的进出口商品，按照国家技术规范的强制性要求进行检验；没有国家技术规范的强制性要求的，可以参照国家商检部门指定的国外有关标准进行检验。法律、行政法规规定由其他检验机构实施检验的进出口商品或者检验项目，依照有关法律、行政法规的规定办理。

国外有关标准是指国际标准和国外先进标准。国际标准是指国际标准化组织(ISO)、国际电工委员会(IEC)和国际电信联盟(ITU)制定的标准，以及国际标准化组织确认并公布的其他国际组织制定的标准。国外先进标准指发达国家的国家标准，在国际贸易中被广泛采用，如英国为 BS，美国为 ANSI，法国为 NF，德国为 DIN，日本为 JIS、JAS 等。在我国，采用国际标准是指将国际标准的内容经过分析研究和试验验证，等同或修改转化为我国标准(包括国家标准、行业标准、地方标准和企业标准)，并按照我国标准审批发布程序审批发布。

商品检验的方法主要有感官检验、化学检验、物理检验、微生物检验等。

检验条款具体制订方法举例如下：

买卖双方同意以装运港(地)中国国家质量监督检验检疫总局签发的品质和重量(数量)检验检疫证书作为信用证下议付所提交的单据的一部分，买方有权对货物的品质和重量(数量)进行复验，复验费由买方负担。但若发现品质和/或重量(数量)与合同规定不符，买方有权向卖方索赔，并提供经卖方同意的公证机构出具的检验报告。索赔期限为货物到达目的港(地)后 45 天。(It is mutually agreed that the General Administration of Quality Supervision, Inspection and Quarantine of the People's Republic of China at the port of shipment shall be part of the documents to be presented for negotiation under the relevant L/C. The Buyers shall have the right to reinspect the quality and quantity(weight) be found not in conformity with that of the contract. The Buyers are entitled to lodge with the Sellers a claim which should be supported by survey reports issued by a recognized surveyor approved by the Sellers. The claim if any, shall be lodged within 45 days after arrival of the cargo at the port of destination.)

案例　　　　　公司出口化工产品的合同

我国某省进出口公司于 1989 年 11 月 9 日与澳大利亚某公司签订一份由我方出口化工产品的合同。合同规定的品质规格是 TiO_2 含量最低为 98%，重量为 17.50 公吨，价格为 CIF 悉尼每公吨 1130 美元，总价款为 19 775 美元，信用证方式付款，装运期为 12 月 31 日之前，检验条款规定："商品的品质、数量、重量以中国进出口商品检验证书或卖方所出具的证明书为最后依据"。我方收到信用证后，按要求出运货物并提交了单据，其中商检证由我国某省进出口商品检验局出具，检验结果为 TiO_2 含量98.53%，其他各项也符合规定。1990年3月，澳方公司来电反映我方所交货物质量有问题，并提出索赔，5月2日，澳方公司再次提出索赔，并将澳大利亚商检部门 SGS 出具的抽样与化验报告副本传真给我方。SGS检验报告称根据抽样调查，货物颜色有点发黄，有可见的杂质，TiO_2 的含量是92.95%。1990年6月我方公司对澳方公司的索赔作了答复，指出货物完全符合合同规定，我方有合同规定的商检机构出具的商检证书。但澳方认为，我方货物未能达到合同规定的标准，理由是：① 经用户和 SGS 的化验，证明货物与合同规定"完全不符"。② 出口商出具的检验证书不是合同规定的商检机构出具的，并且检验结果与实际所交货物不符。后来，本案经我国驻悉尼领事馆商务室及贸促会驻澳代表处从中协调，由我方公司向澳方赔偿相当一部分损失后结案。

【思考】 在本案例中，我方要吸取什么教训？

思 考 与 练 习

一、单项选择题

1. 在出口国检验，进口国复验这种检验条款的规定方法(　　)。

A. 对卖方有利　　　B. 对买方有利　　　C. 比较公平合理　　　D. 对保险公司有利

2. 以下(　　)不是检验证书的作用。

A. 作为证明卖方所交货物的品质、重量(数量)、包装以及卫生条件等是否符合合同规定及索赔、理赔的依据

B. 确定检验标准和检验方法的依据

C. 作为卖方向银行议付货款的单据之一

D. 作为海关检验放行的凭证

二、判断题

1. 法定检验又称强制性检验，是指按照国家法律、行政法规对必须经商检机构检测的进出口商品依照有关规定程序实施的强制性检验。 (　　)

2. 商检机构对进出口商品实施检验的工作程序，一般包括报检、检验、出证三个环节。 (　　)

3. 列入目录的进出口商品，按照国家技术规范的强制性要求进行检验。 (　　)

4. 经国家商检部门许可的检验机构，可以接受对外贸易关系人或者外国检验机构的委托办理进出口商品的检验鉴定业务。 (　　)

5. 必须经商检机构检验的进出口商品以外的进口商品的收货人，发现进口商品质量不合格或者残损短缺，需要由商检机构出证索赔的，应当向商检机构申请检验出证。(　　)

6. 国家商检部门和商检机构对经国家商检部门许可的检验机构的进出口商品检验鉴定业务活动进行监督，可以对其检验的商品抽查检验。 (　　)

7. 检验检疫机构对法定检验进出口商品以外的进出口商品，不可以抽查检验。(　　)

8. 法律、行政法规和规章规定由其他检验机构实施检验的进出口商品或者检验项目，依照有关法律、行政法规和规章的规定办理。 (　　)

9. 检验检疫机构对检验鉴定机构进行现场跟踪检查的内容包括检验鉴定工作质量、检

测设备和技术保证能力以及质量管理体系的适宜性、符合性和有效性等。　　　（　　　）

10．国家实行统一的商品合格评定制度，根据有关法律、行政法规的规定对进出口商品进行认证、检验、检疫。　　　　　　　　　　　　　　　　　　　　（　　　）

三、简答题

1．什么叫法定检验？为什么要实施法定检验？

2．在国际货物买卖合同中，对于商品检验时间和地点有哪几种规定方法？哪一种使用较多？

第八章 违约与索赔

学习目标

- **理论目标**

了解违约行为的种类及其法律后果；了解索赔的种类、时效；掌握索赔条款的内容与订立方法。

- **案例目标**

能运用所学的违约和索赔的基本知识研究相关案例，培养和提高学生在特定业务情境中分析问题与决策设计的能力；能结合"违约和索赔"的教学内容，订立索赔条款。

- **实务目标**

能运用违约和索赔的相关知识，规范违约责任，完成索赔条款签订的相关技能活动。

案例导入

索赔未果，原因何在？

我某公司与香港一公司签订了一份进口香烟生产线合同。设备是二手货，共18条生产线，由 A 国某公司出售，价值 100 多万美元。合同规定，出售商保证设备在拆卸之前均正常运转，否则更换或退货。

设备运抵目的地后发现，这些设备在拆运前早已停止使用，在目的地装配后也因设备损坏、缺件根本无法马上投产使用。但是，由于合同规定如要索赔需商检部门在"货到现场后 14 天内"出证，而实际上货物运抵工厂并进行装配就已经超过14 天，无法在这个期限内向外索赔。这样，工厂只能依靠自己的力量进行加工维修。经过半年多时间，花了大量人力物力，也只开出了 4 套生产线。

【思考】 在该案例中我公司应吸取什么教训？

在国际贸易中，买卖双方经过交易洽商签订了合同，在合同履行过程中，有时由于种种原因导致合同不能顺利履行，特别在市场情况发生变化，合同一方觉得履约对其不利时，往往寻找各种借口拒不履约或拖延履约，甚至弄虚作假或者提出无理要求，从而引起贸易双方的争议与纠纷，由争议导致索赔与理赔。因此，如何区分违约责任，以及正确处理好对外的索赔和理赔是一个十分重要的问题，它既关系到维护国家的权益和声誉，又涉及比较复杂的业务技术问题，必须严肃对待、认真处理。

第一节 违 约

在国际商品买卖过程中，任何一个中间环节出现差错，或买卖双方因任何一方违反了合同中的有关条款，而且直接或间接地给对方造成了损失，都可能引起争议，受损的一方就会向违约方提出索赔要求，违约一方就要承担法律上的责任。

一、违约的含义及种类

1. 违约

违约是指合同的当事人全部或部分地未履行合同所规定的义务，或者拒绝履行合同义务的行为。一方当事人违约，就应承担违约的法律责任，即有赔偿另一方当事人的损失或采取其他相应的补救措施的责任；另一方当事人作为受害方，也有依照合同或有关法律规定向违约方提出损害赔偿或主张其他相应要求的权利。这是国际贸易中所有当事人应普遍遵循的原则。

2. 违约行为的种类

国际间货物买卖当事人的违约行为可以分为以下几种情况：

(1) 卖方违约。

卖方没有按合同规定的交货期限交货或拒不交货；卖方所交货物的品质、规格、数量、包装等与合同或信用证的有关规定不符；卖方所提供的货运单据种类不全、份数不够或货单上有错误等。

(2) 买方违约。

买方不按合同规定的时间接货；不按合同规定的期限付款赎单；在以信用证支付方式成交的条件下不按期开证或根本不开立信用证；在 FOB 条件下，不按合同规定如期派船接货等。

(3) 买卖双方均负有违约责任。

合同中有关条款的内容规定得不明确，致使双方理解或解释不统一，造成一方违约，另一方蒙受损失；或在履约时，由于双方当事人对有关国际惯例以及对方国家的有关法规和习惯做法不了解等，也容易造成一方或双方的违约行为。

二、违约的法律后果

按违约的性质我们可以将违约分为两种：第一，买卖双方当事人中的一方的故意行为导致违约；第二，因买卖双方当事人中的一方的疏忽、过失而导致的违约，从而使买卖双方当事人发生争议。违约方的违约行为及其应承担的法律后果要取决于有关法律对此所作的解释和所确定的法律责任。

1.《联合国国际货物销售合同公约》的规定

《联合国国际货物销售合同公约》把违约分为根本性违约(Fundamental Breach)和非根

本性违约(Non-Fundamental Breach)两类。公约第 25 条规定："一方当事人违反合约的结果，如使另一方当事人蒙受损害，以致实际上剥夺了他根据公约规定有权期待得到的东西，称为根本违反合同，除非违反合约一方并不预知而且一个同等资格、通情达理的人处于相同情况也没有理由预知会发生这种结果。"根据这条规定可以看出，所谓根本性违约是指一方当事人违反合同的结果，给另一方当事人造成实质性的损害，如卖方无理由不交付货物，买方无理由拒绝开证、拒收货物、拒付货款等即为根本性违约。根本性违约是由于当事人的主观行为所致。所谓非根本性违约是指，如果当事人不能预知，而且处于相同情况的另外一个通情达理的人也不能预知会发生给另一方当事人带来损失这种结果，那么就不构成根本性违约。

《公约》规定，如果一方当事人根本违反合同，另一方当事人可以宣告合同无效并要求损害赔偿。如果属非根本性违约，则不能解除合同，只能要求损害赔偿。

由此可见，《联合国国际货物销售合同公约》对于违约情况的划分是从违约所造成的后果的严重性来确定的。

2．英国的法律规定

英国《1983 年货物买卖法》把违约分为违反要件(Breach of condition)和违反担保(Breach of Warranty)两种。所谓违反要件是指违反合同的主要条款；所谓违反担保是指违反合同的次要条款。同时，该法律规定，如果违反要件，受害方有权解除合同，并有权要求损害赔偿。如果违反担保，受害方只能要求损害赔偿，不能解除合同。

那么，在买卖合同中，哪些条款属于"要件"，哪些条款属于"担保"，英国法律没有明确规定，需要根据每一份"合同所作的解释"来判断，也就是根据合同推定出双方意愿。根据英国法院在此类案件中的审判实践，一般认为与商品有关的品质、数量和交货期等条款属于要件，与商品不直接联系的条款属于担保。

由此可见，英国《货物买卖法》对于违约情况的划分，是以违约所涉及的合同条款本身的性质而确定的。

3．美国的法律规定

美国从违反合同所造成的后果出发把违约分为重大违约和轻微违约。所谓重大违约(Material Breach)是指一方当事人违约而使另一方当事人的主要利益未得到满足，或者说使另一方当事人不能从合同中取得主要利益，受害方有权主张解除合同并要求损害赔偿。轻微违约(Minor Breach)指一方当事人违约，虽然使另一方当事人遭到损害，但仍然可从该合同中取得主要利益，受害方只能向违约方要求损害赔偿，而不能主张解除合同。

4．我国的法律规定

我国《中华人民共和国涉外经济合同法》并未将违约责任具体划分，但明确受损失方有权请求赔偿损失。第 18 条规定："当事人一方不履行合同或者履行合同义务不符合约定条件，即违反合同的，另一方有权要求赔偿损失或者采取其他合理的补救措施。采取其他补救措施后尚不能完全弥补另一方受到的损失的，另一方仍然有权要求赔偿损失。"但损失赔偿以另一方受到的损失为限。

综上所述，世界各国的法律和惯例对于违约行为的解释及违约后的处理方法有不同的规定，而且在解释上具有不确定性和任意性。因而，有可能发生违约的情况相同，但由于当事人所在国家不同，或者适用的法律不同，受害人得以采取措施的权利也就不同。因此，为维护我方权益，根据我国法律和国际上有关的法律和惯例，订好国际货物买卖合同的索赔条款，并在合同履行中加以正确运用是十分重要的。

第二节　索　赔

案例　　　　　　　　　　　冻鸡索赔案

我国某公司出口一批冻鸡，到货后买方在合同规定的索赔有效期内向我方提出品质索赔，索赔金额占合同金额的半数以上，买方附来的证件有：① 法定商品检验证，注明该商品有变质现象(表皮为乌黑色，实际上为一小部分乌皮鸡)。但未注明货物的详细批号，也未注明变质货物的数量和比例。② 官方检验机构根据当地某零售商店送检的食品而作出的变质证明。

【思考】　我方复函对方同意赔偿，请问处理是否妥当？

国际货物买卖中所涉及的索赔，根据环节或责任的不同，可以分为三种类型：即由于运输过程中由于承运人的责任造成的损失，向运输承运人提出运输索赔；由于贸易合同当事人任何一方的违约行为造成的损失，向责任人提出贸易索赔；属于保险公司承保责任范围内的货物损失，向保险公司提出保险索赔。本书重点介绍发生在买卖双方之间的贸易索赔，索赔流程如图 8-1 所示。

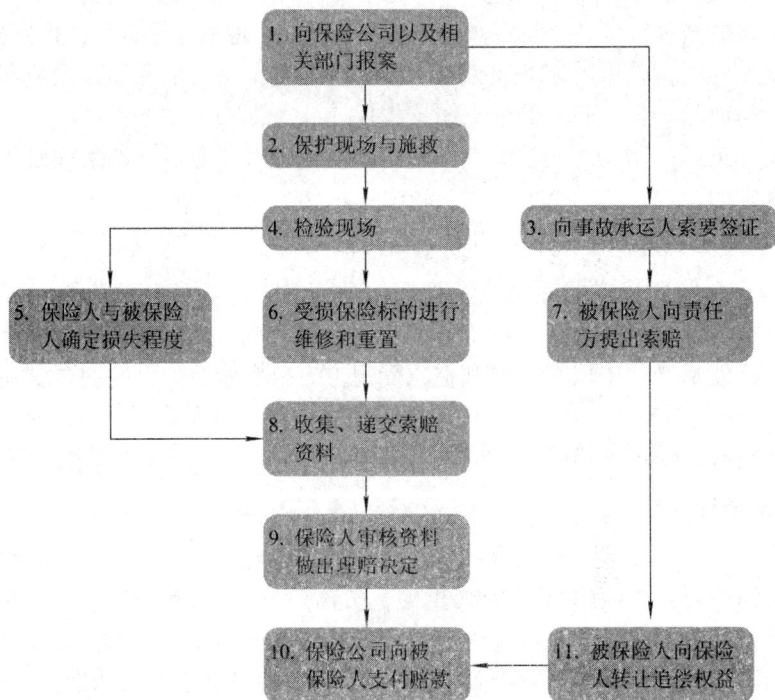

图 8-1　索赔流程

一、索赔和理赔的含义

所谓索赔(Claim)是指遭受损害的一方在争议发生后，向违约方提出赔偿的要求，在法律上指主张权利。在国际贸易交易过程中，买卖双方往往会由于彼此间的权力、义务问题而引起争议，争议发生后，因一方违反合同规定，直接或间接给另一方造成损失，受损方在合同规定的期限内向违约方提出赔偿要求以弥补其所受损失，就构成了索赔。

违约的一方同意受理受损失方所提出的赔偿要求并赔付金额或实物，以及承担有关修理、加工整理等费用，或同意换货等就是理赔。简单地说，理赔是指违约方对受损方所提赔偿要求的受理与处理。如有足够的理由，解释清楚不接受赔偿要求的就是拒赔。

索赔和理赔是一个问题的两个方面，对受损害方而言是索赔，对违约方则是理赔。

二、贸易合同中的索赔条款

在国际货物买卖合同中，索赔条款的规定方法有两种方式：一种是异议和索赔条款(Discrepancy and claim clause)；另一种是罚金条款(Penalty clause)。在一般的商品买卖合同中，多数是只订立异议和索赔条款，而在买卖大宗商品和机械设备的合同中，在订立了异议和索赔条款之后，还要再订立罚金条款。

1. 异议和索赔条款

一般商品买卖合同中只订立此条款，主要是针对卖方交货的品质、数量等方面的违约行为。该条款的内容包括索赔权、索赔依据、索赔期限、赔偿损失的办法和赔偿金额等。

(1) 索赔权。

索赔权就是要在合同中明确规定，交易的一方如违反合同中的有关条款，另一方有权提出索赔。

(2) 索赔依据。

索赔依据主要是规定合同当事人在提出索赔时必须提供的证据和出具证据的机构。索赔依据包括法律依据和事实依据两方面。法律依据是指当事人在提出索赔时，必须以与买卖合同有关的国家法律规定为确定违约行为的依据；事实依据是指当事人在提出索赔时，必须提供对方违约的事实真相、充分的书面证明以证实违约的真实性。

(3) 索赔期限。

索赔期限是指索赔方向违约方提出索赔要求的有效期限。按照国际惯例，受害方必须在一定时期内提出赔偿要求，逾期提出索赔，违约方有权拒绝受理。

索赔期限除一些特殊商品外(如机械设备)一般不宜过长，以免使一方承担过重的责任；也不宜过短，以免使另一方无法行使索赔权，应根据商品性质及检验所需时间的多少等因素而定。值得注意的问题是，如果买卖合同未规定具体的索赔期限，在发生争议时，受害方可以援引某种法律或惯例所规定的期限进行索赔，这样将会延长另一方承担责任的期限。规定索赔期限时，还须对索赔期限的起算时间作出具体规定，通常有以下几种起算方法：

① 货物到达目的港后××天起算；

② 货物到达目的港卸离海轮后××天起算；

③ 货物到达买方营业处所或用户所在地后××天起算；

④ 货物经检验后××天起算。

索赔依据和索赔期限在异议和索赔条款中要明确地加以规定，并与检验条款相结合。

案例　　　　　　　　　　**手机零配件索赔案**

2004 年 1 月 20 日，中国香港甲公司和中国乙公司签订合同，双方约定乙公司向甲公司购买韩国生产的手机零配件，并就价格问题达成一致意见。合同的总金额为 8 万美元，最迟不应晚于 2 月 10 日发运。甲公司对产品的质量保证期为货物到达目的地后 12 个月。2 月 7 日，甲公司向乙公司提供合同规定的产品。

2 月 20 日，货到后乙公司请检验公司进行检验并出具了检验证明。2005 年 3 月 25 日，乙公司在使用过程中发现部分产品有质量问题，致函甲公司要求换货，如不能换货则要求退货，并要求甲公司承担有关费用损失。甲公司回函称，乙公司在货物入库前已详细检查、核对且已投入使用，因而拒绝赔偿。

由于乙公司对合同项下的货物的品质存在异议，2005 年 4 月 2 日，即在收货 13 个月后，自行将合同项下的货物送交中国商品检验机构检验。检验机构出具的检验证书证明，该批货物有五项存在缺陷，发货前已存在，是制造不良所致。4 月 5 日，乙公司据此提起仲裁，要求甲公司赔偿 5 万美元。甲公司认为，乙公司不能证明第二次送检的产品是交货时的产品，且第二次商检的时间超过索赔有效期，商检证书不能发生效力。

【思考】　请分析上述案例中，乙公司的索赔请求能否得到支持，并说明理由。

(4) 处理索赔的办法和索赔金额。

在实际业务中，违约行为发生的原因很多，具体情况复杂，在磋商交易和订立合同时很难预见将来在履约过程中哪些环节上会发生违约，违约的程度有多大。因此，对此问题(除个别情况外)，通常在买卖合同中只作一般笼统规定。如果将来发生违约行为，将根据货损、货差的实际情况来确定赔偿的金额和索赔的办法。

关于违约赔偿金额的确定，根据《联合国国际货物销售合同公约》的有关规定，主要有三种方法：

第一，一方当事人违约，赔偿额应与另一方因此而受到的包括利润在内的损失额相等。

第二，如宣告合同无效，在一段合理时间内，买方以合理方式购买替代货物，或者卖方以合理方式已把货物转卖，则要求赔偿方可以取得合同价格与替代货物交易价格之间的差额。

第三，如宣告合同无效，货物又有时价，同时受到损失的一方如果没有根据第二项规定进行购买或转卖，则应赔偿合同价格与宣告合同无效时的时价之间的差额，如在收到货物之后宣告合同无效，则应收到货物时的时价。

最后，必须强调：异议和索赔条款不仅只是约束卖方履行合同义务的条款，同时也是约束买方履行合同义务的条款。在该条款中可以列明，当买方不履行合同规定时，卖方有权按照买方违约的情节终止执行全部或部分合同，或者延期装运，或者停止交付在途货物。

2. 罚金条款

罚金条款在买卖合同中不能独立订立，它必须在订立了"异议和索赔条款"之后，而且只是在大宗商品和机械设备的交易中才需要订立。

罚金条款主要适用于卖方延期交货或者买方延期接货、迟期开立信用证等行为。罚金条款的主要内容是规定罚金金额与罚金的起算日期。

(1) 罚金条款又称违约金条款(Liquidated Damage Clause)。"罚金"就其性质而言，就是"违约金"。它针对一方发生了合同中列明的违约行为时，应向对方支付载明于合同中的一定金额的约定罚金，以补偿对方的损失。应该注意，当违约方支付罚金之后，并不能因此解除继续履行合同的义务。

(2) 罚金的起算日期。罚金的起算日期一般有两种规定方法。一种是以合同规定的交货期，或者信用证开证期限终止后立即起算；另一种是规定一个优惠期(Grace period)，即在合同规定的交货期或开证期限终止以后再宽限一定期限，即优惠期，在这段期限内免于罚款，等到优惠期届满后才开始计算罚金。

应该注意的是，关于买卖合同中的罚金条款，各国在法律上有不同的解释和规定。大陆法系国家的法律承认并执行合同中的罚金条款，他们认为如一方不履行或不如实履行合同，另一方可以要求其支付一定金额作为处罚。而英美法系国家的法律则有不同的解释，例如英国的法律把合同中的固定赔偿金额条款按其性质分为两种：一种是"预定的损害赔偿金额"(Liquidated Damage)，是指买卖双方在订立合同时，就预先估计到将来可能发生的违约行为，以及违约可能造成的损失程度，从而预先估定赔偿金额并在合同中订明；另一种是"罚款"，这种罚款是指买卖双方为了保证合同履行，当一方违约时，向另一方收取的罚金。英美法系国家的法律对这两种性质不同的规定的处理方法不同。如果是属于"预定的损害赔偿金额"性质，法律予以承认，不论实际损失如何，一律按合同中规定的赔偿金额判决如数赔付；如果属于"罚款"性质，法律则不予承认，法院可以宣布合同规定的"罚金"数额无效，将根据受害方所提供的损失证明材料，依法重新确定损害赔偿金额。因为英美法系国家的法律认为，对于违约行为，只能要求赔偿损失，而不能予以惩罚。至于如何认定和区别这两种不同性质的赔偿金额条款，要由法院根据买卖双方当事人在合同中的表述加以确定。

国际间货物买卖当事人的违约行为可分为卖方违约、买方违约和当事人双方均负有违约责任三种情况。对于违约行为的法律后果，世界各国的法律和惯例对于违约行为的解释及违约后的处理方法有不同的规定，应根据具体情况加以适用。国际货物贸易合同中的索赔条款，既有针对品质、数量、包装等方面提出的异议和索赔条款，也有针对一方不按期履约提出的罚金条款。异议和索赔条款通常同检验条款合并订立在一起。在处理索赔理赔时，当事人应明确索赔对象，区分违约行为的性质，明确索赔的种类、方式、时效和依据。

思 考 与 练 习

一、不定项选择题

1. 交易一方认为对方未能全部或部分履行合同规定的责任与义务而引起的纠纷是( )。

A. 争议   B. 违约   C. 索赔   D. 理赔

2. 双方当事人在合同中明确规定"货物运抵目的港后 30 天内索赔"，这种索赔期限是

( )。

  A. 法定索赔期限　　　　　　　　　B. 约定索赔期限
  C. 固定索赔期限　　　　　　　　　D. 变动索赔期限

  3. 在合同中对卖方较为有利的索赔期限可规定为( )。

  A. 货物运抵目的港(地)后××天内

  B. 货物运抵目的港(地)后卸离海轮后××天内

  C. 货物运抵最终目的地后××天内

  D. 货物装上船后××天内

  4.《联合国国际货物销售合同公约》规定的索赔期限为买方实际收到货物后( )内。

  A. 半年　　　　B. 1年　　　　　C. 1年半　　　　　D. 2年

  5. 我方与外商按 CIF 条件成交某商品 1000 打，允许卖方有 5％溢短装幅度，我方实际装货 1000 打(提单也载明 1000 打)，货抵目的港后，买方即来函反映仅收到 948 打，并已取得船公司的短少证明，向我方索赔。我方正确答复应是( )。

  A. 同意补装 52 打

  B. 同意退 2 打货款

  C. 请与海运公司和中国人民保险公司或其代理联系

  D. 与海运公司联系

  6. 国际贸易中的索赔案件，多数原因是( )。

  A. 卖方所交货物品质与合同规定不符

  B. 卖方所交货物数量与合同规定不符

  C. 卖方不按期交货

  D. 买方未及时开证

  7. 涉及国际货物买卖的索赔，通常包括( )。

  A. 买卖双方之间的贸易索赔　　　B. 卖方向承运人提出的运输索赔
  C. 买方向承运人提出的运输索赔　　D. 卖方向保险人提出的保险索赔

  8. 索赔期限的规定方法有( )。

  A. 约定索赔期限　　　　　　　　B. 货到目的港后××天索赔
  C. 货到目的港卸至码头后××天索赔　D. 货到最终目的地后××天索赔

  9. 进出口合同中索赔条款有两种规定方式( )。

  A. 异议条款　　　B. 索赔条款　　C. 罚金条款　　　D. 异议和索赔条款

  10. 异议和索赔条款包括( )。

  A. 索赔依据　　　B. 索赔期限　　C. 索赔处理办法　　D. 索赔金额

  11. 合同中的违约金条款应订明( )。

  A. 违约金的金额　　　　　　　　B. 违约金的计算方法
  C. 违约金的功能　　　　　　　　D. 违约金的起算日期

  12. 大陆法系国家认为，违约金的功能是( )。

  A. 制裁违约　　　　　　　　　　B. 保证合同履行
  C. 赔偿损失　　　　　　　　　　D. 预防违约

二、判断题

1. 索赔和理赔是两种不同的事情。　　　　　　　　　　　　　　　　（　　　）
2. 遭受损害的一方向违约方要求赔偿，这是理赔。　　　　　　　　　（　　　）
3. 逾期索赔是无效的。　　　　　　　　　　　　　　　　　　　　　（　　　）
4. 某公司的进口设备到货后，发现与合同规定不符，但卖方及时对设备进行了修理，使设备达到了原定标准。在此情况下，买方就不能提出任何损害赔偿要求。（　　　）
5. 一方违反合同，没有违约一方所能得到的损害赔偿金额最多不超过违约方在订立合同时所能预见的损失金额。　　　　　　　　　　　　　　　　　　　　（　　　）
6. 在进出口业务中，进口商收货后发现货物与合同规定不符，在任何时候都可向供货方索赔。　　　　　　　　　　　　　　　　　　　　　　　　　　　　（　　　）

三、案例分析题

1. 某公司从国外采购一批特殊器材，该器材指定由国外某检验机构负责检验合格后才能收货。买方后接到此检验机构的报告，报告称质量合格，但在其报告附注内说明，此项报告的部分检验记录由制造商提供。这种情况下，买方能否以质量合格而接受货物？

2. 某合同商品检验条款中规定以装船地的商检报告为准，但在目的港交付货物时却发现品质与约定规格不符。买方经当地商检机构检验并凭其出具的检验证书向卖方索赔，卖方却以上述商检条款拒赔。卖方拒赔是否合理？

3. W 国公司与 X 国商人签订一份食品出口合同，并按 X 国商人要求将该批食品运至某港并通知 Y 国商人。货到目的港后，经 Y 国卫生检疫部门抽样化验发现霉菌含量超过该国标准，决定禁止在 Y 国销售并建议就地销毁。Y 国商人去电请示，并经 X 国商人的许可将货就地销毁。随后，Y 国商人凭 Y 国卫生检疫机构出具的证书及有关单据向 X 国商人提出索赔。X 国商人理赔后，又凭 Y 国商人提供的索赔依据向 W 国公司索赔。对此，你认为 W 国公司应如何处理？

第九章 不可抗力

学习目标

- **理论目标**

掌握不可抗力条款的订立方法和应注意的问题；了解不可抗力的相关知识，如原因、范围、认定和法律后果；了解关于不可抗力事件通知及证明文件的要求，需要履行的程序等。

- **案例目标**

能运用所学的不可抗力的理论研究相关案例，培养和提高学生在处理特定业务情境中分析问题与决策设计的能力；能结合"不可抗力"的教学内容，分析具体案例中的违约责任和法律后果。

- **实务目标**

能运用不可抗力的基本理论知识，分析具体国际贸易交往中的违约责任和法律后果，规范"责任认定"的相关技能活动。

案例导入

家具雷击火灾索赔是否合理？

我方某出资企业以 CIF 纽约与美国某公司订立了 200 套家具的出口合同，合同规定某年 12 月交货。11 月底，我方企业出口商品仓库发生雷击火灾，致使一半左右的出口家具被烧毁。我方企业以发生不可抗力事故为由，要求免除交货责任，美方不同意，坚持要求我方按时交货。我方无奈经多方努力，于次年 1 月初交货，美方要求赔偿。

【思考】

1. 我方企业免除交货责任的要求是否合理？为什么？
2. 美方的索赔要求是否合理？为什么？

第一节 不可抗力的认定和法律后果

合同签订后，有时会出现合同当事人无法控制的客观情况，并影响到合同的履行，此时可援引不可抗力条款对当事人进行免责。由于不可抗力条款是免责条款，且各国法律对不可抗力事件的认定规定不同，因此，各国法律都允许当事人在合同中订明不可抗力条款，协商并明确规定不可抗力范围，以补充法律规定的不足，维护各方当事人的利益。

一、不可抗力的含义

不可抗力(Force majeure)，又称人力不可抗拒，它是指在货物买卖合同签订以后，不是由于订约者任何一方当事人的过失或疏忽，而是由于发生了当事人既不能预见和预防，又无法避免和克服的意外事故，以致不能履行或不能如期履行合同，遭受意外事故的一方可以免除履行合同的责任或延期履行合同。

不可抗力是合同中的一项条款，也是一项法律原则。对此，在国际贸易中不同的法律、法规等各有自己的规定。1980 年《联合国国际货物销售合同公约》在其免责一节中作了如下规定："如果他(指当事人)能证明此种不履行义务是由于某种非他所能控制的障碍，而且对于这种障碍没有理由预期他在订立合同时能考虑到或能避免或能克服它或它的后果。"该《公约》指明了一方当事人不能履行义务是由于发生了他不能控制的障碍，而且这种障碍在订约时是无法预见、避免或克服的，可予以免责。此处所述的"障碍"即为不可抗力。

在英、美、法中有合同落空原则的规定。"合同落空"(Frustration of Contract)是指合同签订以后，不是由于当事人双方自身的过失，而是由于事后发生了双方意想不到的根本性的不同情况，致使订约目的受到挫折，据此而未履行的合同义务，当事人得以免除责任，否则就不构成合同落空。

在大陆法系国家的活动中有"情势变迁"或"契约失效"原则的规定，其意思是指不属于当事人的原因而发生了预想不到的变化，致使合同不可能再履行或对原来的法律效力需作相应的变更。不过，法院对于以此原则为理由请求免除履约责任的规定是极为严格的。

我国法律则认为，不可抗力是指不能预见、不能避免且不能克服的客观情况。

综上所述，国际贸易中不同法律、法规对不可抗力的确切含义在解释上并不统一，叫法上也不一致，但其精神原则大体相同。通过上述对不可抗力概念的阐释，可以归纳出不可抗力事件的构成应满足以下条件：

(1) 意外事故必须发生在合同签订以后。

(2) 不是因为合同当事人双方自身的过失或疏忽而导致的。

(3) 意外事故的发生及其造成的后果是当事人无法预见、无法控制、无法避免和不可克服的。

二、不可抗力事件的原因和范围

引起不可抗力的原因有自然原因和社会原因两种。因而，不可抗力事件的范围通常可分为两种情况：一种是由于自然力量引起的，如水灾、火灾、冰灾、暴风雨、大雪、地震、飓风等；另一种是由于社会原因引起的，如战争、罢工、暴动、政府禁令等。对于上述事故范围，国际上对自然力量引起的事故的解释比较一致；对于社会原因引起的意外事故，在解释上常有分歧。例如，美国习惯上认为不可抗力仅指由于自然力量所引起的意外事件，而不包括社会力量所引起的意外事件，所以美国一般不使用"不可抗力"这一术语，而称为"意外事故条款"(Contingency clause)。分析分歧产生的原因，一方面是由于社会现象比较复杂，解释起来有一定困难，另一方面由于不可抗力是一项免责条款，买卖双方通常主要是卖方都可以援引它来解释自身所负的合同义务，这种援引多数情况下是扩大不可抗力范围，以减少自己的合同责任。有的卖方除把各种自然灾害列入外，还把生产过程的意外事故、战争预兆、罢工、怠工、货物集运中的事故以及航、陆运机构的怠慢和未按预定日期出航等统统归入不可抗力的范围。因此，在交易中应认真分析，区别不同情况，作出不同处理，防止盲目接受。对于一些含义不清或根本不属于不可抗力的范围的事件，如战争预兆、航运公司怠慢等解释容易引起分歧，没有确定标准的概念，则不应列入；至于一些属于政治性的事件，如罢工等，可由买卖双方在事件发生时根据具体情况，另行协商解决。

由于国际上没有统一的解释，各国法律一般都允许当事人在合同中订立不可抗力条款时自行商定。从国际贸易实践和某些国家的案例来看，一般对不可抗力事故的范围都是从严解释的，这既表现在对引起的不可抗力事故本身的解释上，也表现在一些常见风险的解释上。某些事故，例如签约后，世界市场上价格的上涨和下跌，货币的升值和贬值，这对买卖当事人来说虽然是无法避免或无法控制的，但这是国际交易中的常见现象、常见风险，也不是完全不可预见的，故不属于不可抗力的范围，不能援引不可抗力条款以求免责。

案例

我进口商向巴西木材出口商订购一批木材，合同规定"如受到政府干预，合同应当延长，以致取消"。签约后适逢巴西热带雨林破坏加速，巴西政府对木材出口进行限制，致使巴西出口商在合同规定期内难以履行合同，并以不可抗力为由要求我方延迟合同执行或者解除合同，我方不同意对方要求，并提出索赔。

【思考】 请分析我方的索赔要求是否合理。

三、不可抗力的法律后果及处理原则

合同中的不可抗力条款是一种免责条款。遭受不可抗力事件的当事人可免除其不履行或不按期履行合同带来的责任，而另一方不得要求赔偿损失。不可抗力引起的法律后果有两种：变更合同和解除合同。变更合同是指由一方当事人并经另一方当事人同意，对原订立的合同条款或内容作部分的变更，包括延期履行、提前履行、替代履行或增减履行。如变更合同尚不能达到合理的结果时，则可采取解除合同的方式。解除合同是指全部免除当事人一方履行合同的责任。

至于变更合同还是解除合同，要视不可抗力事件的原因、性质和程度而定，并在合同中明确规定，如在合同中未作明确规定，一般认为，如果不可抗力事件的发生使合同的履行已成为不可挽回，如特定的标的物灭失且无法再造，或事故的影响比较严重，一定时间内无法恢复，则可以解除合同；如果不可抗力事件只是部分地或暂时地阻碍了合同的履行，则发生事件的当事人只能采取变更合同的方法，以减少对方的损失。

值得注意的是，《联合国国际货物销售合同公约》规定：一方当事人享受的免责权力只对履约障碍存在期间有效，如果合同未经双方同意宣告无效，则合同关系仍旧存在，一旦履行障碍消失，双方当事人仍应继续履行合同义务，同时，当事人对于上述障碍不履行合同义务的免责，只以免除损害赔偿的责任为限，不排除另一方行使《公约》规定的要求损害赔偿外的任何权利，包括要求履约、减价和宣告合同无效。

案例

某年我方从英国进口一批货物，价格条件为 FOB 伦敦，后遇中东战争，苏伊士运河不能通航，我方所派船只只好绕道好望角，以致不能如期到港接货，当时又值英镑贬值，于是英商以我方船误期为由要求赔偿损失。

【思考】　对此问题你认为应如何处理？

四、不可抗力的通知和证明文件

按照国际惯例，当发生不可抗力事件影响合同履行时，不能按规定履约的一方当事人要取得免责的权利必须及时通知另一方，并提供必要的证明文件，而且在通知中应提出处理意见。对此，《联合国国际货物销售合同公约》明确规定："不履行义务的一方必须将障碍及对其履行义务能力的影响通知另一方。如果该项通知在不履行义务的一方已知道或理应知道此障碍后的一段合理时间内仍未被另一方收到，则他对由于另一方未收到通知而造成的损害，应负赔偿责任。"我国法律也认为：当事人一方因不可抗力不能履行合同的，应当及时通知另一方，以减轻可能给另一方造成的损失，并且应当在合理期限内提供证明。在实践中，为防止争议，通常在合同的不可抗力条款中明确规定具体的通知期限。在国外，出具不可抗力证明的机构一般由当地商会或合法的公证机构出证；在我国，出具不可抗力证明的机构一般由中国国际贸易促进委员会(即中国国际商会)或其设在各省、自治区、直辖市的分会出证。对出具证明的机构，最好也在合同中订明。

一方接到对方关于不可抗力的通知或证明文件后，无论同意与否都应及时答复，否则，若长期拖延不理则要负违约责任，或按有些国家的法律如《美国统一商法典》的规定，将被视为默认。尽管如此，买卖双方为明确责任起见，一般在不可抗力条款中还应规定，一方发生事故后通知对方的期限和方式，例如"一方遭受不可抗力事故后，应以电报通知对方，并应在 15 天内以航空挂号信提供事故的详情及影响合同履行程度的证明文件。"

案例　　　　　　　　　　　　不可抗力的通知与答复

我方按 FOB 条件进口商品一批，合同规定交货期为 5 月份。4 月 8 日接对方来电称，因洪水冲毁公路(附有证明)，要求将交货期推至 7 月份，我方接信后，认为既然有证明因为洪水冲毁公路，推迟交货期应该没有问题，但因广交会期间工作比较忙，我方一直未给对方答复。6、7 月份船期较紧，我方于 8 月份才派船前往装运港装货。因货物置于码头仓库产生了巨额的仓租、保管等费用，对方便要求我方承担有关的费用。

【思考】

1. 我方可否以对方违约在先为由不予理赔，为什么？

2. 如果我方接到对方的通知后，及时给予对方答复，是否可以避免巨额的费用损失？

五、不可抗力条款的规定方法

我国进出口合同中的不可抗力条款，基本上有以下三种规定方法。

1. 概括式规定

由于不可抗力的原因，致使卖方不能全部或部分装运或延迟装运合同货物，卖方对于这种不能装运或延迟装运本合同货物不负有责任。但卖方须用电传或电报通知买方并必须在 15 天内以航空挂号信件向买方提交由中国国际贸易促进会出具的证明此类事故的证明书。

上述规定只笼统地指出"由于不可抗力的原因"，至于不可抗力的具体内容和范围如何并未予以说明，难以作为解决问题的证据，也容易被对方曲解、利用；同时，由于这种规定过分空泛，缺乏确定含义，一旦发生争议而诉诸司法机构时，该机构也仅能凭当事人的意见进行解释，任意性较大，不利于问题的正确解决。

2. 列举式规定

人力不可抗拒的原因如由于战争、地震、水灾、火灾、暴风雨、雪灾等原因，致使卖方不能全部或部分装运或延迟装运合同货物，卖方对于这种不能装运或延迟装运本合同货物不负有责任。但卖方须用电传或电报通知买方并必须在 15 天内以航空挂号信件向买方提交由中国国际贸易促进会出具的证明此类事故的证明书。

上述规定方法，虽然对于不可抗力事故的范围作出了具体规定，但是由于不可抗力事故很多，合同中难以一览无余，一旦遇到未列明的事故时，仍有可能发生争执。

3. 综合式规定

人力不可抗拒如因战争、地震、水灾、火灾、暴风雨、雪灾或其他不可抗力的原因，致使卖方不能全部或部分装运或延迟装运合同货物，卖方对于这种不能装运或延迟装运或不能履行合同的情形均不负责任。但卖方须用电传或电报通知买方并必须在 15 天内以航空挂号信件向买方提交由中国国际贸易促进会出具的证明此类事故的证明书。

上述规定方法，既列明了双方当事人已经取得共识的各种不可抗力事故，又加列上"其他不可抗力原因"这一句，这就为将来如果发生合同未列明的意外事故时，便于双方当事人共同确定是否作为不可抗力事故。因此，这种规定方法既明确具体，又有一定的灵活性，比较科学实用。在我国的业务实践中，多采用这一种。

案例

广州伞厂与意大利客户签订了雨伞出口合同。买方开来的信用证规定，8 月份装运交货，不料 7 月初，该伞厂仓库失火，成品、半成品全部烧毁，以致无法交货。

【思考】 卖方可否援引不可抗力条款要求免交货物？

第二节　援引不可抗力条款应注意的事项

一、按照合同规定严格审查对方的免责要求

在我国的进出口业务中，当交易双方援引不可抗力条款要求免责时，我们应按照合同规定严格进行审查，以便确定其所援引的内容是否属于不可抗力条款规定的范围。凡不属于该范围又无双方同意的其他人力不可抗拒事故规定时，不能按不可抗力事故处理。即使有此规定，也应由双方协商。一方不同意时，不能算作不可抗力事故。

二、实事求是地确定不可抗力的后果

确定援引不可抗力条款的后果时，如果合同中无该项条款规定，则应本着实事求是的精神，弄清情况，确定影响履约的程度，以此来决定是解除履约责任，还是延期履行合同。

合同中的不可抗力条款是一种免责条款。遭受不可抗力事件的当事人可免除其不履行或不按期履行合同的责任，而另一方不得要求赔偿损失。不可抗力条款涉及不可抗力的原因、范围、认定、通知和处理。关于不可抗力范围的规定，有概括式、列举式和综合式。综合式兼容了概括式和列举式的优点，是一种较好的表述方式。

思 考 与 练 习

一、不定项选择题

1. 不可抗力免除了遭受意外事故的一方当事人(　　　)。

A. 履行合同的责任　　　　　　B. 对损害赔偿的责任

C. 交付货物的责任　　　　　　D. 支付货款的责任

2. 不可抗力事件是指当事人(　　　)。

A. 不能预见、不能避免的事件

B. 不能预见、不能避免、不能克服的事件

C. 不能预见、不能避免、不能克服、可以预防的事件

D. 可以预见、不能避免的事件

3. 当卖方因不可抗力事故造成履行出口交货义务困难时，按照法律和惯例(　　　)。

A. 只能免除交货责任

B. 只能展延交货日期

C. 减少交货的数量

D. 有时可以免除交货责任，有时可以展延交货日期，视具体情况而定

4. 判定为不可抗力事故的原则是(　　　)。

A. 意外事故的发生是偶然性的，是当事人无法预见或控制克服的

B. 意外事故必须发生在合同签订之后

C. 由于合同双方当事人自身的过失或疏忽而导致的

D. 不是因为合同双方当事人自身的过失或疏忽导致的

5. 下列属于不可抗力事故的是(　　)。

A. 水灾 　　　　　　　　　　　B. 地震

C. 政府禁令 　　　　　　　　　D. 通货膨胀

6. 不可抗力引起的后果主要是(　　)。

A. 支付违约金 　　　　　　　　B. 解除合同

C. 延期履行合同 　　　　　　　D. 订立新合同

7. 合同中不可抗力条款应包括(　　)。

A. 不可抗力事故范围

B. 不可抗力事故的处理

C. 不可抗力事故发生后通知对方的期限、方式

D. 证明文件及出证机构

8. 合同中规定不可抗力范围的方式有(　　)。

A. 分类式 　　　　　　　　　　B. 概括式

C. 综合式 　　　　　　　　　　D. 列举式

9. 某公司对外订立出口合同后，发生火灾，全部供出口的商品被毁。如果该合同中订有不可抗力条款，该公司可援引该条款(　　)。

A. 要求进口方按期付款 　　　　B. 要求免除对买方的赔偿责任

C. 要求撤销合同 　　　　　　　D. 要求延期履行合同

二、判断题

1. 不可抗力事故是当事人不能预见、不能避免、不能控制或克服的。 (　　)

2. 不可抗力事故一定不是因合同当事人自身的过失或疏忽导致的。 (　　)

3. 一旦在合同订立后出现不可抗力事故，遭受损害的一方当事人即可解除合同。

(　　)

4. 在不可抗力范围问题上，易产生分歧的是自然力量事故。 (　　)

5. 如果供货方生产机器发生故障，可援引不可抗力条款要求延期交货。 (　　)

6. 在不可抗力条款中必须订明一方发生不可抗力事故后通知对方的期限和方式。

(　　)

7. 如果采用概括式说明不可抗力事故范围，易因双方当事人意见不一致而影响合同效力。 (　　)

8. 从欧洲某商进口在当地通常可以买到的某化工产品，在约定交货前，该商所属生产上述产品的工厂之一因爆炸被毁，该商要求援引不可抗力免责条款解除交货责任。对此，我方应予同意。 (　　)

9. 援引不可抗力条款的法律后果是撤销合同或推迟合同的履行。 (　　)

10. 不可抗力属于免责条款。 (　　)

三、案例分析题

1. 中国从阿根廷进口普通豆饼2万吨，交货期为8月底，拟转售欧洲。然而，4月份

阿商原定的收购地点发生百年未遇洪水，收购计划落空。阿商要求按不可抗力处理免除交货责任，问中方怎么办？

2. 由于不可抗力事件影响履行合同，按惯例可免除一定的责任。1976 年 7 月我国唐山发生地震，在此之前某外贸企业与日商订有三份煤炭出口合同，合同的商品名称分别为："开滦煤"而且没有存货、"在某堆场存放的开滦煤"和"中国煤"。试就以上情况分别说明我方如何向日方提出免责要求。另我方售货给甲国 A 商，A 商又将该货转售给乙国 B 商，货抵甲国后，A 商将原货经另一条船运往乙国，B 商收货后发现数量短少向 A 商索赔。据此，A 商又向我索赔，你认为对此案我方是否应负责？为什么？

3. 我方某企业与某外商按国际市场通用规定订约进口某化工原料。订约后不久，市价明显上涨。交货期限届满前，外商所属生产该化工原料的工厂失火被毁，外商以该厂火灾属于不可抗力为由要求解除其交货义务。对此，我方应如何处理？为什么？

第十章 仲 裁

● **理论目标**

掌握仲裁协议(仲裁条款)的主要内容，尤其是仲裁地点；了解仲裁的形式和机构；了解仲裁程序、仲裁裁决的承认和执行。

● **案例目标**

能运用所学仲裁的主要内容和相关理论知识研究相关案例，培养和提高学生在处理特定业务情境中分析问题与解决问题的能力，进行仲裁裁决处理。

● **实务目标**

能运用仲裁条款的主要内容、仲裁地点及仲裁程序等基本理论知识，规范合同订立中相关"仲裁"条款的技能活动，处理一般性仲裁裁决的认定与执行工作。

案例导入

什么是仲裁？——购销麻纺织品合同案

A 国的甲公司与 B 国的乙公司签订了购销麻纺织品的合同，约定由甲公司于 2009 年 12 月底之前交付 200 吨麻纺织品给乙公司，而当乙公司收到 100 吨货物后，于 2009 年 5 月明确通知甲公司由于麻纺织品销路不畅，不会接收甲公司的继续供货，这时甲公司仓库里尚存麻纺织品 10 吨，甲公司为了赢利，在收到乙公司通知后，继续按双方合同约定为乙公司收购了其余的 90 吨麻纺织品，后因乙公司拒绝接收后 100 吨麻纺织品而酿成纠纷。

【思考】 本案该如何处理？

从上述案例不难看出，由于各国政治、经济、文化及自然条件等诸多因素的变化和影响，双方在合同履行过程中发生争议是难以避免的。妥善解决对外贸易争议，不仅关系到国家和企业的权益以及对外声誉，而且关系到双方的切身利益。解决争议的方式主要有协商(Consulation Negotiationg)、调解(Conciliation)、诉讼(Litigation)和仲裁(Arbitration)等。其中，仲裁是解决国际商务纠纷的重要方式。鉴于此，为了解决各种争议问题，应对仲裁方面的基本知识有所了解，它包括仲裁机构的种类、仲裁协议的形式和作用以及买卖合同中仲裁条款的内容等。

第一节　仲裁的含义与特点

一、仲裁的含义

仲裁(Arbitration)，又称公断，是指买卖双方在争议发生之前或发生之后签订书面协议，自愿将有关争议提交双方所同意的第三者予以裁决(Award)，以解决争议的一种方式。由于仲裁是依照法律所允许的仲裁程序裁定争端，因而仲裁裁决具有法律约束力，当事人双方必须遵照执行。中国国际经济贸易仲裁委员会的标志如图 10-1 所示。

图 10-1　中国国际经济贸易仲裁委员会标志

二、仲裁的特点

在国际贸易中，当双方发生争议时，一般通过友好协商解决。如协商得不到解决时，则分情况采取调解、仲裁或诉讼等方式进行处理。和解，即友好协商，是指当事人双方自行磋商解决争议，即双方各自作出一定的让步，最后达成和解。争议双方如自行协商不成，则可邀请第三者，即专门的解调机构居间调停，调解人不具有强制作用，即在双方和解的基础上解决争议。诉讼是指一方当事人向有管辖权的法院起诉，由法院按法律程序来解决双方的贸易争议。

仲裁方式既不同于和解和调解，又不同于诉讼。和解和调解是自愿性的，在双方同意的基础上才能进行，和解与调解的结果没有强制作用，而诉讼是强制性的，诉讼的提起可以单方面进行，法院的判决也可强制执行。而仲裁方式既有自愿性，又有强制性。自愿性主要体现在仲裁的提起要有双方达成的协议，双方当事人可自行选定仲裁机构、仲裁规则和仲裁员；强制性则表现在仲裁裁决终局性，双方必须遵照执行。具体而言，仲裁同司法诉讼方式相比较，具有如下特点：

(1) 受理争议的仲裁机构是属于社会性民间团体所设立的组织，对争议案件的受理以当事人自愿为基础，不具有强制性管辖权。而诉讼则无须双方同意，是强制性的，只要一方起诉成立，另一方就得应诉。

(2) 当事人双方通过仲裁解决争议时，必须先签订仲裁协议，双方均可推选仲裁员以裁定争议。而仲裁员多是以友好调解人的身份，按照公平与善良的一般原则依据合同规定和贸易惯例作出裁决，所以具有更大的灵活性和自由选择性，而不必像法官那样严格执法。

(3) 仲裁比诉讼的程序简单，处理问题比较迅速及时，而且费用低廉。

(4) 仲裁机构的裁决一般是终局性的，对双方当事人均有约束力。败诉方不得上诉，必须执行裁决。否则，胜诉方有权要求法院强制执行。

(5) 仲裁比司法诉讼在审理案件时，气氛更友好，而且更有利于满足当事人对商情保密的需要。

第二节 仲 裁 协 议

一、仲裁协议的概念

仲裁协议是指双方当事人根据意思自治的原则，将两者之间已经发生或可能发生的合同纠纷或其他财产权益争议提交仲裁机构解决的一种共同的、书面的意思表示。作为双方当事人的协议，必须是建立在自愿、协商、平等互利的基础上，不允许一方强加于另一方。根据我国《仲裁法》第16条规定，仲裁协议必须采用书面形式，口头的仲裁协议无效。

二、仲裁协议的形式

仲裁协议有两种形式：一种是双方当事人在争议发生之前订立的，表示同意把将来可能发生的争议提交仲裁解决的协议，这种协议一般都包含在合同内作为合同的一项条款，即我们所说的仲裁条款(Arbitration clause)；另一种是由双方当事人在争议发生之后订立的，表示同意把已经发生的争议交付仲裁的协议，这种协议称为提交仲裁协议(Submission)。这两种仲裁协议的形式虽然不同，其法律作用和效力却是相同的。大多数国家认为，如果合同中已订有仲裁条款，争议发生后提交仲裁时毋需再订立提交仲裁协议。但也有个别国家认为，即使有仲裁协议，双方当事人在将争议提交仲裁之前，还得签订提交仲裁协议。

1. 仲裁条款

仲裁条款是双方当事人在所签订的合同中表示愿意将他们之间将来可能发生的争议提交仲裁机构解决的条款。进出口合同中的仲裁条款的内容繁简不一，一般包括仲裁地点、仲裁机构、仲裁程序、仲裁效力及仲裁费用的负担等内容。

2. 提交仲裁的协议

提交仲裁的协议是仲裁协议双方当事人在争议发生后，单独订立的愿意将争议提交仲裁机构仲裁解决的一种书面文件。该文件可有多种形式，如特别协议、往来函电及其他书面约定等。这种协议是在合同中没有仲裁条款的情况下，由双方当事人另行共同商定的一种仲裁协议。

仲裁协议书的范例如下：

我们愿意提请***仲裁委员会根据其仲裁规则，仲裁解决如下争议：

1. ……
2. ……
3. ……
……

(争议的事项)。

我们同意仲裁裁决是终局性的，对双方具有约束力。

当事人名称、地址

当事人名称、地址

签字(盖章)

××年××月××日于

　　如果有一方当事人在争议发生后，虽未与对方达成仲裁协议，但非常希望以仲裁方式解决争议，就可以找到仲裁机构，请求将其申请交给对方，但由于双方没有书面的仲裁协议，仲裁机构不予立案。仲裁机构应该考虑到申请人的迫切心情，可以向另一方转达申请方的意愿，同时向其说明仲裁机构并未立案，建议另一方如同意仲裁，则以书面方式达成合意。

三、仲裁协议的作用

　　仲裁协议具有以下作用：

　　(1) 约束双方当事人只能以仲裁方式解决争议，不得向法院起诉。

　　(2) 排除法院对有关案件的管辖权。

　　(3) 使仲裁机构取得对争议案件的管辖权。

　　上述三项作用既相互联系又相互制约，其中最关键的是第二条，即排除法院对有关案件的管辖权。也就是说，即使一方当事人违反协议向法院提起诉讼，法院亦不得立案受理。

四、仲裁协议的内容

　　仲裁协议的内容繁简不一，有的规定比较详细、具体，有的规定比较简单。一般来说，仲裁协议应当尽量详细些，以便一旦发生争议需要仲裁时，能够有所遵循。仲裁协议一般包括以下几个方面的内容。

1．仲裁地点

　　仲裁地点通常是指在哪个国家进行仲裁，这是买卖双方在磋商仲裁条件时的一个重点。这主要是因为仲裁地点与仲裁所适用的程序法，以及合同所适用的实体法有着十分密切的关系。按照一些国家法律的解释，凡属程序方面的问题，除非仲裁协议另有规定，一般都适用审判地的法律。

　　我国进出口贸易合同中的仲裁地点，视贸易对象和情况不同，一般采用以下三种不同的规定方法：

　　(1) 规定在我国进行仲裁。例如："由于本合同或者由于违背合同、终止合同或者合同无效而发生的或与此有关的任何争端、争议或要求，双方应通过友好协商解决；如果协商不能解决，应提交北京中国国际贸易促进委员会对外经济贸易仲裁委员会，根据该会仲裁程序暂行规则进行仲裁。仲裁裁决是终局性的，对双方都有约束力。"

　　(2) 规定在被告所在国进行仲裁。例如："由于本合同或者由于违背合同、终止合同或者本合同无效而发生的或与此有关的任何争端、争议或要求，双方应通过友好协商解决；

如果协商不能解决，应提交仲裁。仲裁在被诉讼人所在国进行，如在中国，由中国国际贸易促进委员会对外经济贸易仲裁委员会根据该会的仲裁程序暂行规则进行仲裁；如在对方所在国，由对方所在国仲裁机构根据该仲裁机构的仲裁程序规则进行仲裁。仲裁裁决是终局性的，对双方都有约束力。"

(3) 规定在双方同意的第三国进行仲裁。例如："由于本合同或者由于违背合同、终止合同或者本合同无效而发生的或与此有关的任何争端、争议或要求，双方应通过友好协商解决；如果协商不能解决，应提交某第三国某地及仲裁机构，根据该仲裁机构的仲裁程序规则进行仲裁。仲裁裁决是终局性的，对双方都有约束力。"

案例　　　　　　　　**中国 A 公司 VS　X 国 B 公司**

2008 年 8 月，A 与 B 在中国签订了一份合同，其仲裁条款中规定：凡与本合同有关的任何纠纷，提请中国国际贸易促进委员会对外贸易仲裁委员会或者双方同意的第三国仲裁机构予以仲裁。后来，双方发生了严重的合同纠纷。A 于 2009 年向中国国际经济贸易仲裁委员会提请仲裁，获得受理。

但 B 辩称：基于下列两个理由，该仲裁委员会没有管辖权。第一，其名称与约定的名称不符，因此它不是合同中规定的机构；第二，合同中还规定"或双方同意的第三国仲裁机构予以仲裁"，B 愿意到 Y 国的仲裁机构仲裁。

【思考】　中国国际经济贸易仲裁委员会对此案有无管辖权？

2. 仲裁机构的选择

当事人双方选用哪个国家或地区的仲裁机构审理争议，应在合同中作出具体说明。国际货贸中的仲裁可由双方当事人在仲裁协议中规定在常设的仲裁机构进行，也可以由双方当事人共同指定仲裁员组成临时仲裁庭进行仲裁。

3. 仲裁程序法的适用

在买卖合同的仲裁条款中，应订明采用哪个仲裁机构的仲裁规则进行仲裁。按照国际仲裁的一般做法，原则上采用仲裁所在地的仲裁规则，但在法律上也允许根据双方当事人的约定，采用仲裁地点以外的其他国家或地区的仲裁机构的仲裁规则进行仲裁。

4. 仲裁裁决的效力

在我国，凡是由中国国际经济贸易仲裁委员会作出的裁决，都是终局性的，对双方当事人都有约束力，必须执行，任何一方当事人都不得向法院起诉要求变更。

其他国家一般也不允许当事人对裁决不服而上诉。如果上诉，对于起诉的内容有严格的限制，仅限于对有关程序和形式方面等问题允许起诉，对于裁决本身，也是不允许起诉的。

即使如此，在签订国际货物买卖合同时，在仲裁条款中仍应规定：仲裁裁决是终局性的，对双方均有约束力。

5. 仲裁费用的负担

关于仲裁费用由何方负担，通常应在仲裁条款中作出明确的规定。一般规定由败诉方负担，也有的规定由仲裁庭酌情决定。

案例 中国技术进出口公司 VS 瑞士工业资源公司

被告以欺骗的手段诱使原告与其签订了一份钢材买卖合同，并在合同中列入了一个仲裁条款。事后被告通过伪造的议付单证骗得了原告的钢材货款。原告了解真相后向上海市中级人民法院起诉。

【思考】 仲裁条款有效吗？

第三节 仲 裁 程 序

仲裁程序是指进行仲裁的程序和做法，主要包括仲裁申请、仲裁庭的组成、仲裁审理及作出裁决等。一般而言，各国仲裁法和仲裁机构的仲裁规则对仲裁程序都有明确的规定。仲裁程序图如图 10-2 所示。

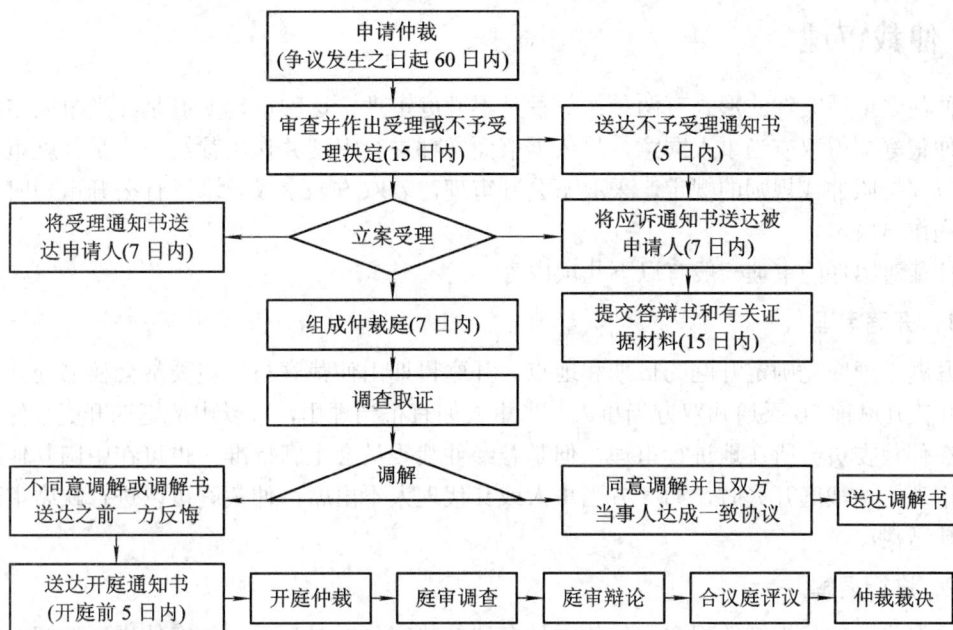

图 10-2 仲裁程序图

一、仲裁申请

仲裁申请(Arbitration Application)是仲裁程序开始的首要手续。各国法律对申请书的规定并不一致。在我国，《中国国际经济贸易仲裁委员会仲裁规则》规定：当事人一方申请仲裁时，应向该委员会提交包括下列内容的签名申请书：

(1) 申诉人和被诉人的名称、地址。

(2) 申诉人所依据的仲裁协议。

(3) 申诉人的要求及所依据的事实和证据。

申诉人向仲裁委员会提交仲裁申请书时，应附具本人要求所依据的事实的证明文件，指定一名仲裁员，预缴一定数额的仲裁费。如果委托代理人办理仲裁事项或参与仲裁的，应提交书面委托书。

二、仲裁庭的组成

根据我国仲裁规则的规定，申诉人和被诉人各自在仲裁委员会仲裁员名单中指出一名仲裁员，并由仲裁委员会主席指定一名仲裁员为首席仲裁员，共同组成仲裁庭审理案件；双方当事人亦可在仲裁员名单中共同指定或委托仲裁委员会主席指定一名仲裁员为独任仲裁员，成立仲裁庭，单独审理案件。

被指定的仲裁员，如果与案件有利害关系，应当自行向仲裁委员会请求回避。仲裁员回避的决定由仲裁委员会主席作出。仲裁员因回避或其他原因不能履行其职责时，则应按照原指定仲裁员的程序重新指定。

三、仲裁审理

仲裁庭审理案件的形式有两种：一种是不开庭审理，这种审理一般是经当事人申请，或由仲裁庭征得双方当事人同意，只依据书面文件进行审理并作出裁决；二是开庭审理，这种审理按照仲裁规则的规定，采取不公开审理，若双方当事人要求进行公开审理时，由仲裁庭作出决定。

仲裁对案件的审理一般有以下几项内容。

1．开庭审理

开庭审理应先确定开庭的日期和地点。开庭日期由仲裁庭与仲裁委员会秘书处共同商定，并在开庭前 30 天通知双方当事人，当事人如有正当理由，可以申请延期开庭。仲裁地点应在仲裁委员会所在地进行审理，但是若经仲裁委员会主席批准，也可在中国其他地方进行审理。仲裁庭开庭时，如一方当事人或其代理人不出席，仲裁庭可以进行缺席审理并作出缺席裁决。

2．进行调解

根据我国仲裁规则的规定，仲裁委员会和仲裁庭可以对其受理的案件进行调解。经调解达成和解协议的案件，仲裁庭应当根据双方当事人和解协议的内容作出裁决书。仲裁委员会受理的案件，如果双方当事人自行达成和解，申诉人应当及时申请撤销案件。案件的撤销发生在仲裁庭组成之前时，由仲裁委员会主席作出决定；若发生在仲裁庭组成以后时，应由仲裁庭作出决定。

3．提出证据

收集证据审案时，为进一步判断案情，当事人应对其申诉或答辩所依据的事实提出证据，仲裁庭认为必要时可以自行调查、收集证据，还可以向专家咨询，或指定鉴定人进行鉴定，专家和鉴定人可以是中国的或外国的机构或公民。

4. 保全措施的裁定

保全措施又称临时性保护措施。它是指在仲裁开始后到作出裁决前的这个时期，对有关当事人的财产所作的一种临时性的强制措施。有的国家的仲裁规则认为，仲裁机构不具有实施该项措施的权力，只能通过申请，由法院作出保全措施的决定。

四、作出裁决

裁决是仲裁程序的最后一个环节。裁决作出后，审理案件的程序即告终结，因而这种裁决被称为最终裁决。根据我国仲裁规则规定，除最终裁决外，仲裁庭可就案件的任何问题作出中间裁决或者部分裁决。中间裁决是指对审理清楚的争议所作的暂时性裁决，以利于对案件的进一步审理；部分裁决是指仲裁庭对整个争议中的某些问题已经审理清楚，而先行作出的部分终局性裁决，这种裁决是构成最终裁决的组成部分。

仲裁裁决必须于案件审理终结之日起 45 天内以书面形式作出，仲裁裁决除由于调解达成和解而作出的裁决书外，应说明裁决所依据的理由，并写明裁决是终局性的和作出裁决书的日期与地点，以及仲裁员的署名等。

当事人对于仲裁裁决书，应依据其中所规定的期限自动履行。裁决书未规定期限的，应立即履行。一方当事人不履行的，另一方当事人可以根据中国法律的规定向中国法院申请执行或根据有关国际公约或中国缔结或参加的其他国际条约的规定办理。

五、仲裁裁决的承认和执行

仲裁裁决作出后，当事人最关心的是执行问题。在一般情况下，败诉方能够自动地履行裁决；但是，由于各种各样的原因，败诉方拒不履行裁决的情况也是不少的。当败诉方拒不履行仲裁裁决时，由于仲裁机构或仲裁庭本身没有强制执行的权力，因此，胜诉方只能向法院提出申请，要求予以强制执行。裁决的承认是指法院根据当事人的申请，依法确认仲裁裁决具有可执行的法律效力。裁决的执行是指当事人自动履行裁决事项，或法院根据一方当事人的申请依法强制另一方当事人执行裁决事项。

为了解决在执行外国仲裁机构的裁决问题上所产生的矛盾，国际间曾经多方协商，签订了双边的和多边的国际协定和公约，专门对仲裁裁决的承认和执行问题作出了规定。1958年 6 月 10 日，联合国在纽约召开了国际商事仲裁会议，签订了《承认和执行外国仲裁裁决公约》(Convention on the Recognition and Enforcement of Foreign Arbitral Award)。该公约强调了两点：一是承认双方当事人所签订的仲裁协议有效；二是根据仲裁协议所作的仲裁裁决，缔约国应承认其效力并有义务执行。只有在特定的条件下，才能根据被诉人的请求拒绝承认和执行仲裁裁决。

我国在与有关国家签订的双边协定中，曾经对相互间执行裁决问题作了明确规定，指明缔约双方应设法保证由被申请执行仲裁裁决国家的主管机构，根据适用的法律和规章，承认并执行仲裁裁决。1986 年 12 月第六届全国人民代表大会常务委员会第 18 次会议决定，我国加入上述《承认和执行外国仲裁公约》并同时声明：

第一，中华人民共和国只在互惠的基础上，对另一缔约国领土内作出的仲裁裁决的承认和执行适用该公约。

第二，中华人民共和国只对根据我国法律认定为属于契约性和非契约性商事法律关系所引起的争议适用该公约。

案例　　　　　仲裁结果终局性选择

1987 年 9 月 13 日，三洋国际贸易公司(下称三洋公司)与江苏省对外贸易公司(下称江苏外贸公司)在南京市签订一项购销制造乳胶手套合同。合同规定：三洋公司向江苏外贸公司出售一套乳胶手套制造设备，价款 CIF 南通 53 万美元，其中 75%即 397 500 美元以信用证支付，25%即 132 500 美元以产品补偿。此外，合同中还约定了出现争议提交中国国际经济贸易仲裁委员会仲裁的条款。合同签订后，三洋公司交付了设备，江苏外贸公司支付了75%的货款。后来，双方就设备投产后的产品质量及补偿产品的价格等问题产生了争议。为此，三洋公司与该设备的实际用户江苏省滨海合成纤维厂协商，于 1988 年 11 月 26 日签订了《备忘录》，对设备投产后的遗留问题作出规定，并将原合同中以产品补偿货款 25%的付款方式变更为现款方式，于 1989 年 3 月 30 日前分两次支付给三洋公司 14 万美元。江苏外贸公司作为合同的买方和用户的代理人在《备忘录》上签属了同意的意见。付款期限过后，三洋公司在多次催要剩余货款，江苏外贸公司始终拒付的情况下，于 1990 年 1 月 19 日依照合同中的仲裁条款，向中国国际经济贸易仲裁委员会申请仲裁。1990 年 11 月 12 日，仲裁委员会作出裁决：江苏外贸公司于 1991 年 1 月 15 日前分两次支付给三洋公司货款 132 500 美元，逾期加计年利率为 12.5%的利息。1991 年 2 月 21 日，因江苏外贸公司未按仲裁裁决履行，三洋公司依据《中华人民共和国民事诉讼法(试行)》第一百九十五条的规定，向仲裁机关所在地的北京市中级人民法院申请执行。

北京市中级人民法院接到三洋公司的申请执行书后，经审查认为该申请符合《中华人民共和国民事诉讼法(试行)》第一百九十五条的规定，决定予以执行。该院首先向被执行人江苏外贸公司发出执行通知，后于 1991 年 3 月 1 日派人员前去执行。在执行中，被执行人提出，它是代理江苏省滨海合成纤维厂进口设备，该厂是实际用户，产生的纠纷应由该厂承担责任；被执行人并据此拒绝履行裁决中确认的其应当履行的义务。鉴于此种情况，执行人员明确指出：依据双方所签合同，与三洋公司签订购销设备合同的买方是江苏外贸公司，仲裁中的被诉方和裁决中的义务承担方也是江苏外贸公司，因此，江苏外贸公司应当承担和履行裁决义务；并告知被执行人，如不履行义务，法院将强制执行。3 月 2 日，江苏外贸公司将货款及逾期利息共计 138 053.96 美元和应承担的申请执行费人民币 2693.64 元用支票汇往北京市中级人民法院。同年 4 月 3 日，北京市中级人民法院将执行的货款及利息交付申请执行人三洋公司。

【案例评析】

本案是因负有给付义务的一方当事人(被执行人)不履行我国涉外仲裁机构——中国国际经济贸易仲裁委员会的裁决，对方当事人(申请执行人)申请人民法院强制执行的案件。涉外经济仲裁是终局裁决，即裁决一经作出即具有法律效力，当事人对裁决不服的，也不得再向人民法院起诉；负有义务的当事人应当依照裁决自觉执行，逾期不执行的，对方当事人可以向被申请人的住所地或者财产所在地的中级人民法院申请执行。如果被申请执行人或者其财产不在我国领域内，那么申请执行人应当向有管辖权的外国法院申请承认和执行。由于本案是在《民事诉讼法(试行)》施行期间审结的，申请执行人向仲裁机构所在地的北京市中级人民法院申请执行，北京市中级人民法院予以执行，符合《民事诉讼法(试行)》第一百九十五条的规定，是正确的。

　　仲裁协议(仲裁条款)一般包括仲裁地点、仲裁机构、仲裁规则、裁决的效力、仲裁费用的承担以及仲裁程序的实施。其中，仲裁地点是重点，因为仲裁地点与仲裁所适用的程序法以及合同适用的实体法关系甚为密切。仲裁形式主要有临时仲裁与机构仲裁。仲裁程序主要包括仲裁申请、仲裁庭的组成、仲裁审理、裁决等。仲裁裁决之后应予以承认并执行。

思 考 与 练 习

一、不定项选择题

1. 仲裁协议是仲裁机构受理争议案件的必要依据。仲裁协议(　　　)达成。
A. 必须在争议发生之前
B. 只能在争议发生之后
C. 既可以在争议发生之前，也可以在争议发生之后
D. 必须在争议发生的过程中
2. 国际贸易中，解决交易双方所发生的争议方式很多，包括(　　　)。
A. 协商　　　　　　　　　　　B. 调解
C. 仲裁　　　　　　　　　　　D. 诉讼
3. 关于仲裁地点有以下各种不同的规定，其中对我方最有利的一种是(　　　)。
A. 在双方同意的第三国仲裁　　B. 在被诉人所在国仲裁
C. 在我国仲裁　　　　　　　　D. 在对方国仲裁
4. 仲裁裁决的形式有(　　　)。
A. 最终裁决　　　　　　　　　B. 中间裁决
C. 部分裁决　　　　　　　　　D. 全部裁决
5. 诉讼与仲裁的相同点是(　　　)。
A. 两者审理案件的机构性质相同　　B. 两者审理的制度相同
C. 两者均按照一定程序进行审理　　D. 两者审理的依据相同
6. 以仲裁方式解决交易双方争议的必要条件是(　　　)。
A. 交易双方当事人订有仲裁协议　　B. 交易双方当事人订有合同
C. 交易双方当事人订有意向书　　　D. 交易双方当事人订有交易协议
7. 中国国际经济贸易仲裁委员会是我国的(　　　)。
A. 官方性常设仲裁机构　　　　B. 民间性常设仲裁机构
C. 官方性临时仲裁机构　　　　D. 民间性临时仲裁机构
8. 国际商会国际仲裁院设在(　　　)。
A. 德国　　　　　　　　　　　B. 英国

C. 法国
D. 意大利

9. 多数国家都认定仲裁裁决是(   )。

A. 终局性的
B. 可更改的

C. 无约束力
D. 不确定的

10. 在国际贸易中,仲裁机构有两种,它们是(   )。

A. 国际性仲裁机构
B. 地方性仲裁机构

C. 临时性仲裁机构
D. 常设性仲裁机构

二、判断题

1. 受理争议的仲裁机构是国家政权机关,对争议案件的受理具有强制管辖权。(   )

2. 仲裁裁决一般是终局性的,对双方当事人均有约束力。   (   )

3. 买卖双方为解决争议而提请仲裁时,必须向仲裁机构递交仲裁协议,否则,仲裁机构不予受理。   (   )

4. 仲裁协议必须由合同当事人在争议发生之前达成,否则不能提请仲裁。 (   )

5. 国际商会国际仲裁院是国际商会下属的国际性常设的仲裁机构。

6. 根据中国国际贸易仲裁委员会的仲裁规则,有关首席仲裁员的产生由仲裁委员会主席指定。   (   )

7. 仲裁协议约束后双方当事人只能以仲裁方式解决争议,不得向法院起诉。(   )

8. 仲裁协议的核心作用是排除法院对该争议案件的管辖权。   (   )

9. 仲裁协议有两种形式,即仲裁条款和提交仲裁的协议。两种形式不同,其法律作用与效力也是不相同的。   (   )

10. 仲裁比诉讼的程序简单,处理问题比较迅速及时,而且费用也较为低廉。(   )

三、简述题

1. 什么是仲裁?仲裁协议有什么作用?

2. 简述仲裁的一般程序。

3. 合同中的仲裁条款有哪些内容?

四、案例分析题

1. 我国某公司与新西兰的一家公司在 2003 年初签订了有关纸浆的进口合同,合同金额为 92 万美元。按照合同规定,我方公司向新西兰公司支付了 20 万美元的预付金。在合同规定的交货期内,该新西兰公司没有履行交货义务,并以各种借口拒绝退还预付金。基于这种情况,我方公司依据合同中的仲裁条款,向中国国际经济贸易仲裁委员会提出仲裁申请。中国国际经济贸易仲裁委员会依据仲裁规则组成仲裁庭,在全面审阅了有关单证后,对本案作出了缺席裁决,裁定新西兰公司应返还我方公司的合同预付金及利息。新西兰公司收到裁决书后,仍拒不执行。于是,我方公司向新西兰法院申请强制执行。新西兰法院对执行申请进行了开庭审理。因为新西兰公司未出庭答辩,所以,法官在被告缺席的情况下当庭判决,承认仲裁委员会作出的仲裁裁决有效,并准予按新西兰法律进行强制执行。由于新西兰公司尚有其他债务,在强制执行过程中因资不抵债而破产。在律师的要求下,法院组织了有关新西兰公司破产的听证会,决定依法对其财产进行清算。清算工作结束后,新西兰公司的全部财产按法律规定的顺序向各债务人清偿。请问:从此案中,我们获取了哪些经验教训？

2. 我某出口公司向外商出口一批货物，合同中明确规定，一旦在履约过程中发生争议，经友好协商不能解决时，即将争议提交中国国际经济贸易仲裁委员会在北京进行仲裁。规定仲裁裁决是终局性的，仲裁费用由败诉方负担。根据上述材料，请拟订仲裁条款。

第十一章　国际货物买卖合同的磋商

● **理论目标**

学习和把握国际货物买卖合同磋商的步骤及需要注意的事项，在掌握这些基本知识的基础上能够充分认识到国际贸易合同的磋商与签订既是一种经济行为，也是一种法律行为。

● **案例目标**

能运用所学国际货物买卖合同中的主要概念、观念和基本理论研究相关案例，培养和提高学生国际商务谈判的能力；能结合交易的程序，学会如何进行发盘和还盘。

● **实务目标**

能运用学习到的主要概念、观念、基本理论知识，规范"国际货物买卖合同的磋商"的相关技能活动。

第一节　交易前的准备

案例导入

"百事可乐"成功进驻印度饮料市场

20世纪70年代，"百事可乐"公司与印度政府谈判想到该国设厂，印度政府提出一系列诸如必须同意今后生产的产品要有相当的份额出口到其他国家、使用当地的原料、雇佣当地的劳动力等苛刻条件，百事可乐向印度政府提出有关的保证，这一系列保证有利于印度农副产品的销售，并能增加印度的就业机会，满足了当时困难很多的印度的需求和欲望。从表面上看，百事可乐公司让步太多，但是从深层次看百事可乐公司从此不仅打入印度这个蕴藏巨大潜力的饮料市场，而且能向印度输入自己的特有技术，并能利用印度的廉价劳动力和原料生产，而且还在印度人心中树立了良好的形象。

【思考】

1. 分析本案例，百事可乐公司成功的原因是什么？

2. 在国际商务谈判中，应遵循什么原则？

为了高效圆满地完成进出口任务，必须在交易磋商前做好各项准备工作，除了应妥善地安排和落实货源外，还应对国外市场进行调查研究，选择交易对象以及制订进出口商品的经营方案，做好广告宣传等工作。

一、对国外市场的调查研究

在交易洽商前，要对交易国别或地区以及商品市场情况进行调查研究，了解每个市场的特点，研究市场的变化规律，预测市场供求关系和价格变动趋势。同时，要巩固和发展原有的比较集中的出口市场。对市场调查研究的主要内容包括以下两个问题。

1. 商品适应性和竞争性的研究

在安排出口商品生产时，要考虑市场容量和了解市场需要的品种、花色、规格、包装等，以做到适销对路。同时，还要注意发挥我国出口产品的优势，发展那些能够在国际市场上有竞争力的商品。由于每个国家的自然条件、劳动力条件、技术条件不同，因此，发展出口商品要从本国的实际情况出发，发展我们具有优势的产品。出口商品可以逐步把原料变成成品、半成品出口。如羊绒加工成羊绒衫出口，皮张加工成皮革制品，蚕丝加工为丝绸等。在发展初级产品出口的同时，从长远的观点看，应该发展和扩大制成品的出口，特别是发展技术密集型产品的出口。例如，机械产品在国际贸易中是最大的一项成交产品，尽管机、电、仪产品在国际市场上竞争得很激烈，但我们已有了出口市场和产品，只要技术水平不断提高，机、电、仪产品的出口是大有希望的。在对商品适应性和竞争性进行调查研究时，要考虑出口商品的换汇成本。我们的出口销售要给国家创造外汇收入、增加积累，要多出口那些换汇成本低、经济效益比较好的商品。

2. 对国外市场价格的研究

国际市场经常发生变化，它的变化反映了商品供求关系的变化，这种变化往往通过价格波动表现出来。因此，对市场价格的研究是对国外市场调查研究的内容之一。国际市场价格的变化，除受价值变动的作用外，还经常受政治、经济和自然等多种因素的影响。如市场供求关系的变化、垄断和竞争、投机活动、有关国家的政策法令和采取制约价格的措施等。所以，在研究价格时，要认真分析不同时期影响价格的各种因素，预测未来价格变化趋势，以便选择有利的销售市场。对国外销售市场的调查研究，除了包括上述各项内容外，还应对商品生产周期、销售季节、消费者的爱好习惯、市场销售习惯、销售方式和途径、市场竞争、当地贸易管制法令、关税、运输和港口等情况进行详细的调查研究。

二、对交易对象的调查研究

进出口业务的交易对象种类很多，一般有佣金商、进出口商、批发商、零售商、用户等；从他们的经营规模来说，有大工厂、大百货公司、超级市场、连锁商店；按其拥有资金多少和经营能力的强弱来分，有跨国公司，大、中、小客户。每个商品都应有一定的销售渠道，不同的商品应有不同的销售途径。有的商品只可选择一、两个有经营能力的佣金商作代理，由他去推销给进口商，有的商品可以选择一个或几个进口商作为代理或包销，由他们进货后销售给批发商；有的商品可以直接销售给大百货公司或用户。在销售中不能搞乱销售渠道，选择客户应求精不求多。在同一市场上经营同一种商品将会导致自相竞争，从而削弱经营我们商品的力量。所以，一定要选择一些有经营能力的客户，建立同客户的长期合作关系，保护他们的利益，让客户专心为我们推销。在国外的分公司或代理处，也不要抢进口商的生意，不能打乱销售渠道。

在成交前一定要对客户进行调查研究，对其调查研究的主要内容包括：

(1) 客户的政治情况：主要了解客户的政治背景、与政界的关系、公司企业负责人参加的党派及对我国的政治态度。

(2) 客户的资信情况：包括客户拥有的资本和信誉两个方面。资本是指企业的注册资本、实有资本、公积金、其他的财产以及资产负债等情况。信誉是指企业的经营作风。

(3) 客户的经营业务范围：主要是指客户的公司、企业经营的商品品种。

(4) 客户的公司、企业业务性质：是指客户的公司、企业是中间商，还是实用户或专营商或兼营商等。

(5) 客户的经营能力：是指客户的业务活动能力、资金融通能力、贸易关系、经营方式和销售渠道等。

通过对上述情况的调查研究，要做到每个商品找几个客户，建立长期的销售关系，并通过他们建立一个强有力的销售网。有注册商标的商品、机械产品等，一般应建立商业代理关系，平时要加强监督，不得力的应及时撤换。

三、对国外销售市场和交易对象调查研究的方法

(一) 对国外销售市场的调查研究方法

对国外销售市场的调查研究一般采取以下几种方法：

(1) 利用各种关系，通过多种渠道，广泛搜集资料。资料的来源有以下几个渠道：各国的电讯、文章、书刊、杂志；各国管理进出口的贸易机构、银行、研究团体和商会以及国际组织发表的报告或资料；有偿邀请国内外咨询公司搜集和询查有关资料；通过驻华的外国商务机构、银行等获得的有关资料；委托我驻外机构或派出推销调查小组深入国外市场实地调查日常业务活动中的谈判记录、函电等。在搜集资料时，要做到三结合：即现实资料和历史资料相结合；重点商品、重点市场和一般商品、一般市场相结合；系统资料和零星分散资料相结合。既要注意报刊上发表的系统资料，也要注意日常业务中的分散零星资料，从而使资料系统化，便于分析、研究、比较。搜集资料工作应不间断地进行，要建立必要的档案管理制度，把各种有价值的资料，采用科学方法分门别类地保存起来，以备查询时使用。可采用电脑储存有关资料，将有价值或经常使用的资料输入电脑，使用起来既科学又方便。

(2) 在现有资料的基础上，分析预测国外市场变化动向。分析预测市场动向就是研究市场供求关系和价格变动趋势。在分析预测时，要全面分析影响市场变动的因素，以及今后可能影响市场变动的因素，从中找出主要因素和次要因素，以及长期起作用的因素和短期或临时起作用的因素，分析诸因素在不同时期所起的作用，得出正确结论。在实践中要对得出的结论不断进行验证，如发现原有结论不正确或不完全正确，或出现了新的情况，应随时对原结论加以修改，力求分析预测符合客现实际，以保证我出口交易顺利进行。

(二) 对交易对象调查研究的方法

对交易对象的调查研究一般通过以下途径：

(1) 委托国内外咨询公司对客户进行资信询查。当前，国内外各种形式的咨询公司繁多，应利用这个有利的渠道对指定交易对象进行全面调查。咨询公司业务网络较广、速度

较快、信息准确，但收费较高。

(2) 委托中国银行及其驻国外分支机构对交易对象进行资信调查。中国银行与国外各地银行一般都有代理关系。一般国外商人与银行都有业务往来，银行对客户资信了解得比较清楚，所以通过银行调查客户的资信所得到的材料一般是比较准确的。

(3) 通过我外贸公司驻外分支公司和商务参赞处、代表处在国外调查客户的资信、经营范围、经营能力等情况。他们可以对客户进行实际考察，所获得的材料一般比较可靠，对开展业务有较大的参考价值。

(4) 通过出口代表团、推销小组对客户进行调查研究。

(5) 利用交易会、各种洽谈会和客户来华谈生意的机会对客户进行调查研究。

通过上述渠道和途径对客户进行调查研究之后，在现有材料的基础上对客户进行分类排队。将客户分为基本客户、一般客户、可往来客户和停止往来的客户，其中，基本客户应作为我们推销的主要力量，同他们建立稳定的购销业务关系，在推销业务中发挥其主要作用。分类排队工作应定期进行，客户的类别并非一成不变，应根据情况的变化而随时调整。

案例 **国际市场调研不充分带来的困惑**

美国一家大型的软饮料公司决定选择印度尼西亚作为公司最畅销饮料的目标销售市场。印度尼西亚是世界第五大人口大国，人口约 1.8 亿。美国饮料公司的管理阶层认为无法拒绝这一巨大潜在市场的诱惑，因此，决定与印尼达成瓶装与分销协议来服务于这一市场。公司决定把软饮料汁卖给一家瓶装商，由后者负责饮料的瓶装与分销。但不幸的是，销售状况非常糟糕，饮料根本不畅销。虽然公司初期调研，包括对当地竞争和政府态度的调研结果都非常乐观，但营销活动仍一蹶不振。后经了解，这是因为公司董事会主席和其项目经理忽视了两个重要因素：其一，印尼虽拥有 1.8 亿人口，但绝大多数仍住在农村，处于前工业化阶段；其二，大多数印尼人喜欢甜饮料和以椰子汁为主要原料的软饮料，他们对美国风味的碳酸化合饮料甚感不习惯。在印尼，虽存在着一个美国饮料市场，但这几乎全部限于主要城市。欣赏美国风味并有足够可自由支配收入购买美国风味饮料的市场总共才 800 万人。

【思考】 我们可以从本案例中获得怎样的启示？

四、制定出口商品经营方案

出口商品经营方案是指有关进出口公司根据国家的有关政策与规定，对其所经营的出口商品所作的一种业务计划安排。出口商品经营方案是洽商交易的依据，能使交易有计划、有目的地顺利进行。出口商品经营方案一般包括以下内容：

(1) 商品和货源情况。它包括商品的特点、品质、规格、包装等，国内生产数量和可供最大出口数量以及当前库存情况。

(2) 国外市场情况。它包括国外商品生产、消费、贸易的基本情况和主要进出口国家的交易情况，以及今后可能发展变化的趋势。特别是对商品品质、花色品种、规格、款式和包装的要求以及价格变化趋势，都应写明分析性意见。此外，一般还应对国外主要市场经营该商品的基本做法和销售渠道加以说明。

(3) 经营历史情况。它包括我出口商品在国际市场上所占的地位、主要销售地区和销售情况、国外的具体反映、经营该种商品的主要经验和教训。

(4) 经营计划安排。它主要包括销售数量和金额，并结合国外市场的情况列明拟对某国或某地区出口的具体数量和进度。

(5) 经营措施安排。它包括做好客户工作应采取的措施、贸易方式，对价格的掌握和收汇方法，花色品种搭配的方法以及在出口销售中应掌握的原则和策略等。

第二节　国际贸易磋商概述

一、磋商的基本形式

磋商的基本形式有两类：一类是口头交易磋商，另一类是书面磋商。不论哪类交易磋商，所遵循的基本规则与惯例都是相同的。

1. 口头交易磋商

口头交易磋商又称口头谈判，是指买卖双方面对面就交易的主要条件和双方的权利与义务关系进行磋商。它包括外贸企业邀请客户来访；参加各种商品交易会；委托驻外机构、海外企业代理在当地磋商；派遣贸易团体出访磋商以及电话磋商等。口头交易磋商是国际贸易中通常采用的交易形式。在我国，外贸人员必须取得外销员资格证书才能获得对外谈判的权利。一般由企业的法人代表授权给外销员，代表公司对外谈判与签约。

口头交易磋商由于是面对面的直接交流，有利于交流感情、促进交易、便于信息传递和及时了解对方的诚意和态度，可根据情况进展调整交易策略，尤其是对于问题繁多、内容复杂的交易。但是，口头交易磋商对于谈判人员的素质要求较高，要求业务人员有丰富的业务知识和敏捷的应变能力。而且，口头交易磋商过程中涉及口头发盘等具体事项时，也易产生纠纷。

案例　　　　　　　　**口头发盘中的要求**

一法国商人于某日上午走访我国外贸企业洽购某商品。我方口头发盘后对方未置可否，当日下午法商再次来访表示无条件接受我方上午的发盘，那时，我方已获知该项商品的国际市场价格有趋涨的迹象。于是，我方提高售价继续洽谈。

【思考】　我方这样做合理吗？

2. 书面交易磋商

书面交易磋商又称书面谈判，是指通过函电往来进行的交易磋商。它包括信函、电报、传真、电子邮件等通讯方式。目前的对外贸易谈判中大量利用先进快捷的通讯方式进行交易磋商，特别是在信息化程度日益提高的情况下，利用 EDI 系统(电子数据交换系统)、NII 系统(国家信息基础设施，或称信息高速公路)进行交易磋商已经成为广泛采用的谈判方式。

书面交易磋商的优点是支出费用低于口头磋商，并且在产生争议时有据可查，因此为外贸企业广泛使用。

二、国际货物买卖合同磋商的内容

买卖双方磋商的内容一般分为两部分，一部分是带有变动性的主要交易条件，如货物品质、规格、标准、数量、包装、价格、装运、支付等。这些交易条件因货物、数量、成交时间等的不同，每笔交易也不尽相同。另一部分是相对固定的交易条件，称为一般交易条件，如检验、异议索赔、仲裁与不可抗力等。当然，主要交易条件与一般交易条件的区分也不是绝对的。在实际业务中，买卖双方在初次接触时要互相或单方面介绍一般交易条件，经双方共同确认后，作为将来交易的基础，在洽商具体交易时则不必逐条重复这些条件，只洽商主要交易条件即可，这样可以节省来往函电的费用和交易洽商时间。

三、国际货物买卖合同磋商的一般程序

买卖双方交易洽商一般经过五个环节：询盘、发盘、还盘、接受和签订书面合同。其中，发盘和接受是达成交易的基本环节，也是合同成立的要件。我国《合同法》规定："当事人订立合同，采取要约、承诺方式。"

（一）询盘

1．询盘的涵义

询盘(Inquiry)，也称询价，是指交易的一方欲出售或购买某种货物，向另一方发出的询问买卖该项货物有关交易条件的一种口头或书面的表示。这里，"盘"是指一系列交易条件。询盘也称为"洽商邀请"。询盘按发盘人地位的不同，可分为两种：

(1) 买方发出询盘，也称"邀请发盘"(Invitation to make an offer)。例如：

PLEASE OFFER SOYBEAN OIL FOR 500 M/T FOB TIAN JIN ,MAY SHIPMENT.

请报豆油 500 公斤，5 月份装运、FOB 天津。

(2) 卖方发出询价，也称"邀请递盘"(Invitation to make a bid)。例如：

NORTHEAST SOYBEAN AVAILABLE PLEASE BID.

可供中国东北大豆，请递盘。

2．询盘应注意的问题

(1) 询盘可同时向一个或几个交易对象发出。

(2) 在询盘时，不仅限于询问价格，还可以询问品质、数量、包装、装运等交易条件以及索取样品等。

(3) 询盘是交易洽商的第一步，但不是每笔交易磋商中必不可少的步骤。有时可以未经对方询盘而直接向对方发盘。

(4) 询盘在法律上对询盘人和受盘人均无约束力。买方询盘后无购买货物的义务，卖方询盘后无出售货物的责任。不过在交易习惯上要尊重对方，受盘方接到询盘后无论是否出售或购买均应尽快给予答复。

(5) 询盘虽然对双方无约束力，但是，双方在询盘的基础上经多次洽商最后达成交易，如履约时发生争议，那么原询盘的内容也可以成为磋商成交文件不可分割的部分，同样作为处理争议的依据。

（二）发盘

发盘(Offer)，又称发价，是指交易的一方向另一方提出一定交易条件，并愿意按照提出的交易条件达成买卖该项货物的交易、签订合同的一种口头或书面的表示。《联合国国际货物销售合同公约》第 14 条对发盘的定义为："向一个或一个以上特定的人提出的订立合同的建议，如果十分确定并且表明发盘人在得到接受时承受约束的意旨，即构成发盘。"发盘可以由卖方发出，也可由买方发出，由卖方发出的发盘称为"卖方发盘"(Selling Offer)，例如：

OFFER10,000 DOZENS SPORT SHIRTS USD 40 PER DOZEN FOB DALIAN MAY SHIPMENT IRREVOCABLE SIGHT L/C REPLY HERE 25TH.

兹发盘 1000 打运动衫，每打 FOB 大连价 40 美元，5 月份装运，以不可撤销即期信用证支付，限 25 日复到。

由买方发出的发盘称为"买方发盘"(Buying Offer)，例如：

ORDER 1,000M/T ALUMINUM INGOT SAMPLED MARCH 12TH USD 100 PER M/T CIF NEW YORK MAY/JUNE SHIPMENT IRREVOCABLE SIGHT L/C REPLY HERE 30TH.

订购 1000 公吨铝锭，规格按 3 月 12 日的样品，每公吨 100 美元 CIF 纽约，5～6 月份装运，以不可撤销即期信用证支付，限 30 日复到我方有效。

(三) 还盘

还盘(Counter Offer)，是指受盘人收到发盘之后，对发盘的内容不同意或不完全同意，向发盘人提出修改建议或新的限制性条件的口头或书面的表示。例如：

WE CAN'T ACCEPT YOUR OFFER UNLESS THE PRICE IS REDUCED BY 5%.

除非你们减价 5%，否则我们无法接受发盘。

来电收悉，装运期为 6 月份。

洽商中，还盘具有以下性质：还盘是对原发盘的拒绝，是一项新的发盘，原发盘经过对方还盘后即失去效力；还盘是有约束力的一项新的发盘。

在进出口业务中，买卖双方不仅就价格进行还盘、再还盘的多次洽商，而且也可就装运期、支付方式等其他交易条件进行洽商。掌握和使用好还盘具有很重要的意义，因此，我们在还盘时应注意以下问题：

(1) 识别还盘的形式，有的明确使用"还盘"字样，有的则不使用。

(2) 接到还盘后，要与原发盘进行核对，找出还盘中提出的新内容，然后结合市场变化情况和购销意图，认真予以对待。

(3) 还盘是对发盘的拒绝，原发盘人可以就此停止洽商。如果原发盘人继续与受盘人进行还盘或再还盘，一旦达成协议，在履约中发生争议，所有的交易洽商全过程的函电或谈判记录即为解决争议的依据。

(4) 在表示还盘时，一般只针对原发盘提出不同意或需要修改的部分，已同意的内容在还盘中可以省略。

(四) 接受

接受(Acceptance)在法律上称为承诺。它是指受盘人在发盘有效期之内无条件同意发盘的全部内容，并愿意签订合同的一种口头或书面的表示，接受可以由卖方表示，也可以由买方表示。例如：

YOUR OFFER 10 TH ACCEPTED.

你10日发盘接受。

(五) 签订合同

签订合同(Sign a contract)，是指买卖双方经过交易洽商，一方的发盘或还盘被另一方无条件地接受后，交易即为达成，合同即告成立，双方就此应承担各自的责任。买卖双方为了明确双方的权利和义务，以书面的形式将它确定下来，经过双方签字，各执一份，据以执行，这种做法即为签订合同。我国涉外经济合同法第7条规定："当事人就合同条款以书面形式达成协议并签字，即为合同成立。通过信件、电报、电传达成协议，一方当事人要求签订确认书的，签订确认书时方为合同成立。"

一方发盘，另一方接受，合同即告成立。买卖双方均应承担各自的责任，严格按合同规定完成各自应尽的义务。但由于主观上的(如市场情况变得不利于一方，他有意不履约)或客观上的(如双方国家或其中一方国家的有关法律、政策发生了重大改变)原因，其中的一方不能或不愿全部履行合同，或不按合同规定履行合同，以上情况发生后，双方就有必要进行谈判协商，一般是在分清责任的基础上，本着互谅互让的原则，妥善解决纠纷。如果一方违约，造成另一方的损失较严重，协商不易解决问题，还可以通过调解、仲裁或起诉的方式解决纠纷。

上述五个环节是交易洽商的一般程序。在具体业务中，并非每笔业务的交易洽商都须经过这五个环节，有的从询盘经发盘到接受，只经三个环节交易即达成；还有的一方发盘即被另一方接受等。但是作为合同的成立，必须有发盘和接受两个环节，因此发盘和接受为合同达成的两个要素。英美法认为合同成立要有对价、发盘(要约)和接受(承诺)三个要素。

第三节　发　盘

案例导入

发盘中涉及的问题

马来西亚A商行于10月18日发来传真，向上海B公司发盘出售木材一批，发盘中列明各项必要条件(数量、价格等)，未规定有效期限。上海B公司于当天收到传真后，寻找国内实际用户，于10月22日上午11时对上述发盘向马来西亚A商行发去表示接受的传真。在此期间，因木材价格上涨，马来西亚A商行于22日下午11时给上海B公司发来传真，其内容如下："木材已售韩国公司，由于木材货源不足，我10月18日传真发盘撤销。"上海B公司回传真强调已与第三方签订合同，要求A商行履行合同。A商行则辩称，其发盘已撤销，与B公司间并不存在任何合同关系，上海B公司遂向中国法院提起诉讼，要求A商行赔偿其所遭受的损失。A商行认为B公司的索赔主张缺乏依据。

【思考】 本案例中，A商行是否应该承担违约责任？

发盘和接受是构成合同成立的两个要素，本节着重就发盘从法律上的概念及其中应注意的问题再作进一步阐述。

一、构成有效发盘的条件

发盘又称发价，在法律上称为要约。我国《合同法》规定："要约是希望和他人订立合同的意思表示，该意思表示应当符合下列规定：① 内容具体确定；② 表明接受要约人承诺，要约人即受该意思表示约束。"根据《联合国国际货物销售合同公约》第 14 条对发盘的解释为："向一个或一个以上特定的人提出的订立合同的建议，如果十分确定并且表明发盘人在得到接受时承受约束的意旨，即构成发盘。"从上述发盘定义中可以看出，凡是发盘对发盘人即有约束力。构成一项有效发盘必须具备四个条件：

(1) 发盘应向一个或一个以上特定的人提出。凡是发盘必须指明特定的受盘人，被指明的特定受盘人可以是一个或一个以上。向特定的人提出，即发盘必须注明受盘者的公司、企业或个人的名称，指向有名有姓的公司或个人提出，提出此项要求的目的在于把发盘同普通商业广告及向广大公众散发的商品价目单等行为区别开来。对发盘的问题，各国法律规定不一。《联合国国际货物销售合同公约》对此问题持折中态度，该公约规定："非向一个或一个以上特定的人提出的建议，仅应视为邀请提出发盘，除非提出建议的人明确地表示相反的意向。"根据此项规定，发盘区别于向社会广大公众发出的商业广告。商业广告本身并不是一项发盘，通常只能视为邀请对方提出发盘。但是，如商业广告的内容符合发盘的条件，则此广告也可作为一项发盘。

(2) 发盘内容必须十分确定。根据《联合国国际货物销售合同公约》规定，发盘的内容必须十分确定。所谓十分确定，即指在提出的订约建议中至少应包括以下三个基本要素：

① 应标明货物的名称。

② 应明示或默示地规定货物的数量或规定数量的方法。

③ 应明示或默示地规定货物的价格或规定确定价格的方法。

按照《联合国国际货物销售合同公约》第 14 条规定，发盘只要具备上述三个内容，就符合"十分确定"的要求，即可构成一项发盘。如该发盘被对方接受，买卖合同即告成立。至于其他没有列明的主要交易条件，则可以依据《公约》的有关规定解释。关于构成一项发盘究竟应包括哪些内容的问题，各国的法律规定不尽相同。有些国家的法律要求合同的主要条件，如品名、品质、数量、包装、价格、交货时间与地点以及支付办法等都要有完整、明确、肯定的规定，并不得附有任何保留条件，以便受盘人一旦接受即可签订一项对买卖双方均有约束力的合同。但是，《公约》关于发盘内容的"十分确定"的三个条件只是最低要求。在实际业务中，一项交易如果只按这三项基本要素订约，而不涉及其他，很容易给履行合同带来困难，也容易产生纠纷。为了慎重起见，对外报价时，应该将货物品名、规格、数量、价格、包装、交货期和支付方式等列明为宜。

(3) 必须表明发盘人对其发盘一旦被受盘人接受即受约束的意思。发盘是订立合同的建议，这个意思应当体现在发盘之中，表明订约意思，可以是明示的，也可以是暗示的。明示的方法是在发盘中使用有关术语，比如"发盘"(Offer)、"订购"(Order)或明确规定发盘有效期等。暗示的表示是根据其他有关情况，如双方已确立的习惯做法、惯例和当事人随后的行为来加以确定的。在实际中，如果受盘人对发盘的订约意思有疑问时，受盘人应向发盘人予以澄清。如果发盘人只是就某些交易条件的建议同对方进行磋商，而根本没有受其建议约束的意思，则此项建议就不能被认为是一项发盘。例如，发盘人在其提出的订约建议中加注诸如"仅供参考"(only for information)、"须以发盘人的最后确认为准"(subject to our conformation)或其他保留条件，这样的订约建议就不是发盘，而只是邀请对方发盘。

(4) 发盘必须送达受盘人。送达是指将发盘内容通知特定的受盘人或送交受盘人，送达标志是将发盘送交特定受盘人的营业场所或通讯地址，如无营业场所或通讯地址，则送交受盘人惯常居住地。《公约》规定，发盘送达受盘人时生效。因为发盘是一种意思表示，受盘人只有在收到发盘后才能决定是否予以接受。如果发盘在传递途中遗失或发盘在送达受盘人之前，即使受盘人已获悉该发盘，他也不能接受该项发盘。

案例　　合同是否成立

我出口公司向美商报出某产品，发盘中除列明各项必要条件外，还表示："Packing in sound bags."发盘有效期内美商复电称："Refer to your telex first accepted, packing in new bags."我方收到上述复电后，即着手备货。数日后，该农产品国际市场价格猛跌，美商来电称："我方对包装条件作了变更，你方未确认，合同并未成立。"我出口公司则坚持合同已经成立，双方对此发生争执。

【思考】　该合同成立吗？为什么？

二、发盘的有效期

根据各国法律规定和国际贸易习惯，在通常情况下，发盘都会具体规定一个有效期，作为对方表示接受的时间限制。发盘的有效期对发盘人来说既是一种限制，又是一种保障。在有效期内，发盘人受其发盘内容的约束，一旦发盘被接受，就要承担订立与发盘内容相符的合同的责任，超过发盘规定的有效期，发盘人即不受约束，接受行为无效。发盘人对发盘有效期可作明确规定，也可作不明确规定。明确规定有效期的发盘以发盘送达受盘人时开始生效，到规定的有效期届满为止。当发盘未具体列明有效期时，受盘人应在合理时间内表示接受才能有效。何谓"合理时间"，《联合国国际货物销售合同公约》第18条(3)款规定："如未规定时间，在一段合理时间内，未曾送达发盘人，接受就成为无效；但须适当地考虑到交易情况，包括发盘人所使用的通讯方法的迅速程度。"可见，"合理时间"并无确切标准。因此，在实际业务中，为了避免双方产生误解，还是以明确规定有效期为妥。至于口头发盘的有效期，根据《联合国国际货物销售合同公约》的规定，采用口头发盘时，除发盘人发盘时另有声明外，受盘人只有当场表示接受方为有效。

在规定有效期时，一是要根据货物情况、市场情况和双方的距离以及通讯方式等慎重而合理地作出规定；二是要考虑国外法律的不同规定和所在国与我国所处的地理位置和时差，明确规定有效期限的起止日期和到期时间。

案例
规定了有效期的发盘回复怎样才算成立

我某公司于 6 月 20 日以电传发盘，并规定"限 6 月 25 日复到"。国外客户于 6 月 23 日复电至我方，要求将即期信用证改为远期见票后 30 天。我公司正在研究中，次日又接到对方当天发来的电传，表示无条件接受我 6 月 20 日的发盘。

【思考】　问此笔交易是否达成？

采用函电成交时，发盘人一般都明确规定发盘的有效期，其规定方法有下列几种。

1. 规定最迟接受的期限

OFFER SUBJECT REPLY MAY 16TH OUR TIME.

发盘限 5 月 16 日复，以我方时间为准。

2. 规定一段接受的期限

OFFER REPLY IN FIVE DAYS.

发盘 5 天内复。

采取第二种规定方法，关于期限的计算，按《联合国国际货物销售合同公约》规定，这个期限应从电报交发时刻或信上载明的发信日期起算，如信上未载明发信日期，则从信封上所载日期起算。发盘人以电话、电传或其他快速通讯方法规定的接受期限，从发盘送达受盘人时起算。

三、发盘的撤回和修改

发盘是发盘人向受盘人提出的一种肯定的表示，发盘人在发盘发出后如果发觉发盘有错误或市场情况有变化，这种肯定的表示能否在有效期之内撤回和修改呢？《联合国国际货物销售合同公约》第 15 条作了如下规定：① 发盘于送达受盘人时生效。② 一项发盘，即使是不可撤销的，也可以撤回，撤回通知必须于发盘送达受盘人之前或同时送达受盘人。按照上述规定，一项发盘是在传达到受盘人时才发生效力。因此，在受盘人接到该项发盘之前，发盘人可以用更为迅速的传递方式，声明撤回和修改发盘的内容。只要该项声明是早于或与发盘同时送达受盘人，撤回和修改即可生效。

四、发盘的撤销

撤回和撤销是有很大差别的：发盘的撤回是指发盘人对其发盘的通知在送达受盘人之前是否可以更改或取消；发盘的撤销是指发盘人在发盘已送达到受盘人之后能否取消。关于发盘的撤销，各国法律规定有较大差异。英国法律认为，即使是在有效期之内的发盘，对发盘人原则上也无约束力，在未收到受盘人接受通知前，可以随时撤销或修改其发盘内容，但例外情况如对经签字、蜡封，经证人证明和有对价的发盘，在规定的有效期内无权撤销。美国法律认为，除非受盘人已向发盘人支付一定对价费用，使发盘保留到某时有效外，通常发盘人可以随时撤销发盘。这种规定对受盘人来说是缺乏保障的。因此，他们也在考虑修改上述规定，如美国《统一商法典》规定，货物买卖中，在一定条件下，可以承认无对价的发盘在有效期内不得撤销，条件是：第一，发盘人必须是商人；第二，有效期不得超过三个月；第三，发盘须以书面做成，并经发盘人签字。

德国、意大利、法国等国家的法律认为：一项发盘在其有效期内是有约束力的，不能任意撤销。如无有效期的发盘则按通常情况在可望得到答复以前不能撤销，如果撤销，由于受盘人善意信赖发盘，并为履约作出某些准备，则发盘人应对由此而造成的损失承担赔偿责任。

由于各国法律对待发盘在有效期之内是否可以撤销的问题存在不同解释，这样就形成了法律冲突，有碍于国际贸易的发展。为了解决这个法律冲突，《联合国国际货物销售合同公约》在第 16 条对上述问题作了如下折中的规定：① 在未订立合同之前，发盘得以撤销，如果撤销通知于受盘人发出接受通知之前送达受盘人；② 但在下列情况下，发盘不得撤销：发盘写明接受发盘的期限或以其他方式表示发盘是不可撤销的；受盘人有理由信赖该项发盘是不可撤销的，而且受盘人已本着对该项发盘的信赖行事。

案例   **发盘撤销引发的纠纷**

我某对外工程承包公司于 5 月 3 日以电传方式请意大利供应商发盘出售一批钢材。我方在电传中声明：要求这一发盘是为了计算承造一幢大楼的标价和确定是否参与投标之用；我方必须于 5 月 15 日向招标人送交投标书，而开标日期为 5 月 31 日。意供应商于 5 月 5 日用电传就上述钢材向我发盘。我方据此计算标价，并于 5 月 15 日向招标人递交投标书。因钢材价格上涨，5 月 20 日意供应商发来电传通知撤销他 5 月 5 日的发盘。我方当即复电表示不同意撤盘。于是，双方为能否撤盘发生争执。及至 5 月 31 日招标人开标，我方中标。随即电传通知意供应商我方接受该商 5 月 5 日发盘。但意商坚持该发盘已于 5 月 20 日撤销，合同不能成立。而我方认为合同已成立。对此双方争执不下遂协议提交仲裁。

【思考】 如你为仲裁员，将如何裁决？说明理由。

五、发盘的失效

发盘的失效是指发盘失去了法律效力，发盘人不再受发盘的约束，受盘人也失去了接受该发盘的权利。按照国际贸易习惯和规则，凡遇到以下几种情况之一者，一项发盘则可立即失效，发盘人不再受该项发盘的约束。

(1) 过期。发盘有效期已届满，该发盘自动失效，受盘人对过期表示接受，发盘人可不受其约束，合同不能成立。但发盘人愿意在逾期情况下与受盘人签约，则不受此限。

(2) 还盘。在国际贸易中，一项还盘是对原发盘的拒绝，一经受盘人作出还盘，原发盘也随之失效。

(3) 拒绝。如果受盘人对一项发盘明确表示拒绝，该项发盘则立即失效。

(4) 被撤销或撤回。发盘人在受盘人接受前撤回或撤销发盘。

六、发盘应注意的问题

(一) 发盘需慎重，不能盲目对外报价

在对外洽商时，究竟用发盘还是用询盘，一定要根据洽商交易的实际情况、市场变化和受盘人的特点来灵活运用。询盘与发盘的主要区别是两者的法律效力不同。发盘具有法律约束力，易引起受盘人的注意，有利于迅速达成交易：但缺乏灵活性，在发盘时，一旦市场情况估计有误，发盘内容不当，就容易陷于被动局面。特别是不宜千篇一律地对外不断发盘，这会暴露急于购买或销售的心理，对发盘人不利。询盘不具有法律约束力，所以当情况有变化时可以修改交易条件或不确认，比较灵活，有充分的回旋余地。正因为如此，受盘人往往不予重视，不易迅速达成交易。

(二) 我国对外发盘应该遵循的原则

我国涉外经济合同法规定，凡我国缔约和参加的与合同有关的国际公约，除保留条款外，合同的订立应适用该国际条约的规定。因此，在我国的进出口业务中，凡与缔约国之间的贸易，对于发盘能否撤销的问题应该按《联合国国际货物销售合同公约》的规定处理。即凡对外报价并规定有具体的有效期限的发盘，在有效期限内不得撤销。这对于稳定客户经营我出口商品的信心和发展我国出口贸易是有利的。如果对外报价未规定具体的有效期限，则可参照国际贸易习惯，应视为"合理时间"内有效，并在受盘人接受之前，我方可以通知撤销。如果一项发盘规定了具体有效期限，按照规定不能随意撤销。

(三) 要掌握发盘的技巧和策略

发盘人为了了解市场情况可以对外询盘，将市场情况摸清后，可以根据情况再对外发盘，争取有利条件成交。

(四) 要正确掌握和区分发盘的分类方法

我国长期的贸易习惯是将发盘分为实盘和虚盘，而《联合国国际货物销售合同公约》则将发盘分为以下两种：不可撤销的发盘和可撤销的发盘。无论是不可撤销的发盘还是可撤销的发盘，对发盘人来说均有约束力，只不过前者约束力更大一些。另外，根据《公约》规定，交易洽商程序一般包括邀请发盘、发盘、还盘和接受几个环节，所以"邀请发盘"不能按发盘的条件去解释。过去在实际业务中，常将"邀请发盘"称为发"虚盘"，今后应尽量避免使用"实盘"与"虚盘"等词语。在对外洽商交易时，尽量争取按《公约》规定的发盘分类方法去解释。

对外发盘时，除采用谈判和函电方式以外，还可采用固定的书面格式，如报价单、价格表和形式发票等方式对外发盘，但应注意其是否符合发盘的条件。

1. 报价单(Quotation Sheet)

报价单是出口人事先印好的固定格式，其中包括货物名称、品质规格、数量、包装、单价、交货期、支付条件、备注等项目，并留有空白地方，供出口人在报价时填写。

报价单多适用于规格复杂或花色品种繁多的货物，如机械零配件、轻工日用品、纺织品、五金工具等。这些货物使用电报发盘费用较高，且不易说明问题，采用固定格式的报价单，可避免上述弊端。

如果报价单不是向特定人发出的，属于邀请发盘，对发盘人与受盘人均无约束力。

2. 价格表(Price List)

价格表也称价目表，是出口人印好的固定格式，其中包括货物名称、品质、规格及单价等项目。价格表多适用于轻工日用品的交易，由出口人定期寄送给国外客户，供国外商人订货时参考。价格表除买卖双方另有规定外，一般不具有约束力。

3. 形式发票(Proforma Invoice)

形式发票也称预开发票，是出口人事先印好的固定格式。目前为了管制进口，严格控制外汇支出以及掌握出口人和出口国，有些国家，特别是亚非地区的一些国家明文规定：进口商必须凭外国出口人提供的形式发票才能申请进口许可证或以形式发票办理进口报关和接货手续。为了适应这一情况，在实际业务中可以用形式发票对外报价，但不能作为出口人结汇的单据。形式发票的格式与商业发票相似，主要内容包括：发票抬头人的名称和地址、货物名称和数量、规格、包装、单价、总值、交货期以及支付方式等项目。此外，在形式发票中，一般还规定有效期，并列有"以我方最后确认为准"或"仅供申请进口许可证之用"等文字。由此可见，形式发票一方面内容明确、条件完整并规定了有效期，另一方面，它又规定以出口人"最后确认为准"的保留条件。因此，从法律观点分析，形式发票是无约束力的。但在实际业务中，考虑到索要形式发票的客户大多是发展中国家的商人，为了加强同这些国家的贸易往来，凡凭我方形式发票向该国申请进口并在有效期限内获得进口许可证的国外客户，应尽可能按形式发票要求同对方达成交易，签订合同。采取这种灵活的做法，不仅符合我国对外政策的要求，也有利于我国出口贸易的发展。

案例　　　　　　　　　**仅凭形式发票发货产生的争议**

某 A 公司业务员通过网上聊天室与加拿大 B 公司达成共识，由 A 公司传真给 B 公司相关形式发票，B 公司收到形式发票传真件后汇付 25%订金，余款按即期付款交单(D/P at sight)方式办理。A 公司先后传真 4 票形式发票，B 公司相应付了 4 票预付款，随后 A 公司按 D/P 要求，通过当地寄单行将 4 票单据相继寄达 B 公司指定的代收行。第一套单据于 2002 年 11 月寄达代收行，最晚的第 4 套单据也于 2003 年 4 月寄达同一代收行。直到 2003 年 7 月底，寄单行尚未收到一票货款。此后，寄单行采取一系列切实有效的措施，促使代收行承担未执行付款交单托收指示的后果，全额付给寄单行。

2003 年 10 月 14 日，B 公司通过加拿大某律师事务所发给 A 公司一封律师函，称：

① 收到的货物有质量问题，对 B 公司几乎没有价值，尽管 B 公司采取一些补救措施，付出了不小代价，但不能再付仓储费用。

② B 公司付了 25 000 加元订金，因 B 公司对贵公司已提出索赔，请退还订金。

② 我们想知道代收行是如何卷入此事的，因为我们了解按照某种银行惯例，贵公司可以得到货款。

④ 请回告贵公司是否准备退还订金。

【思考】 此案中，我方的主要教训何在？

第四节 接 受

接受(Acceptance)是指受盘人在发盘有效期之内无条件同意发盘的全部内容，并愿意按发盘内容签订合同的一种口头或书面的表示。《联合国国际货物销售合同公约》第18条(1)款对接受的定义是："受盘人声明或做出其他行为表示同意一项发盘，即为接受。缄默或不行动本身不等于接受。"发盘一经受盘人接受，交易即告达成，合同即告成立。

一、构成接受的条件

作为一项有效的接受，必须具备以下条件。

(1) 接受必须是受盘人做出，且这个受盘人必须是合法的人。

在通常情况下，一项发盘都明确地规定了受盘人，即特定的个人或团体，只有这个特定的人才可以表示接受，任何第三者表示接受均无法律效力，发盘人不受约束。但在个别情况下，属于公开发盘，在发盘中没有规定特定的受盘人，例如招标，任何人都可以凭招标书(公告)并按其规定的投标程序和办法进行投标，争取中标，签订合同。

(2) 接受必须是无条件同意发盘的全部内容。

原则上说，当接受中含有对发盘内容的增加、限制或修改，接受均不能成立，应拒绝或还盘。在一些国家法律中，把这种对发盘内容作出了实际的、重要的修改后的接受，称为"有条件的接受"(Conditional Acceptance)。在实际业务中，有时对方在答复发盘时虽然使用了"接受"这个词，但却附加上某种条件，或者在复述发盘的内容时对其中的某些条件作了修改。例如，把发盘中规定的包装条件从散装改为袋装，把支付方式由即期信用证改为即期托收，把 FOB 条件改为 CIF 条件等，这种做法在法律上称为有条件的接受。有条件的接受不是真正的有效的接受，而是还盘的一种形式，实际上是对发盘的拒绝，其法律后果同还盘是完全一样的，发盘人可以不受约束。《联合国国际货物销售合同公约》第 19条规定：

① 对发盘表示接受但载有添加、限制或其他更改的答复，即为拒绝该项发盘，并构成还盘。

② 但是，对发盘表示接受但载有添加或不同条件的答复，如所载的添加或不同条件在实质上并不变更该项发盘的条件，除发盘人在不过分延迟的期间内以口头或书面通知反对其间的差异外，仍构成接受。如果发盘人做出这种反对，合同的条件就以该项发盘的条件以及接受通知内所载的更改为准。

③ 有关货物的价格、付款、货物质量和数量、交货地点和时间，一方当事人对另一方当事人的赔偿责任范围或解决争端等等的添加或不同条件，均视为在实质上变更发盘的条件。

根据上述解释，应当把有条件的接受与在肯定接受的前提下提出某种希望或建议区分开来。前者即有条件的接受是指对发盘提出了新的附加条件，是对发盘的拒绝，其法律后果等于还盘。如果发盘人不同意这种附加条件就不能达成交易。后者只是在肯定接受的前提下提出某种希望或建议，这种希望或建议不是一项条件，无论发盘人同意与否，都不影响交易的达成。

(3) 接受必须在一项发盘的有效期限内表示接受。

这是一项有效接受必须遵守的原则。如果一项发盘明确规定了有效期限，受盘人只有在此期限内表示接受才有效。如果一项发盘未规定具体的有效期限，根据国际贸易习惯，应在合理时间内表示接受才有效。对于接受何时生效，各国法律解释不同。英美法系国家采用"投邮生效"的原则，即当信件投邮或电报交发，接受即告生效。即使接受函电在邮递途中延误或遗失，也不影响合同成立。那么，传递延误或遗失的风险由发盘人承担。大陆法系的国家采用"到达生效"原则，即表示接受的函电必须在发盘有效期内到达发盘人，接受才生效。如果接受函电在邮递途中延误或遗失，合同不能成立。传递延误或遗失的风险由受盘人承担。《公约》采用"到达生效"原则，如果接受在发盘的有效期内，或者发盘未规定有效期，而在合理时间内未到达发盘人，接受即为无效。

(4) 接受应由受盘人采用声明或作出其他行动的方式表示，并且将这种表示传达给发盘人才有效，缄默或不行动本身不是接受。所谓声明是用口头或书面形式表示接受；所谓行动是根据发盘人的意思或依照当事人之间已约定或确立的习惯做法和惯例所作出的行为。例如出口人用发运货物或进口人以开出信用证等行为来表示接受。采用作出某种行为的方式来表示接受，这种行为并不是任意的行为，而是符合一定限制条件的行为。

二、逾期接受的问题

所谓逾期接受，是指接受通知超过发盘规定的有效期限或发盘未具体规定有效期限而超过合理时间才传达到发盘人。逾期接受在一般情况下，不能视作法律上有效的接受，而是一项新的发盘，因而须经原发盘人及时地表示接受才能达成交易。这一点在《联合国国际货物销售合同公约》第 21 条(1)款规定："逾期接受仍有接受的效力，如果发盘人毫不迟延地用口头或书面将此种意见通知受盘人。"但是，上述《公约》在第 21 条(2)款又规定："如果载有逾期接受的信件或其他书面文件证明，它是在传递正常、能及时送达发盘人的情况下寄发的，则该项逾期接受具有接受的效力，除非发盘人毫不迟延地用口头或书面通知受盘人，他认为他的发盘已经失效。"

该《公约》第 21 条(2)款还规定，当接受期限的最后一天是发盘人所在地的正式假日或非营业日，而使对方的接受不能送达发盘人地址，只要事后证明上述情况属实，该项接受的最后期限应顺延至下一个营业日继续有效。在计算接受期限时，接受期间的正式假日或非营业日应计算在内。

三、接受的撤回问题

接受的撤回，是指接受通知尚未到达发盘人之前，受盘人采取取消原接受通知的行为。《公约》第 22 条规定和合同法的一级规则都允许接受撤回。

接受于表示同意的通知送达发盘人时生效。但在接受通知未送达发盘人之前，受盘人可随时撤回接受，要求以撤回通知先于接受或与接受同时到达发盘人为限。可是，按照英美法关于用信件、电报表示接受的例外规则，即信件一经投递，电报一经交发，接受即已生效，即便撤回的通知先于接受通知到达，撤回仍无效。除非发盘人在发盘中规定接受于接受通知到达发盘人时生效。《公约》规定与英美法规定不同。《公约》第22条规定："接受得予撤回；如果撤回通知于接受原生效之前或同时送达发盘人。"

接受不得撤销。接受通知一经到达发盘人即不能撤销。因为，接受一经生效，合同即告成立。如果撤销接受，在实质上已属毁约行为，应该承担毁约的法律责任。

四、表示接受时应注意的问题

在进出口业务中，表示接受来自两个当事人，一个是出口人表示接受；另一个是进口人表示接受。

1. 由我方(出口人)表示接受时，一般应注意的几个问题

(1) 在表示接受时应该慎重地对洽商的函电或谈判记录进行认真核对，经核对认为对方提出的各项主要交易条件已明确、完整、无保留条件和肯定时，才能表示接受。如果在核对时发现有不清楚之处，应在对方澄清之后再表示接受。接受可以简单表示，如"你10日电接受"，也可以详细表示，即将洽商中的主要交易条件再重述一下，表示接受。如"你10日电接受，中国东北大豆，一等品，麻袋包装，10 000公吨，每公吨300美元，FOB大连，5月装运，不可撤销即期信用证付款。"电报、电传或信函中必须注明对方来电、信函的日期或文号。对于大宗交易或者交易洽商过程较复杂的，为了慎重起见，在表示接受时应该采用详细叙述主要交易条件的形式。

(2) 表示接受应在对方报价规定的有效期之内进行，并应严格遵守有关时间的计算规定。

(3) 在表示接受之前应该详细分析对方的报价，准确识别是发盘还是询盘。如果将对方的询价误认为发盘表示接受，可能暴露我方接受的底价和条件，使我方处于被动地位；如果将对方的发盘误认为询价，可能误失成交良机。

2. 由国外(进口人)表示接受时，一般应注意的几个问题

(1) 要认真分析国外客户表示的接受是一项有效的接受，还是一项有条件的接受(还盘)。如果对方的接受是有效的接受，交易即告达成。反之，当对方在表示接受时，对主要的交易条件有修改或提出保留条件，即属于还盘性质，针对此种情况，根据我方的经营意图决定同对方是继续进行交易洽商还是停止洽商。

(2) 在对待国外客户的接受时，要坚持"重合同、守信用"的原则。如果发生出口货物价格上涨或支付货币汇率下浮等对我方不利的情况时，仍应同国外客户达成交易、订立合同，以维护我国的信誉。

(3) 在国外客户接受我方发盘时，对一些非重要条件的轻微改动，按照国际贸易习惯和惯例，应视为有效的接受，但发盘人有权拒绝此项轻微改动的要求。如发盘人并未及时

提出反对其间的差异，则不影响对方接受的有效性，仍然有订立合同的义务。

第五节　合同的签订

案例导入

进口合同忽视细节致损案

国内 Y 工厂紧急从美国空运进口一批生产用零配件，合同贸易术语为 CIP 南宁机场，启运港美国旧金山，包装条款规定采用适合长途空运的出口木箱，以满足防水、防震、防潮的要求。因交易金额不大，合同采用简式标准格式。保险条款只简单规定"保险由卖方负责"。工厂预付货款后，美方发货。几天后，工厂人员多次查询南宁民航货运处均未查到该批货消息，但美方的反馈是确已发货。最后通过南宁民航货运处查询北京机场得知货物滞留在北京，原因是货物包装箱尺寸过大，无法运往南宁。首都机场要求工厂派人来北京报关提货。Y 工厂遂派人前往北京办理有关手续，将零件运回。当货物运抵工厂后，发现一配件变形影响其正常使用。Y 工厂即向美商反映情况，要求索赔，美商答复该批零配件出厂时经严格检验，有质量合格证书，非他们责任。后经我商检局检验认定，该配件变形是运输送中受到震动、挤压造成的。Y 工厂于是向保险代理索赔，保险公司则认为此情况属"碰损、破碎险"承保范围，但 Y 工厂提供的保单上只保了"协会货物条款"，没保"碰损、破碎险"，所以无法赔付。Y 工厂无奈只好重新购买此部件，既浪费了金钱，又耽误了时间，工厂停产多日，损失惨重。

【思考】　此案例中，我方忽视了哪些合同细节才造成了损失？

国际货物买卖合同是营业地在不同国家的当事人(买方和卖方)自愿按照一定条件买卖某种货物达成的协议。它是根据双方接受的国际贸易惯例或有关法律、公约的规定而成立的。合同不仅规定了买卖的货物，同时根据双方洽商中达成的协议，规定了双方的权利和义务，对双方都有约束力。任何一方不能单方面地修改合同的内容或不履行自己的义务，否则将承担违反合同的法律责任。

一、合同订立的时间

世界各国对合同订立的时间和条件有不同的规定。我国涉外经济合同法规定，当事人就合同条款以书面形式达成协议并签字，即为合同成立。通过信件、电报、电传达成协议，一方当事人要求签订确认书的，签订确认书时方为合同成立。有些国家法律认为，接受生效的时间与合同成立的时间是一致的，接受一经生效，合同即告成立。《联合国国际货物销售合同公约》第 23 条规定"合同于按照本公约规定对发盘的接受生效时订立。合同无须以书面订立或书面证明，在形式方面也不受任何其他条件的限制。合同可以用包括人证在内的任何方法证明。"从上面所述内容来看，对于合同订立的时间和条件，我国规定与国际上的规定不完全一致。但在进出口业务中，我们的一般做法是：凡交易一经确认或接受，一般即认为合同已经成立，买卖双方均受约束；但在签订书面合同之时应以书面合同为依据。我国政府在核准《公约》时，对《公约》所列有关部分作出了保留。因此，我们应遵循我国涉外经济合同法的有关规定。

二、 国际贸易合同成立的条件

合同对当事人构成的约束力是建立在法律基础上的。因此，合同必须符合法律规范才能得到法律的承认和保护。各国的法律对于合同的成立都要求具备一定的条件，但各国的要求不完全相同。综合起来看，主要有以下几项。

1. 合同当事人意思表示要一致

这种意思表示一致是通过要约和承诺而达成的。也就是说，一方向另一方提出要约，另一方对该项要约表示承诺，双方的意思表示达成了一致，合同即告成立，对双方均产生法律约束力。如果有要约而没有承诺，合同就不成立。

要约和承诺在国际贸易实务中分别被称做发盘和接受。在有关国际贸易的法律中，对发盘和接受这两个行为的定义非常严格。判定国际贸易合同是否成立，不仅要看有无发盘和接受，还要看发盘和接受这两个行为是否成立。

2. 关于对价和约因

对价(Consideration)是英美法中有关合同成立所必须具备的一个要素。按英美法解释，合同当事人之间存在着我给给你是为了你给我的关系。这种通过相互给付，从对方那里获得利益的关系称做对价。例如，在货物买卖合同中，买方付款是为了获得卖方的货物；而卖方交货是为了获得买方的货款。

约因(Cause)是大陆法提出的合同成立要素之一。它是指当事人签订合同所追求的直接目的。例如，在货物买卖合同中，买卖双方签订合同都要有约因。买方的约因是获得货物，卖方的约因是获得货款。

在国际贸易合同中，要有对价或约因，法律才承认合同的有效性；否则，合同得不到法律的保障。

3. 合同当事人必须具有订立合同的能力

各国法律对于哪些人具有订立合同的行为能力，哪些人没有订立合同的行为能力，都有具体的规定。一般地，未成年人和精神病患者没有订立合同的能力或者受到一定的限制。因为这些人或者由于年龄太小或者由于神志不清，缺乏相应的判断力或经验，不能理解自身行为的后果，所以法律上需要给予特别的保护。

国际贸易合同一般是在法人之间签订的。我国的《对外贸易法》中规定我国的涉外经济合同当事人必须是企业或者其他经济组织。但是法人是由自然人组织起来的，它必须通过自然人才能进行活动。因此，代表法人的自然人必须具备订立合同的能力。另外，法人本身也必须具有一定的行为能力。法人采取的最普遍的具体形式是公司。例如，英国《公司法》规定，公司的行为不得越权。公司的订约能力要受公司章程的约束，如果公司订立的合同超出了公司章程规定的目的，即属越权行为，这种合同在法律上是无效的。

4．合同的标的和内容必须合法

各国法律都规定合同不得违反法律，不得违反公共政策和公共秩序。我国《合同法》规定：订立合同，必须遵守法律，并不得损害社会公共利益。这里的公共利益是广义的，包括公众安全、优良习惯和道德规范。在国际贸易中，对违禁品，如毒品、走私物品、严重败坏社会道德风尚的物品等签订贸易合同是不合法的；与敌国或国家明令禁止的贸易对象国签订贸易合同也是不合法的。

对于不合法的合同，在当事人之间没有权利和义务关系。一旦双方当事人发生争议或纠纷，任何一方都不能上诉。法律对这种合同不予承认和保护。同时，如果法律认为必要时，还要追究当事人的刑事责任，没收买卖的货物。

5．当事人必须在自愿和真实的基础上签订合同

合同是双方当事人意思表示一致的结果。根据各国的法律规定，如果由于各种原因或事实，构成当事人表示的意思不是自愿和真实的，合同则不成立。这些原因和事实大致有以下几种：

(1) 胁迫(Duress)。各国法律都一致认为，凡在胁迫下订立的合同，受胁迫的一方可以主张合同无效。因为在受胁迫的情况下所作的意思表示，不是自愿表达的意思。我国《合同法》第 52 条规定，因受胁迫而签订的合同是无效的。在英美法中，除普通法中有胁迫的法律原则外，在平衡法中还有"不正当影响"(Under Influence)的原则。"不正当影响"主要适用于滥用特殊关系以订立合同为手段从中谋取利益的场合。在大陆法中，除有胁迫的法律原则外，还有"绝对强制"的法律原则。前者是指施加心理上的压力；后者是指除施加心理压力外，还对其人身加以强制。在"不正当影响"和"绝对强制"下订立的合同都是无效的。

(2) 欺诈(Fraud)。欺诈是指以使他人发生错误为目的的故意行为。各国法律都认为，凡因受欺诈而订立的合同，蒙受欺诈的一方可以撤销合同。我国《合同法》第 52 条规定："采取欺诈或者胁迫手段订立的合同无效。"英美法把欺诈称为"欺骗性的不正确说明"(Fraudulent Misrepresentation)，受欺骗的一方可要求损害赔偿并撤销合同。大陆法中也有同样的规定。如法国《民法典》中规定："如果当事人一方不实行欺诈手段，他方当事人决不签订合同者，此种欺诈构成合同无效的原因。"即欺诈的结果导致合同无效。

对某种事实保持沉默是否构成欺诈的问题，国外一般认为，只有当一方负有对某种事实提出说明的义务时，不作这种说明才构成欺诈；如果没有此种义务，则不能仅因沉默而构成欺诈。至于当事人是否有此义务应按合同的具体情况决定。以买卖合同为例，在交易磋商过程中，当事人是没有提供商品市场价格的义务的，因此，没有对此提供说明不能认为是欺诈。但对于买卖标的物的情况，因其与对方决定是否订约有关，卖方必须披露。若明知一旦披露实情，买方就不会订约，因而采取沉默的办法隐瞒实情，这就构成欺诈。

(3) 错误(Mistake)。错误是指当事人意思表示有错误。错误导致意思表示不真实，从而影响合同的有效性。各国法律认为，如果任何意思表示的错误都使合同无效，交易就会缺

乏必要的保障。因此，各国法律对这个问题采取了慎重的态度。一般都按照错误的不同性质和可能产生的后果，采取区别对待的原则。如英美法规定，订约当事人一方的错误，原则上不能影响合同的有效性。只有当该项错误导致当事人之间根本没有达成真正的协议，或者虽已达成协议，但双方当事人在标的物的存在、性质、数量或有关交易的其他交易事项上有错误时，才可主张合同无效。

三、签订书面合同的意义

在国际贸易实践中，在当事人双方经过磋商一致，达成交易以后，一般均须另行签订书面合同。因为签订书面合同具有以下重要意义。

1. 合同成立的证据

根据法律要求，凡是合同必须能得到证明和提供证据，包括人证和物证。在用信件、电报或电传磋商时，书面证明自不成问题。但是，通过口头磋商成立的合同，举证就难以做到。因此，口头磋商成立的合同，如不用一定的书面形式加以确定，就将由于无法被证明而不能得到法律的保障，以致在法律上成为无效。对此，有的国家在法律上作出明文规定。例如，我国法律一贯认为涉外合同除即时清结的以外，应当采用书面形式。1986 年 12 月我国政府在向联合国交存对《公约》的核准书时，对《公约》第 11 条、第 29 条及有关规定提出了保留，即我国不同意国际货物买卖合同采用书面以外的形式订立、更改或终止。由此可见，按照我国法律，进出口贸易合同必须采用书面形式方为有效。

2. 合同生效的条件

书面合同虽不拘泥于某种特定的名称和格式，但是，假如在买卖双方磋商时，一方曾声明以签订书面合同为准时，即使双方已对交易条件全部协商一致，在书面合同签订之前，合同也不能生效。在此情况下，签订书面合同就成为合同生效的条件。按照我国法律，当事人采用合同书包括确认书形式订立合同的，自双方当事人签字或者盖章时合同成立。签字或者盖章不在同一时间的，最后签字或者盖章时合同成立。此外，按规定须经一方或双方所在国政府审核批准的合同，也必须是有一定格式的书面合同。

3. 合同履行的依据

在国际贸易中，货物买卖合同的履行涉及企业内外的众多部门和单位，过程也很复杂。口头合同，如不形成书面，几乎无法履行。即使通过信件、电报或电传达成的交易，虽然双方在磋商过程中交换的信件、电报或电传可作为合同成立的证据，但是，如不将分散于多份函电中的双方协商一致的条件，集中归纳到一份有一定格式的书面合同上来，也将难以得到准确的履行。所以，不论通过口头或是书面形式磋商达成的交易，均须把协商一致的交易条件综合起来，全面、清楚地列明在一份有一定格式的书面合同上，以便进一步明确双方的权利和义务。

四、合同的形式

合同的形式是多种多样的，一般可以分为两类，即书面合同和口头合同。按照一般的法律解释，除非当事人约定以签订正式书面合同为合同成立要件之外，口头合同与书面合同在法律上同样得到承认。《联合国国际货物销售合同公约》第 11 条规定："销售合同无须以书面订立或书面证明，在形式方面也不受任何其他条件的限制。销售合同可以用包括人证在内的任何方法证明。"第 13 条说明："书面包括电报和电传。"有的国家虽然承认口头合同，但是有一定的限制，如美国《统一商法典》规定：凡 500 美元以上金额的货物销售合同必须有书面文件为证，否则不得由法律强制执行。据此，对于通过口头洽商达成的交易，签署一份书面销售合同是完全必要的。

在国际货物买卖中，书面销售合同的名称和形式繁多，均无特定的限制。一般有销售合同、销售确认书、销售协议书和备忘录等。在我国出口业务中，主要使用销售合同和销售确认书两种。

1．合同(Contract)

合同的内容比较全面详细。除了包括合同的主要条款如货物名称、品质规格、数量、包装、单价、总值、交货期、支付方式之外，还包括一般合同条款如保险、商品检验、异议索赔、仲裁和不可抗力等。出口人草拟提出的合同为"销售合同"，进口人草拟提出的合同称为"购货合同"，使用的文字是第三人称语气。这种合同形式的特点是内容比较全面，对双方的权利和义务以及发生争议的处理均有详细规定。签订这种合同适合于大宗货物或成交金额较大的交易。

2．确认书(Confirmation)

确认书是合同的简化形式。确认书的内容一般包括货物名称、品质、规格、数量、包装、单价、总值、交货期、装运港和目的港、支付方式、运输标志商品检验等条款。对于异议索赔仲裁、不可抗力等一般条款都不用列入。这种格式的合同，适用成交金额不大、批次较多的轻工日用品、土特产品，或者已有包销、代理等长期协议的交易。

上述两种形式的合同，虽然在格式、条款项目和内容的繁简上有所不同，但在法律上具有同等效力，对买卖双方均有约束力。

3．协议(Agreement)

在法律上，协议和合同具有相同的含义。书面文件上冠以"协议"或"协议书"的名称，只要它的内容对买卖双方的权利和义务都作了明确、具体和肯定的规定，它就与合同一样对买卖双方都有法律约束力。如果交易洽谈的内容较复杂，商定了一部分条件，还有一部分条件有待进一步商谈，双方先签订了一个"初步协议"，在协议书里也作了协议属初步性质的说明，这种协议就不具有合同的性质。

4．备忘录(Memorandum)

备忘录是用来记录当时洽谈的内容，以供今后核查的文件。如果买卖双方洽谈的交易条件完整、明确、具体地写在了备忘录中，并经过双方的签字，那么，这种备忘录的性质就与合同无异。如果双方经洽谈后，只是对某些事项达成一致或一定程度的理解，并写在备忘录中，甚至冠以"理解备忘录"(Memorandum of Understanding)的名称，这种备忘录就不具有法律上的约束力。

5. 定单(Order)

定单是指进口商或实际买家拟制的货物定购单。在我国外贸实践中，经洽谈达成交易后，我方制作合同或确认书寄给国外客户两份，要求其签回一份。但有的客户往往将他的定单寄来，要求我方签回。这种经洽谈成交后寄来的定单，实际上是国外客户的购货合同或购货确认书。

五、销售合同的内容

销售合同的内容比较完整、全面，一般包括三个部分。

1. 合同的首部

合同的首部包括开头和序言、合同名称、编号、缔约日期、缔约地点、当事人的名称和地址等。在规定这部分内容时应注意两点：第一，要把当事人双方的全称和法定详细地址列明。有些国家法律规定这些是合同正式成立的条件。第二，要认真规定好缔约地点，因为合同中如对合同适用的法律未作出规定时，根据有些国家的法律规定和贸易习惯的解释，可适用于合同缔约地国的法律。

2. 合同的主干部分

合同的主干部分规定了双方的权利和义务，包括合同的各项条款，如货物名称、品质规格、数量、包装、单价和总值、交货期、装运港和目的港、支付方式、保险条款、检验条款、异议索赔条款、仲裁条款和不可抗力等，以及根据不同货物和不同交易情况加列其他条款，如保值条款或溢短装条款、品质公差条款以及合同适用的法律等。

3. 合同的结尾部分

合同的结尾部分包括合同的份数、使用文字和效力，以及双方的签字。

此外，有的合同有附件部分，附在合同之后，作为合同不可分割的一部分。

六、签订合同应注意的问题

(1) 必须贯彻我国的对外贸易方针政策，特别要体现平等互利的原则，我们既反对对方把片面维护一方利益的条款订入合同，也决不把对方不愿意接受的某些条款强加于人。

(2) 必须符合合同有效成立的要件，即双方当事人的意思表示必须一致和真实，当事人都有订约行为能力，合同标的、内容必须合法等。

(3) 合同内容应与洽商达成的协议内容一致，同时在条款的规定上必须严密，要明确责任、权利、义务等。切记避免订立多种解释的任意性和不确定性的条文。特别是对可能引起合同性质改变的内容，尤应慎重。如果有些条款事先未商妥，要订立书面合同时，要进一步协商达成协议才可订立。

(4) 合同各条款间必须协调一致，不能相互矛盾。例如，在数量条款规定溢短装时，支付方式为信用证，其信用证金额就应规定有增减幅度；又如贸易术语为 CFR 或者 FOB 时，在保险条款里就应订明"保险由买方自理"。关于签约后发生的额外费用，如运费上涨、港口封冻和绕航费等，也应在合同中明确规定由何方负担。

第六节　电子商务合同的法律效力

案例导入

网络商务合同成立的时间与地点

我 A 公司与纽约 B 公司一直有贸易往来，近年来随着计算机网络的发展，双方开始通过网络进行商务活动。某年 5 月 1 日上午北京时间 9 点，A 公司通过电子邮件向 B 公司发盘欲出售一批手工艺品，纽约时间 5 月 1 日上午 8 点，B 公司发现 A 公司的发盘遂派业务员 Mark 调查市场情况，5 月 6 日早晨 8 点，B 公司经研究认为 A 公司的发盘条件可以接受，电话指示 Mark 发出接受通知，Mark 于纽约时间 5 月 6 日上午 10 点用 A 公司通常的电子信箱发出了接受通知，A 公司发现接受通知是北京时间 5 月 7 日上午 8:23，电脑显示的接受时间是 6:22。

【思考】

1. 合同是什么时候成立的？
2. 合同于何地成立？

在国际贸易中，电子商务的迅速发展是必然的趋势。通过 EDI 等电子商务磋商成交的合同又称做电子商务合同。这种电子合同能否和传统的书面合同同样得到法律的承认，在法律上是否有约束力，这对国际电子商务的发展提出了挑战。为此，一些国际组织对电子商务的有关法律问题进行了深入的研究。

一、电子合同的法律问题

按照各国合同法规定，发盘和接受是合同订立所必须经过的两个环节。各国法律都要求订立合同必须反映当事人的真实意思，合同一方的发盘经由另一方接受，就是当事人的一种意思表示，其结果便产生了合同。通过 EDI 及其他电子方式订立的合同是通过计算机进行的，其决策过程是自动完成的，不受人工干预，没有经过任何确认。因此，电子合同的双方当事人对订约决策过程中可能发生的错误不能了解、掌握。

电子合同与传统的书面合同的最大不同在于电子合同内容的可编辑性。由于电子合同是以数字化为表现形式的合同，它可以随意编辑、修改、增加或删除。而一般的书面合同由双方当事人签字后，双方当事人各执一份，作为履行合同的依据，合同原件不易修改或增删。因此，这就会对电子合同的法律有效性产生疑问，也会给法院在认定合同证据效力方面带来不少困难。

二、电子合同的法律建设

为促进电子商务在国际贸易中的应用，消除电子商务在法律体系中存在的障碍，许多国际组织对电子商务所面临的法律问题进行了深入研究，并针对电子商务进行了一定程度的立法。

联合国国际贸易法委员会(UNCITRAL)于1991年决定进行电子商业领域的立法工作。经过大约五年的努力，终于在1996年6月联合国国际贸易法委员会第29届年会上通过了《电子商业示范法》(UNCITRAL Model Law on Electronic Commerce，以下简称《示范法》)。制订该《示范法》的目的是提供一套世界各国在进行国内电子商务立法时可以参考的、并可被广泛接受的国际电子商务统一规则。通过采用这些规则，以促进国内和国际领域的电子贸易的发展。同时，该《示范法》也为商人们提供了一个指导性的文件，以便在签订合同时有所遵循。

《示范法》包括总原则和具体贸易适用两大部分。其中，总原则是《示范法》的核心内容，共包括3章15条。具体贸易适用涉及货物运输中使用的电子商务，为1章2条。

《示范法》规定："商业"，包括不论是契约性或非契约性的一切商业性质的关系所引起的种种事项。商业性质的关系包括但不限于下列交易：供应或交换货物或服务的任何贸易交易、分销协议、商业代表或代理、客账代理、租赁、工厂建造、咨询、工程设计、许可贸易、投资、融资、银行业务、保险、开发协议或特许、合营或其他形式的工业或商业合作；空中、海上、铁路或公路的客、货运输等。

"数据电文"是指经由电子手段、光学手段或类似手段生成、储存或传递的信息，这些手段包括但不限于电子数据交换(EDI)、电子邮件、电报、电传或传真。

"电子数据交换"是指电子计算机之间使用某种商定标准来规定信息结构的信息电子传输。

从以上定义可以看出，数据电文与EDI是有区别的，数据电文比EDI所涵盖的内容要广。《示范法》明确规定，采用数据电文形式的信息具有法律效力、有效性和可执行性。如法律要求信息须采用书面形式，则假若一项数据电文所含信息可以调取以备日后查用，即满足了该项要求。在任何法律诉讼中，以数据电文形式的信息可被接受作为证据，也即具有证据力。

《示范法》还对合同的订立和有效性作出如下规定：就合同的订立而言，除非当事各方另有协议，一切要约以及对要约的承诺均可通过数据电文的手段表示。如使用了一项数据电文来订立合同，则不得以仅仅使用了数据电文为理由而否定该合同的有效性或可执行性。据此规定并结合以上关于数据电文符合法律上采用书面形式的要求，可以认为，通过以数据电文交换而订立的合同，符合法律上所要求的书面合同性质。

此外，联合国国际贸易法委员会又着手起草《电子签字统一规则》，以解决电子商务中出现的数字签字和验证等问题。

世界贸易组织(WTO)从1998年起将电子商务作为全球贸易的一部分对待。1998年9月WTO大会通过了WTO的电子商务计划。目前有多个WTO机构正在对电子商务和电子贸易领域进行研究。WTO在服务贸易、知识产权、货物贸易、政府采购和贸易的技术性壁垒等领域对电子商务有着广泛的影响。1998年3月，WTO部长级会议通过了一项关于全球电子商务的政治宣言。在宣言中，WTO成员方提议对全球电子商务给国际贸易带来的多方面影响进行研究，并重视其他国际组织正在进行的与全球电子贸易相关的工作。该宣言最重要的部分是再次确认了成员方不对网络贸易征收关税的原则。WTO将各政府暂不对网络贸易征收关税看做是过去几年电子商务在世界范围内迅速发展的一个重要原因。

亚太经济合作组织(APEC)作为重要的地区性组织意识到电子商务对本地区乃至世界经济的巨大影响，对各成员方电子商务的发展也给予了越来越多的关注。1998 年 2 月，APEC 成立了电子商务工作组，由其负责 APEC 领域内的电子商务工作，同年分别在马来西亚和新加坡召开了会议，讨论亚太地区的电子商务发展问题，并在 11 月的部长级会议上签署了《APEC 电子商务行动蓝皮书》。在该蓝皮书中，各成员方就许多问题达成了一致意见。其中比较主要的有：在促进电子商务发展方面，企业起主导作用，政府的作用主要体现在促进和帮助电子商务的发展，为其提供良好的环境，包括建立各国电子商务框架、促进电子商务立法。

随着电子商务的迅速发展，APEC 成员方对电子商务的立法要求日益迫切。目前，在 APEC 范围内，美国、加拿大、新加坡、新西兰、澳大利亚和韩国等国电子商务的立法比较完备，已具有一定规模。

三、我国对电子合同的法律规定

我国《合同法》第 11 条规定："合同的书面形式是指合同书、信件和数据电文(包括电报、电传、传真、电子数据交换和电子邮件)等可以有形地表现的可载内容。"据此，明确了数据电文的法律效力，解决了电子合同是否与书面合同具有同等效力的问题。这有助于我国电子商务的发展。

对于电子合同的生效方式，《合同法》第 16 条规定，"要约到达受要约人时生效。采用数据电文形式订立合同，收件人指定特定系统接收数据电文的，该数据电文进入该特定系统的时间视为到达时间；未指定特定系统的，该数据电文进入收件人的任何系统的首次时间视为到达时间。"第 26 条第 2 款规定："采用数据电文形式订立合同的，承诺到达的时间适用本法第 16 条第 2 款规定。"

通过电子合同方式做生意，尽管有不少优点，如方便和快捷，但毕竟存在着一定的风险，如信息被他人截获、篡改，甚至对方谎称没有收到等。对此，《合同法》第 33 条规定："当事人采用信件、数据电文等形式订立合同的，可以在合同成立之前要求签订确认书，签订确认书时合同成立。"这一规定在电子合同技术手段尚不完备的情况下，是非常必要的，它对于防范电子合同的风险性起到了相当大的作用。

上述规定是我国第一次以立法形式对电子商务中的有关问题进行规范，对我国电子商务的立法工作具有非常重要的意义。但是也应看到，《合同法》中上述规定仅是原则性的，且包括的内容需要在今后制定相关法律或专门规定时进一步细化与完善，以适应电子商务的迅速发展。

思 考 与 练 习

一、名词解释

1. 询盘　2. 发盘　3. 还盘　4. 接受

二、单项选择题

1. 英国某买方向我轻工业出口公司来电"拟购美加净牙膏大号 1000 罗请电告最低价格最快交货期",此来电属交易磋商的(　　　)环节。

　　A. 询盘　　　　　B. 发盘　　　　　C. 还盘　　　　　D. 接受

2. 某项发盘于某月 12 日以电报形式送达受盘人,但在此前的 11 日,发盘人以传真告知受盘人发盘无效,此行为属于(　　　)。

　　A. 发盘的撤回　　B. 发盘的修改　　C. 一项新发盘　　D. 发盘的撤销

3. 在交易磋商的过程中,有条件的接受是(　　　)形式。

　　A. 发盘　　　　　B. 询盘　　　　　C. 接受　　　　　D. 还盘

4. 根据《公约》的规定,合同成立的时间是(　　　)。

　　A. 接受生效的时间　　　　　　　　B. 在合同获得国家批准时

　　C. 当发盘送达受盘人时　　　　　　D. 交易双方签订的书面合同

5. 在国际货物买卖中,(　　　)是交易磋商中必不可少的法律步骤。

　　A. 询盘和发盘　　B. 发盘和还盘　　C. 发盘和接受　　D. 询盘和接受

6. 我方某出口公司于 5 月 5 日以电报对德商发盘,限 8 日复到有效。对方于 7 日以电报发出接受通知,由于电信部门的延误,出口公司于 11 日才收到德商的接受通知,事后该出口公司亦未表态。此时,(　　　)。

　　A. 除非发盘人及时提出异议,该逾期接受仍具有接受效力

　　B. 该逾期接受丧失接受效力,合同未成立

　　C. 只有发盘人不延迟地表示接受,该逾期接受才具有接受效力,否则,合同未成立

　　D. 由电信部门承担责任

7. 我方公司星期一对外发盘,限星期五复到有效,客户于星期二回电还盘并邀我电复。此时,国际市场价格上涨,故我方未予答复。客户又于星期三来电表示接受我方公司星期一的发盘,在上述情况下(　　　)。

　　A. 接受有效　　　　　　　　　　　B. 接受无效

　　C. 如我方未提出异议,则合同成立　D. 属于有条件的接受

三、判断题

1. 询盘又称询价,即向交易另一方询问价格。　　　　　　　　　　　　(　　　)

2. 发盘必须明确规定有效期,未规定有效期的发盘无效。　　　　　　　(　　　)

3. 《公约》规定发盘生效的时间为发盘送达受盘人时。　　　　　　　　(　　　)

4. 还盘是对发盘的拒绝,还盘一经作出,原发盘即失去效力,发盘人不再受其约束。
　　　　　　　　　　　　　　　　　　　　　　　　　　　　　　　　(　　　)

5. 根据《公约》的规定,接受必须用声明或行动表示出来,沉默或不行动不等于接受。
　　　　　　　　　　　　　　　　　　　　　　　　　　　　　　　　(　　　)

6. 英法美规定,合同只有在有对价时,才是法律上有效的合同。　　　　(　　　)

7. 接受和发盘一样也是可以撤销的。　　　　　　　　　　　　　　　　(　　　)

8. 一项接受由于电讯部门的延误,发盘人收到此项接受时已超过该发盘的有效期,那么除非发盘人及时提出异议,该逾期接受有效,合同成立。　　　　　　　(　　　)

四、简答题

1. 构成一项有效发盘的条件有哪些？
2. 发盘与询盘有什么区别？
3. 合同有效成立的要件有哪些？

五、案例分析题

1. 6月6日出口公司甲对新加坡公司乙发盘：薄荷脑3000公斤，每公斤单价CIFC3%新加坡12.50美元，7、8月船期，6月10日前复电有效。乙公司在洽销过程中有散户客商愿意购买4500公斤，因此乙于6月9日复电甲公司：你5日电接受4500公斤，请电确认。此时因产地连续干旱，薄荷原有生产剧减，薄荷脑价上涨，甲公司去电拒绝：你9日电收，由于行情变化，我货已售出。乙公司对此提出异议。乙公司声称，3000公斤的交易已经达成，乙公司6月9日电对3000公斤已有效接受，合同关系成立，甲公司必须按原合同向乙公司交货3000公斤。双方因此而发生争议。试问，双方3000公斤货物的合同关系是否成立？为什么？

2. 某月20日，我方向德国A商发盘"可供一级红枣100公吨，每公吨500美元CIF纽约，适合海运包装。订约后即装船，不可撤销即期信用证付款，请速复电。"A立即电复："你20日电我方接受，用麻袋包装，内加一层塑料袋。"我方收到复电后着手备货。数日后，一级红枣的国际市场价格猛跌，A商来电称："我方对包装条件作了变更，你方未确认，合同并未成立。"而我公司坚持合同已成立。试对此案进行分析。

第十二章　进出口合同的履行

- **理论目标**

  了解不同结算方式及贸易术语下，进出口合同履行的各环节的内容和做法。了解信用证的审证、开证等相关知识，熟悉掌握各种进出口业务单证的制作。

- **案例目标**

  能运用所学的主要概念、观念和基本理论研究相关案例，培养和提高学生在特定业务情境中分析问题与决策设计的能力；能结合相关教学内容，就履约的基本问题展开讨论并辅以相应的训练。

- **实务目标**

  协调好各个环节所涉及的相关部门的业务工作，通晓全部出口业务单证的处理，熟悉外汇核销和出口退税工作。掌握 FOB 术语下，进口合同履行的一般流程及注意问题。掌握进口索赔的一般流程与要点。

第一节　出口合同的履行

案例导入

重合同守信用——履行合同遵守的基本原则

　　某出口公司与国外一公司成交红枣一批，合同与来证均要求交付三级品，但发货时才发现三级红枣库存已空，于是改以二级品交货。并在发票上加注"二级红枣仍按三级计价"。当时正赶上国际市场价格大幅度下浮，买方拒收了货物，我方遭受巨大损失。

　　【思考】

　　1. 通过本案例，你认为买方为何会遭受损失？

　　2. 出口合同究竟如何履行？

　　在国际贸易中，国际货物买卖合同一旦依法有效成立，双方当事人必须各自履行合同规定的权利和义务。对出口贸易合同的签订和履行，有国际性的章程可循：如根据《联合国国际货物销售合同公约》的规定，卖方必须按合同和公约交付货物，移交一切与货物有关的单据并转移货物所有权。履行合同是一项极为严肃的工作，必须谨慎对待，因为任何一方违反了合同中的某一条款，违约方就要承担相应的法律责任。与此同时，履行合同还是衡量企业资信状况的一个重要指标。如果依法订立了合同却不履约，势必带来信誉上的损失。此外，在履约过程中，还必须严格地贯彻我国的对外贸易方针政策，在平等互利的基础上，做到"重合同，守信用"，确保我国的对外贸易信誉。由此可见，严格履行合同具有十分重要的意义。

本章以 CIF 术语成交、凭信用证方式付款的合同为例，将出口合同履行所涉及的各项业务分述如下，概括起来就是货(备货、报检)、证(催证、审证和改证)、船(办理货运手续、报关、投保)、款(制单结汇)四个环节。

一、备货与报检

(一) 备货

所谓备货，是指根据出口合同所规定的商品品质、规格、数量、重量、花色品种、包装等要求，按时保质保量准备好货物。其主要内容包括：及时向供货部门或生产企业逐一地交待、检查和督促，核实应交货物的品质、规格、数量和交运时间，并进行必要的包装以及刷制唛头等各项工作。

备货注意事项如下：

(1) 备货数量可适当有余，以备不测，在短缺时可以补足，避免短交。

(2) 对所备货物的品质、规格、花色品种要严格核对，使所交运的货物完全符合合同和信用证的规定。对于那些不符合要求的货物必须重新加工或调换。

(3) 所备货物的包装必须符合出口合同的规定，包括内外包装的方式方法、用料、重量等。由于运输公司按重量或体积计算运费，出口企业应尽量选择重量轻的小体积包装，以节省运输费用。随着技术进步，自动仓储环境处理的货物越来越多，货物在运输和仓储过程中，通常由传送带根据条形码自动扫描分拣。因此，应注意根据仓储要求，严格按统一尺寸对货物进行包装或将货物放置在标准尺寸的牢固托盘上，并预先正确印制和贴放条形码。

(4) 运输包装的刷唛，要按买卖双方约定的式样，要求涂料不易脱落和防止错刷，图形和文字清晰、醒目，位置适当。唛头式样一般由卖方自行制定，并及时通知买方，或在合同上加以说明，以便及时刷唛和货到时提货无误。如果在合同上仅规定由买方决定，则要求买方在开出的信用证上注明或发运前10～15天通知卖方，否则卖方可自行决定，并在货物运往装运港前刷唛完毕。

(5) 货物备妥的时间应结合信用证规定的装运期限和船期安排，做到船货相衔接。

(二) 出口报检

在出口货物备齐后，要根据合同或信用证要求向中国出入境检验检疫局或其他机构申请检验检疫，领取出口商品检验检疫证书。报检的方法可根据商品的不同情况采取送样检验和邀请到产地或仓库检验。商品检验的主要内容有：商品的外观和内在质量，如包装、数量、重量、安全性能、卫生等。

申请报检的手续是：凡法定检验检疫出口的货物，应填制"出境货物报检单"，然后向商检局办理报检手续，经检验检疫合格后，取得商检局签发的"出境货物通关单"，才能向海关报关。

货物经检验合格，即由商检局发给检验证书，进出口公司应在检验证书规定的有效期内将货物出运。如超过有效期装运出口，应重新向商检局申请报检。经检验不合格的货物，一般不得出口。

二、催证、审证

(一) 催证

在出口合同中，采用信用证方式付款时，按时开证是买方应尽的义务。但在实际业务中，当遭到市场变化或资金发生短缺的情况时，国外买方往往会拖延开证。对此，应该结合备货情况及时催证，必要时可请本国驻外机构或有关银行协助代为催证。

催证是指买方不按合同规定及时开立信用证，卖方以书面或口头形式向买方催促开证的情况。在此情况下，卖方应催促对方迅速办理开证手续。催证可在以下情况下进行：

(1) 在合同规定的开证期之前催证，以提醒客户注意开证时间即将来临。

(2) 在客户未按时开证的情况下催证或连续催证，以示必须立即开证，否则将延误装运期。

(3) 在装运期已到客户仍不开证的情况下催证。在这种情况下，如果经催证客户开来了信用证，则应在来证符合合同规定的条件下予以接受，但应注意装运期和信用证有效期必须以我方能接受为条件。

(二) 审证

信用证的特点是受益人(通常为出口商)在提供了符合信用证规定的有关单证的前提下，开证行承担第一付款责任，其性质属于银行信用。即在满足信用证条款的情况下，利用信用证付款既安全又快捷。但必须特别注意的是，信用证付款方式强调"单单相符、单证相符"的"严格符合"原则，如果受益人提供的文件不符合信用证的规定，不仅会产生额外的费用，而且还会遭到开证行的拒付，给安全、及时收汇带来很大的风险。

国外买方开来的信用证本应与合同一致，但在实际业务中，由于种种原因，如国外客户或开证银行工作的疏忽和差错，电文传递的错误，或者某些国家对开立信用证有特别规定，或者国外客户对我国政策不了解，或者开证申请人或开证行的故意行为等，往往会出现开立的信用证条款与合同条款不符的情况。所以应事先对信用证条款进行审核，对于不符合出口合同规定或无法办到的信用证条款应及时提请开证申请人(通常为进口商)进行修改，可以大大减少进口商收汇的风险。

审核信用证是银行和外贸企业的共同责任，但审核内容各有侧重。银行着重审核开证银行的政治背景、资信能力、付款责任及索汇路线等方面的问题，外贸企业则着重审核信用证与买卖合同是否一致和信用证的一些要求我方能否接受等。审核信用证的要点如下。

1. 开证银行

(1) 开证行的政治背景和对我国的态度，凡是政策规定我国不与之进行经济贸易往来的国家银行开来的信用证，均应拒绝接受。

(2) 开证行的资信情况。对于资信较差的银行，可分别采取适当的安全措施，如要求另一家银行保兑；加列电报索偿条款；分批装运、分批结汇等，通过这些措施可以减少收汇的风险。

(3) 核查电开信用证的密押是否相符,信开信用证的签字或印鉴是否真实,以确定信用证的真伪。检查信用证内容是否完整。

(4) 偿付路线是否合理,偿付条款是否恰当。检查信用证的通知方式是否安全、可靠。

信用证一般是通过受益人所在国家或地区的通知行通知给受益人的。这种方式的信用证通知比较安全,因为根据《跟单信用证统一惯例》的有关规定,通知行应对所通知的信用证的真实性负责;如果不是这样寄交的,遇到下列情况之一的应该首先通过银行调查核实:

① 信用证是直接从海外寄给受益人的,那么受益人应该小心查明它的来历。

② 信用证是从本地某个地址寄出,要求受益人把货运单据寄往海外,而受益人并不了解他们指定的那家银行。

2.检查信用证的付款保证是否有效

有下列情况之一的,不是一项有效的付款保证或该项付款保证是存在缺陷的。

(1) 信用证明确表明是可以撤销的,此信用证由于毋须通知受益人或未经受益人同意可以随时撤销或变更,对受益人来说是没有付款保证的,因此,一般不予接受。信用证中如没有表明该信用证是否可以撤销,按照《UCP600》的规定,应理解为不可以撤销的。

(2) 信用证未生效。

(3) 有条件生效的信用证。如:"待获得进口许可证后才能生效"。

(4) 信用证简电或预先通知。

(5) 应该保兑的信用证未按要求由有关银行进行保兑。

(6) 由开证申请人提供的开证申请书。

3.检查信用证的金额是否符合合同规定

主要的检查内容有:

(1) 信用证金额是否正确。

(2) 信用证中的单价、总值、币种及大小写是否一致。

(3) 有无佣金,是否符合合同规定。如所开的金额已扣除佣金,就不能在信用证上再出现议付行内扣佣金的词句。

(4) 如数量上可以有一定幅度的溢短装,那么,信用证的支付金额也应允许有一定的伸缩幅度。《UCP600》第三十条 a 款规定:"约"或"大约"用于信用证金额或信用证规定的数量或单价时,应解释为允许有关金额或数量或单价有不超过 10%的增减幅度。

4.对货物描述的审核

(1) 审核信用证中货物的名称、货号、规格、包装、合同号码、定单号码等内容是否与买卖合同完全一致。

(2) 检查价格条款是否符合合同规定。

不同的价格条款涉及具体的费用如运费、保险费由谁承担。如合同中规定是 FOB SHANGHAI USD50/PC,那么运费和保险费由买方承担;如果信用证中的价格条款没有按合同的规定表示,而是写成 CIF NEW YORK USD50/PC,对此条款如不及时修改,那么受益人将承担有关的运费和保险费。

(3) 检查信用证的数量是否与合同规定相一致。

《UCP600》第三十条 b 款规定:除非信用证规定数量不得有增减,那么,在信用证未以包装单位件数或货物自身件数的方式规定货物数量时，货物数量允许有 5% 的增减幅度，只要总支取金额不超过信用证金额即可。

5．检查信用证受益人和开证申请人的名称和地址是否完整和准确

受益人和开证申请人的名称和地址是出口单证中必不可少的，如来证开错应及时修改，以免制单和交单发生困难，影响收汇。

6．有效期、交单期和交货期是否合理

(1) 有效期。按《跟单信用证统一惯例》的规定，一切信用证均须规定一个到期日和一个交单付款、承兑的地点，或除了自由议付信用证外的一个交单议付的地点。规定的付款、承兑或议付的到期日将被解释为交单到期日。据此，未注明到期日（即有效期）的信用证是无效的。

信用证的有效期还涉及到期地点的问题。一般有三种情况：在出口地到期；在进口地到期；在第三国到期。这三种情况中，第一种规定方法对出口人最有利，而第二、第三两种情况的到期地点均在国外，有关单据必须寄送国外，由于我们无法掌握单据到达国外银行所需的时间且容易延误或丢失，因而风险较大。为此，出口商应争取在出口地到期，若争取不到，则必须提前交单，以防逾期。

(2) 交单期。信用证还应规定运输单据出单后向银行提交的期限，即"交单期"。交单期通常按下列原则处理：

① 信用证有规定的，应按信用证规定的交单期向银行交单。

② 信用证没有规定的，向银行交单的日期不得迟于提单日期后 21 天。

(3) 装运期。装运期是指卖方将货物装上运往目的地（港）的运输工具或交付给承运人的日期。信用证中可以没有装运期，只有有效期。若信用证未规定装运期，卖方最迟应在信用证到期日前几天装运。如信用证中的装运期和有效期是同一天，即通常所称的"双到期"，在实际业务操作中，应将装运期提前一定的时间（一般在有效期前 10 天），以便有合理的时间来制单结汇。

超过信用证规定装运期的运输单据将构成不符点，银行有权不付款。检查信用证规定的装运期应注意以下几点：

① 能否在信用证规定的装运期内备妥有关货物并按期出运。如来证收到时距离装运期太近，无法按期装运，应及时与客户联系修改。

② 实际装运期与交单期相距时间太短。

7．运输条款是否可以接受

(1) 装运港（地）和目的港（地）。信用证运输条款中的装运港（地）和目的港（地）应与合同相符，交货地点也必须与价格条款相一致。

(2) 若来证指定运输方式、运输工具或运输路线以及要求承运人出具船龄或船籍证明，应及时与承运人联系。

(3) 分批装运和转运问题。多数来证是允许转运或分批的（其中包括信用证中未注明可否转运或分批）。但也有信用证列明不许转运或不准分批，出口商应及时了解在装运期内是否有直达船到目的地，能否提供直运提单及了解货源情况，以及是否可以在装运期内一次出运等。

对信用证列有必须分批，且规定每批出运的日期和出运数量，或类似特殊的分运条款时，应根据货源情况决定是否可以接受。对于分期装运，惯例规定，除非信用证另有规定，

若一期未能按期完成，本期及以后各期均告失效。若要续运，必须修改信用证。

(4) 信用证中指定唛头。如货已备妥，唛头已刷好而信用证后到，且信用证指定的唛头与原唛头不一致，应要求修改唛头。否则，需按信用证重新刷制。

8. 保险条款是否可以接受

(1) 保险金额是否符合合同规定。

(2) 保险险别及其他保险条款是否符合合同规定。

若来证要求的投保险别或投保金额超出了合同的规定，受益人应及时和保险公司联系，若保险公司同意且信用证上也表明由此产生的额外费用由开证申请人承担并允许在信用证项下支取，则可接受。

9. 其他条款

(1) 银行费用条款。

此项条款《UCP600》也作了明确的规定，即银行费用(一般包括议付费、通知费、保兑费、承兑费、修改费、邮费等)由发出指示的一方负担。如信用证项下是由开证申请人申请开立的信用证，同时又由开证行委托通知行通知议付，因此来证由受益人承担全部费用(all banking charges are for account of beneficiary)，显然是不合理的。关于银行费用，可由出口商和进口商在谈判时加以明确，一般以双方共同承担为宜。

(2) 检查信用证规定的单据条款是否合理。

① 一些需要认证的单据特别是使馆认证等能否及时办理和提供。

② 由其他机构或部门出具的有关文件如出口许可证、运费收据、检验证明等能否及时提供。

③ 要求提交的单据条款是否合理。如：汇票的付款期限与合同规定不符；在信用证方式下，汇票的付款人为开证申请人；发票种类不当；提单收货人一栏填制要求不妥；提单抬头与背书要求有矛盾；对运输工具、方式或路线的限制无法接受；产地证明书出具机构有误；要求提交的检验证书与实际不符等。

(3) 检查信用证中有无陷阱条款。

下列信用证条款对于出口商来说是有收汇风险的：

① 正本提单全部或部分直接寄交开证申请人的条款。如果接受此条款，将面临货、款两空的危险。

② 将客检证作为议付文件的条款。要求提供客检证书，若接受此条款，则受益人正常处理信用证业务的主动权很大程度上掌握在对方手里，影响安全收汇，要谨防假客检证书诈骗。

③ 对信用证规定必须由开证申请人或其指定的人签署有关单据的条款，如商业发票需由买方签字等条款内容应慎重对待。

④ 信用证对银行的付款、承兑行为规定了若干前提条件，如货物清关后才付款等。

(4) 检查信用证中有无矛盾之处。

如：明明是空运，却要求提供海运提单；明明价格条款是 FOB，保险应由买方办理，而信用证中却要求提供保险单；提单运费条款规定与成交条件有矛盾；要求提单的出单日期比装运期早，受益人无法做到。

(5) 检查有关信用证是否受国际商会丛刊第 600 号《跟单信用证统一惯例》的约束。

信用证受国际商会丛刊第 600 号《跟单信用证统一惯例》的约束可以使我们在具体处理信用证业务中，对于信用证的有关规定有一个公认的解释和理解，避免因对某一规定的不同理解而产生争议。

案例　　　　　　审证案例

我国某外贸公司在某年 8 月通过中国银行某分行收到一份以英国 GKM 银行伯明翰分行名义开立的跟单信用证，金额为 125 万美元，通知行为加拿大 AC 银行。银行和公司在审核时，审证员分别发现几点可疑之处：(1) 信用证的格式很陈旧，信封无寄件人地址，且邮戳模糊不清，无法辨认从何地寄出；(2) 该证没有加押证实，仅在来证上注明"本证将由 TBS 银行来电证实"；(3) 信用证的签名为印刷体，而非手签，且无法核对；(4) 来证要求受益人发货后，速将一套副本单据随同一份正本提单用 DHL 快邮寄给申请人；(5) 该证装运期和有效期在同一天，且离开证日不足五天；(6) 信用证申请人在英国而收货人却在加拿大。我分行和外贸公司经过研究，决定调查。我分行业务人员一方面告诫公司"此证密押未符，请暂缓出运"，另一方面，赶紧向总行有关部门查询，回答"查无此行"。稍后，却收到署名"巴西 TBS 银行"的确认电，但该电文没有加押证实。于是，我分行又设法与 TBS 银行驻香港代表处联系，请求协助调查，最后得到答复："该行从未发出确认电，且与开证行无任何往来"。至此，终于证实这是一起盗用第三家银行密押的诈骗案。

【思考】　请同学们总结一下审证的要点和重要性。

三、改证

修改信用证是对已开立的信用证中的某些条款进行修改的行为。

信用证的修改可以由开证申请人提出，也可以由受益人提出。由于修改信用证的条款涉及各当事人的权利和义务，因而不可撤销的信用证在其有效期内的任何修改都必须征得各有关当事人的同意。

信用证修改的一般程序是：开证申请人提出→开证行→通知行→受益人。

由受益人提出修改，首先应征求开证申请人的同意，再按上述程序办理。出口商对信用证的修改应掌握的原则和注意的问题有：

(1) 非改不可的坚决要改，可改可不改的根据实际情况酌情处理。如合同中规定可以"分批装运"而信用证中规定"不许分批装运"，若实际业务中可以不分批装运，则不需修改该条款。

(2) 不可撤销信用证的修改必须在得到各有关当事人全部同意后，方能有效。开证行发出修改通知后不能撤回。

(3) 受益人应对开证申请人提出的修改发出接受或拒绝的通知。根据《跟单信用证统一惯例》的规定，受益人对不可撤销的信用证的修改表示拒绝的方法有两种：一是向通知行提交一份拒绝修改的声明书；二是在交单时表示拒绝修改，同时提交仅符合未经修改的原证条款的单据。

(4) 保兑行有权对修改不保兑，但它必须不延误地将该情况通知开证行及受益人。

(5) 在同一信用证上，如有多处需要修改的，原则上应一次提出。一份修改通知书包括两项或多项内容，要么全部接受，要么全部拒绝，不能只接受一部分而拒绝另一部分。

(6) 受益人提出修改信用证，应用电报或电传通知开证人或开证行，同时规定一个修改书到达的时限。

(7) 收到信用证修改后，应及时检查修改内容是否符合要求，并分情况表示接受或重新提出修改。

(8) 对于修改内容要么全部接受，要么全部拒绝，部分接受修改中的内容是无效的。

(9) 有关信用证修改必须通过原信用证通知行才真实有效，通过客人直接寄送的修改申请书或修改书复印件不是有效的修改。

(10) 明确修改费用由谁承担，一般按照责任归属来确定修改费用由谁承担。

案例　　　　　　　改 正 案 例

中方某公司与加拿大商人在 2002 年 10 月份按 CIF 条件签定了一份出口 10 万码法兰绒合同，支付方式为不可撤销即期信用证。加拿大商人于 5 月通过银行开来信用证，经审核与合同相符，其中保险金额为发票金额的 110%。我方正在备货期间，加拿大商人通过银行传递给我方一份信用证修改书，内容为将保险金额改为发票金额的 120%。我方没有理睬，按原证规定投保、发货，并于货物装运后在信用证有效期内向议付行议付货款。议付行议付货款后将全套单据寄开证行，开证行以保险单与信用证修改书不符为由拒付。

【思考】　开证行拒付是否有道理？为什么？

四、托运、报关、投保和装船

(一) 出口托运

在实际业务中，出口企业往往在备齐货物并审核信用证无误后，即开始着手办理租船或订舱、报关和投保等事宜。出口企业办理出口货物托运订舱的程序如图 12-1 所示。

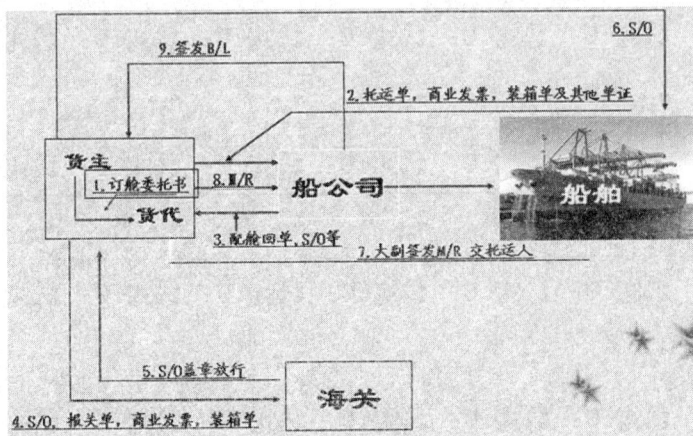

图 12-1　托运订舱程序

(1) 出口企业即货主在货、证齐备后，填制出口货物订舱委托书(如表 12-1 所示)，委托货代代为订舱。有时还委托其代理报关及货物储运等事项。

表 12-1　出口货物订舱委托书

<table>
<tr><td colspan="5" align="center">出口货物订舱委托书</td></tr>
<tr><td colspan="3"></td><td colspan="2">制表日期：　　年　　月　　日</td></tr>
<tr><td colspan="3">委托单位：</td><td colspan="2">代运编号：</td></tr>
<tr><td>装运港</td><td>目的港：</td><td>合同号：</td><td>国别：</td><td>委托单位编号：</td></tr>
<tr><td>唛头标记及号码</td><td>件数及包装式样</td><td>货名规格及型号</td><td colspan="2">重量(公斤)　　尺(立方米)码</td></tr>
<tr><td rowspan="2"></td><td rowspan="2"></td><td rowspan="2"></td><td>毛重</td><td>总体积：</td></tr>
<tr><td>净重</td><td>单件：
(尺码不一时须另附表)
长　　宽　　高</td></tr>
<tr><td colspan="3">托运人(英文)
SHIPPER:</td><td colspan="2">需要提单正本　　　份
副本　　　　　　　份</td></tr>
<tr><td colspan="3">收货人(提单抬头)
CONSIGNEE:</td><td colspan="2">信用证号：</td></tr>
<tr><td colspan="3">通知人(英文)
NOTIFY:</td><td colspan="2">装期：
效期：
可否转运：
可否分批：</td></tr>
<tr><td colspan="3">代发装船电报的电挂；地址(英文)：</td><td colspan="2">运费支付：</td></tr>
<tr><td colspan="3">特约事项：</td><td colspan="2">　　　　出口货物报单　　　　份
随　发票　　　　　　　　　　份
附　装箱(重量单)　　　　　　份
单　尺码单　　　　　　　　　份
据　信用证副本　　　　　　　份
　　商检证　　　　　　　　　份
　　出口许可证　　　　　　　份</td></tr>
<tr><td colspan="2">我司联系人：</td><td>TEL:</td><td colspan="2">FAX:</td></tr>
</table>

(2) 货代接受订舱委托后，缮制集装箱货物托运单，随同商业发票、装箱单及其他必要的单证一同向船公司办理订舱。

(3) 船公司根据具体情况，如接受订舱则在托运单的几联单证上编上与提单号码一致的编号，填上船名、航次并签署，即表示已确认托运人的订舱，同时把配舱回单、S/O(Shipping Order)装货单(见表 12-2)等与托运人有关的单据退给托运人。

表 12-2　装　货　单

中国外轮代理公司
CHINA OCEAN SHIPPING AGENCY
装货单
<u>**SHIPPING ORDER**</u>　　　　　　S/O NO.＿＿＿＿＿＿

船名　　　　　　　　　　　目的港
S/S＿＿＿＿＿＿＿＿＿＿＿＿　For＿＿＿＿＿＿＿＿＿＿＿

托运人
Shipper＿＿＿＿＿＿＿＿＿＿＿＿＿＿＿＿＿＿＿＿＿＿＿＿＿

收货人
Consignee＿＿＿＿＿＿＿＿＿＿＿＿＿＿＿＿＿＿＿＿＿＿＿

通知
Notify＿＿＿＿＿＿＿＿＿＿＿＿＿＿＿＿＿＿＿＿＿＿＿＿＿

兹将下列完好状况之货物装船并签署收货单据。

Received on board the under mentioned goods apparent in good order and condition and sign the accompanying receipt for the same.

标记及号码 Marks & Nos.	件数 Quantity	货名 Description of Goods	毛/净重量(公斤) Weight In Kilos		尺码 Measurement 立方公尺 CBM
			Net	Gross	
共计件数(大写) Total Number of Packages in writing					

日　期　　　　　　　　　　　　　时　间
Date＿＿＿＿＿＿＿＿＿＿＿＿＿　Time＿＿＿＿＿＿＿＿＿＿＿

装入何舱
Stowed＿＿＿＿＿＿＿＿＿＿＿＿＿＿＿＿＿＿＿＿＿＿＿＿＿

实　收
Received ＿＿＿＿＿＿＿＿＿＿＿＿＿＿＿＿＿＿＿＿＿＿＿

理货员签名　　　　　　　　　　经办员
Tallied By＿＿＿＿＿＿＿＿＿＿＿　Approved By ＿＿＿＿＿＿＿

(4) 托运人持船公司签署的 S/O、填制的出口货物报关单、商业发票、装箱单等连同其他有关的出口单证向海关办理货物出口报关手续。

(5) 海关根据有关规定对出口货物进行查验，如同意出口，则在 S/O 上盖放行章，并将 S/O 退回给托运人。

(6) 托运人持海关盖章的由船公司签署的 S/O 要求船长装货。

(7) 装货后，由船上的大副签署 M/R(Mate's Receipt 大副收据)交给托运人。

(8) 托运人持 M/R 向船公司换取正本已装船提单。

(9) 船公司凭 M/R 签发正本提单并交给托运人凭以结汇。

办理货物发运手续前，出口企业应了解和掌握装运港的情况，如港口是否拥挤等，密切注意国际运输的动向。在整个发运过程中，要与外运公司经常取得联系，密切配合，发现问题共同研究解决，保证如期装船。外运公司定期编制的船期表上载有船名、航线、国籍、抵港日期、截止收单期(简称截单期)、受载日期、停挂港口等内容，是船、货衔接的依据，可以作为参考。如果出口货物因自身具有的特点(如易腐、易燃、易爆)，需要租用特种舱位或船舶，应在托运单上加以表明，以便使货物安全装运。

(二) 报关

报关是指出口货物出运前，由发货人或其代理在规定的期限内向海关交验有关单证，办理出口货物申报手续的法律行为。按照我国海关法规定：凡是进出国境的货物，必须通过设有海关的港口、车站、国际航空站进出，接受海关的监管，经过海关查验、放行后，货物才可提取或者装运出口。

目前，我国的出口企业在办理报关时，可以自行办理报关手续，也可以通过专业的报关经纪行或国际货运代理公司来办理。首先必须填写出口货物报关单，必要时，还需提供出口合同副本、发票、装箱单或重量单、商品检验证书及其他有关证件，向海关申报出口。

办理出口货物报关一般需经过以下程序。

1. 申报

出口企业按照实际出口的货物，根据"外销出仓通知单"填写"出口货物报关单"(如表 12-3 所示)，一式三份，其中两份连同出口许可证、出口合同副本、发票、装货单、装箱单、出口收汇核销单、商品检验证及其他有关证件，一并向装运口岸海关申报出口。

案例 **报关单有误而影响正常退税**

A 公司在 1999 年委托其客户指定的船公司出口近 50 万美金的货物，涉及 50 多万的出口退税。具体情况是，由于 A 公司采购时是以"盒"为单位采购的，A 公司提供的报关单上也是注明"506 000 BOXES"，所以工厂的增值税发票开的单位也是以"506 000 盒"为单位。由于船公司在重新填写报关单时却将"BOXES"漏打，只标明"6000KGS"，因此海关计算机上该产品的数量为"6000 千克"，导致报关单上的内容与发票上的数量和单位不同，A 公司不能正常退税。A 公司要求船公司办理改单(修改报关单据)，就是要在品名下注明"506 000 BOXES"，但是由于船公司的一再拖延，导致 A 公司无法办理退税手续。A 公司不断催促船公司办理改单，考虑到手续麻烦需要较长时间，要求对方必须在 3 个月内将改后的单据退还给 A 公司，否则要其承担由于不能正常退税造成的相关经济损失。3 个月后，总算了结此案。

【思考】 为了报关不发生问题，卖方在报关时需注意，最好用铅笔在报关单上注明正确的品名、数量单位等以防发生错误。

表 12-3　中华人民共和国海关出口货物报关单

预录入编号：　　　　　　　　　　　　海关编号：

出口口岸		备案号	出口日期	申报日期
经营单位		运输方式	运输工具名称	提运单号
发货单位		贸易方式	征免性质	结汇方式
许可证号	运抵国(地区)	指运港		境内货源地
批准文号	成交方式	运费	保费	杂费
合同协议号	件数	包装种类	毛重(公斤)	净重(公斤)
集装箱号	随附单据			生产厂家
标记唛码及备注				

项号	商品编号	商品名称、规格型号	数量及单位	最终目的国(地区)	单价	总价	币制	征免

税费征收情况

录入员　　录入单位	兹声明以上申报无讹并承担法律责任	海关审单批注及放行日期(签章)
		审单　　　　审价
报关员		征税　　　　统计
单位地址	申报单位(签章)	
邮编　　　电话　　　填制日期		查验　　　　放行

2. 查验

海关对各种申报单据进行核实，必要时要拆箱(包)查验货物种类、品质、数量、包装等项目。查验时货物所有人或其代理人必须在场，以便及时处理发现的问题。经核查确定出口货物符合国家有关法令，海关在有关货运单据上签署放行。

3. 纳税

纳税是指出口货物的发货人或其代理人在规定的期限内向海关缴纳税款。按照我国《海关法》的规定，发货人应在海关填发"税款缴纳证"次日起的 14 日内缴纳税款，逾期缴纳的由海关征收滞纳金。超过 3 个月未缴纳的，海关可以责令担保人缴纳税款，或者将货物变价抵缴，必要时通知银行在担保人或者发货人的存款内扣缴。

4. 放行

放行是指海关经审核单证和查验货物未发现问题，在应纳税货物完成出口纳税或提供担保后，由海关在有关报关单证和查验货物记录上签章，并在装货单加盖放行印章，准予货物出境。海关放行后，出口企业或其代理即可提取和发运货物。

(三) 投保

在 CIF 合同条件下成交的出口合同，应由出口企业为货物办理保险。在货物装船前，须及时向保险公司办理投保手续，投保时要防止漏保和错保，以免遭受不必要的损失。投保的一般程序是：首先，由出口企业填写投保单，根据信用证规定，逐项如实地表明货物的名称、数量、险别、保额、起讫地点、保险期限、投保人名称等，然后交由保险公司签发正式保险单。货物投保后，若在运输途中遇到不测风险，投保人即可按照保险单规定的权利和义务向保险公司提出索赔。该保险单既是索赔的主要依据，也是向银行议付货款必不可少的单据。

(四) 制单结汇

出口企业在货物装运后，应立即按照信用证的要求正确缮制各种单据，并在信用证规定的有效期和交单期内，将单据及有关证件送交银行，通过银行收取外汇，并将所得外汇出售给银行换取人民币的过程即为出口结汇。

我国银行出口结汇的做法主要有：

(1) 定期结汇：指议付行根据向国外银行索偿邮程的远近，预先确定一个固定的结汇期限，到期后主动将票款金额折成人民币付给外贸公司。

(2) 收妥结汇：即先收后结，指议付行收到外贸企业提交的单据后，经审核无误，将单据寄往国外付款行索汇，待收到国外银行将价款转入议付行账户的贷记通知书时，即按当日外汇牌价折成人民币付给外贸公司。

(3) 买单结汇：即"出口押汇"，指议付行在审单无误的情况下，按信用证条款受益人的汇票和单据，从票面金额中扣除从议付日到估计收到票款之日的利息，将净额按议付日外汇牌价折成人民币付给外贸公司。议付行向受益人垫付资金买入跟单汇票后，即成为汇票持有人，可凭票向付款行索取票款。银行同意作出口押汇，是为了对出口公司提供资金融通，有利于出口公司的资金周转。

货物发出后，单证不符又无法补救时，出口商可以采取以下两种方式收款，或通过托收方式收款。

(1) 担保议付：即"表提"，即在征得进口商同意的情况下，出口商向开证行出具担保书，要求议付行凭担保议付具有不符点的单据，议付行向开证行寄单时，在随附单据的表盖上注明单证不符点和"凭保议付"字样。

(2) 电提：由议付行先用电讯方式向开证行列明不符点，待开证行确认后，再将单据寄去。"电提"的目的是在尽可能短的时间内了解开证行对单证不符的态度。

(五) 出口收汇核销和出口退税

1. 出口收汇核销

出口收汇核销制度是国家为加强出口收汇管理，防止国家外汇收入流失的一项重要措施。出口收汇核销的程序一般为：

(1) 出口企业先从外汇管理部门领取有顺序编号的核销单，并如实填写。

(2) 在出口报关时，海关逐票核对报关单上的核销单编号与所附核销单编号是否一致，报关单和出口收汇核销单的内容是否一致，出口货物经审核无误后验放，海关在专为出口收汇核销用的报关单和核销单上盖"验讫章"。

(3) 出口企业在向银行交单时，需在所提交的汇票及/或发票上注明核销单编号。

(4) 当货款汇至出口地指定银行后，该银行向出口企业出具结汇水单或收账通知时，提供出口收汇核销专用联。

(5) 出口企业凭出口收汇核销单和出口收汇核销专用联的结汇水单或收账通知及其他规定的单据，到国家外汇管理部门办理核销手续。

(6) 国家外汇管理部门按规定办理核销后，在核销单上加盖"已核销"章，将其中的出口退税专用联退给出口企业。

2. 出口退税

出口产品退(免)税，简称出口退税，其基本含义是指对出口产品退还其在国内生产和流通环节实际缴纳的产品税、增值税、营业税和特别消费税。出口产品退税制度是一个国家税收的重要组成部分。出口退税主要是通过退还出口产品的国内已纳税款来平衡国内产品的税收负担，使本国产品以不含税成本进入国际市场，与国外产品在同等条件下进行竞争，从而增强竞争能力，扩大出口创汇。

出口企业办理完出口收汇核销以后，携带以下材料到税务机关办理出口退税。

(1) 《中华人民共和国海关出口货物报关单(出口退税联)》。

(2) 《增值税专用发票》即进货发票。

(3) 外贸企业出口销售发票。

(4) 结汇水单或收汇通知书。

(5) 属于生产企业直接出口或委托出口的自制产品，凡以到岸价 CIF 结算的，还应附送出口货物运单和出口保险单。

(6) 有进料加工复出口产品业务的企业，还应向税务机关报送进口料件的合同编号、日期、进口料件名称、数量、复出口产品名称，进料成本金额和实纳的各种税金额等。

(7) 产品征税证明。

(8) 《出口收汇核销单(出口退税专用)》即出口收汇已核销证明。

(9) 与出口退税有关的其他材料。

案例

违约金条款的陷阱

中国某进出口公司与某国某公司签订了 1 亿条沙包袋出口合同，交货期限为合同成立后的 3 个月内，价格条款为 1 美元 CIF 香港，违约金条款为：如合同一方在合同履行期内未能履行合同规定的义务，则必须向另一方支付合同总价 3.5% 的违约金。中方公司急于扩大出口，赚取外汇，只看到合同利润优厚，未实际估计自己是否有能力履行合同，便与外商订立了合同。而实际上中方公司并无在 3 个月内加工 1 亿条该类沙包袋的能力。合同期满，能够向外方交付的沙包袋数量距 1 亿条还相差很远。中方无奈，只有将已有的沙包袋向外方交付并与之交涉合同延期。外方态度强硬，以数量不符合同规定拒收，并以中方公司违约而要求按合同支付违约金。双方协商未果，最后中方某进出口公司只得向对方支付违约金 300 多万美元，损失巨大。

【思考】

1. 通过本案例，你认为中方为什么会损失巨大？
2. 出口合同的履行应注意哪些问题？

第二节　进口合同的履行

案例导入

把握进口环节的重要性

2003 年初我某公司与中东一家公司签订了进口 200 吨铝板的合同，交易条件为 CIF 上海，不可撤销即期信用证支付，2003 年 3 月底之前交货。我方按照合同规定即时开立了信用证。2003 年 3 月 25 日对方发来传真，告知货已装船。4 月 10 日，我公司又接到开证行"单据已到开证行"的通知，经开证行审核无误后，对受益人付了款。

货到上海港时，我公司发现这批货物不是铝板，都是废钢板。我公司当即与对方联系，对方已无任何音讯。同时公司请求开证行帮助追回货款，开证行说他们是凭单付款，没有不符点，只能付款，且无追索权，因此不能要求国外议付行退回货款。

我公司此时方知已被卖方欺骗，但已回天无术，只能蒙受因进口环节把握不当而遭致的严重经济损失。

【思考】

1. 通过本案例，你认为买方为何会遭受损失？
2. 本案例揭示出什么问题？

进口与出口是一个事物的两个方面，两者的行为是相互牵连、相互对应的。在我国的进口业务中，一般按 FOB 价格条件成交的情况较多，如果是采用即期信用证支付方式成交，履行进口合同一般要经历六七个环节，即：开立信用证、派船接运货物、投保货运险、审单和付汇、报关、纳税、验收和拨交。这些环节的工作，是由进出口公司、运输部门、商检部门、银行、保险公司以及用货部门等各有关方面分工负责、紧密配合共同完成的。现将履行进口合同的主要环节分别介绍和说明如下。

一、信用证的开立

(一) 申请开证时应注意的问题

1. 开证时间

如果合同规定了开证日期，就必须在规定限期内开立信用证；如果合同有装运期的起止日期，那么最迟必须让卖方在装运期开始前的最后一天收到信用证；如果合同只规定最后装运期，那么买方应在合理的时间内开证，一般掌握在合同规定的交货期前半个月或一个月开到卖方。总之，要让卖方在收到信用证以后能在合同规定的装运期内装运货物。

2. 开证时必须以签订的买卖合同为依据

合同中规定要在信用证上明确的条款都必须列明，一般不能使用"参阅第××号合同"或"第××号合同项下货物"等条款，也不能将有关合同作为信用证附件附在信用证后。信用证内容必须明确无误，应明确规定各类单据的出单人(商业发票、保险单和运输单据除外)，明确规定各单据应表述的内容。

(二) 申请开立信用证的程序

进口人在合同规定的时间向中国银行或其他经营外汇业务的银行办理申请开立信用证的手续如下：

1. 递交有关合同的副本及附件

进口人在向银行申请开证时，要向银行递交进口合同的副本以及所需附件，如进口许可证等。

2. 填写开证申请书

申请开立信用证必须填写开证申请书(Irrevocable Documentary Credit Application)，如表12-4 所示。开证申请书是银行开具信用证的依据，是开证申请人与开证银行之间有关开立信用证的权利与义务的契约。开证申请书是依据合同开立的，但信用证一经开出就成为独立于合同以外的自足的文件，因而在开立信用证时应审慎查核贸易合同的主要条款并将其列入开证申请书中。

表12-4 开证申请书
IRREVOCABLE DOCUMENTARY CREDIT APPLICATION

TO: BANK OF CHINA   Issue by teletransmission (which shall be the operative instrument)

Beneficiary (full name and address)	L/C No.: Contract No.:
	Date and place of expiry of the credit

Advising Bank Ref. nr	Applicant

Partial shipments ( )allowed ( )not allowed	Transshipment ( )allowed ( )not allowed	Amount (both in figures and words)

Loading on board/dispatch/taking in charge at/from not later than for transportation to ( ) FOB ( ) C&F ( ) CIF ( ) or other terms	Credit available with ANY BANK ( )by sight payment ( ) by acceptance ( ) by negotiation ( )by deferred payment at against the documents detailed herein ( )and beneficiary's draft for 100 % of the invoice value at on

Documents required: (marked with X)

1. ( ) Manually signed commercial invoice in __copies indicating this L/C No. and contract No.
2. ( ) Full set (included___original and___non-negotiable copies) of clean on board ocean bills of lading made out to order and blank endorsed, marked 'freight [   ]prepaid / [   ]to collect', notifying APPLICANT.
3. ( ) Air Waybills showing 'freight [   ]to collect / [   ]prepaid ", consigned to APPLICANT.
4. ( ) Railway bills showing 'freight [   ]to collect / [   ]prepaid' and consigned to
5. ( ) Memorandum issued by consigned to
6. ( ) Full set of insurance policy/certificate for 110pct of the invoice value, showing claims payable in china in currency of the draft, blank endorsed, covering ([   ]ocean marine transportation / [   ]air transportation / [   ]over land transportation) all risks and war risks.
7. ( ) Weight memo/packing list in___copies issued by BENEFICIARY, indicating quantity/gross and net weights of each package and packing conditions as called for by the L/C.
8. ( )Certificate of quantity/weight in___copies issued by BENEFICIARY indicating the actual surveyed quantity/weight of shipped goods as well as the packing condition.
9. ( ) Certificate of quality in___copies issued by BENEFICIARY.
10.( ) Beneficiary's certified copy of fax dispatched to the applicant within___hours after shipment advising [   ]name of vessel / [   ]flight no. / [   ]wagon no., date, quantity, weight and value of shipment.
11. ( ) Beneficiary's certificate certifying that extra copies of documents have been dispatched according to the contract terms.
12. ( ) Shipping Co.'s Certificate attesting that the carrying vessel is chartered or booked by Applicant or their shipping agents.
13. ( ) Other documents, if any:

Description of goods:

Additional instructions:
1. (   ) All banking charges outside the opening bank are for beneficiary's account.
2. (   ) Documents must be presented within___days after shipment date but within the validity of this credit.
3. (   ) Third party as shipper is not acceptable. Short Form/Blank Back B/L is not acceptable.
4. (   ) Both quantity and amount___% more or less are allowed.
5. (   ) Prepaid freight drawn in excess of L/C amount is acceptable against presentation of original charges voucher issued by shipping Co./ Air line/or it's agent.
6. (   ) All documents to be forwarded in one cover, unless otherwise stated above.
7. (   ) Other terms, if any:

Account: with _____ (name of bank)

Transacted by:_____

(Applicant: name, signature of authorized person)

Telephone no.:_____

(with seal)

背面内容：

××银行：

　　我公司已办妥一切进口手续，现请贵行按我公司开证申请书内容(见背面英文)开出不可撤销跟单信用证，为此我公司愿不可撤销地承担有关责任如下：

　　一、我公司同意贵行按照国际商会第 600 号出版物《跟单信用证统一惯例》办理该信用证项下一切事宜，并同意承担由此产生的一切责任。

　　二、我公司保证按时向贵行支付该证项下的货款、手续费、利息及一切费用等(包括国外受益人拒绝承担的有关银行费用)所需的外汇和人民币资金。

　　三、我公司保证在贵行单到通知书中规定的期限之内通知贵行办理对外付款/承兑，否则贵行可认为我公司已接受单据，同意付款/承兑。

　　四、我公司保证在单证表面相符的条件下办理有关付款/承兑手续。如因单证有不符之处而拒绝付款/承兑，我公司保证在贵行单到通知书中规定的日期之前将全套单据如数退还贵行并附书面拒付理由，由贵行按国际惯例确定能否对外拒付。如贵行确定我公司所提拒付理由不成立，或虽然拒付理由成立，但我公司未能退回全套单据，或拒付单据退到贵行已超过单到通知书中规定的期限，贵行有权主动办理对外付款/承兑，并从我公司账户中扣款。

　　五、该信用证及其项下业务往来函电及单据如因邮、电或其他方式传递过程中发生遗失、延误、错漏，贵行当不负责。

　　六、该信用证如需修改，由我公司向贵行提出书面申请，由贵行根据具体情况确定能否修改。我公司确认所有修改当由信用证受益人接受时才能生效。

　　七、我公司在收到贵行开出的信用证、修改书副本后，保证及时与原申请书核对，如有不符之处，保证在接到副本之日起两个工作日内通知贵行。如未通知，当视为正确无误。

　　八、如因申请书字迹不清或词意含混而引起的一切后果由我公司负责。

开证申请人

(签字盖章)

年　　月　　日

　　开证申请书有正面和背面两个部分内容。正面主要包括：受益人名称和地址、信用证及合同号码、信用证的有效期及到期地点、装运期、信用证的性质、货物的描述、对单据的要求、信用证的金额和种类、信用证中的特别条款及其他一些条款等。背面内容是：开证行与开证申请人之间的约定，一般由开证行根据相关的国际惯例和习惯做法事先确定并印制，申请人只需签字盖章即可。进口人根据银行规定的开证申请书格式，一般填写一式三份，一份银行结算部门留存，一份银行信贷部门留存，一份开证申请人留存。

　　3. 缴付保证金

　　按照国际贸易的习惯做法，除非开证行对开证申请人有授信额度，进口人向银行申请开立信用证时，应向银行缴付一定比例的保证金，其金额一般为信用证金额的百分之几到百分之几十不等，通常根据进口人的资信情况而定。在我国的进口业务中，开证行根据不同企业和交易的情况，要求开证申请人缴付一定比例的人民币保证金，然后银行才会开证。

4. 支付开证手续费

进口人在申请开证时，必须按规定支付一定金额的开证手续费。

二、安排运输和办理保险

(一) 安排运输

国外装船后，卖方应及时向买方发出装船通知，以便买方及时办理保险和做好接货等各项工作。在 FOB 术语下，进口方负责租船订舱。派船接货活动主要包括以下过程：

(1) 进口方必须在合同规定的装运期以前向船公司提出租船订舱的申请，并告诉船公司预计的装船期和装运港。如果船公司可以接受该笔货物的运输业务，进口方就可与其签订租船合同。在办好租船订舱手续后，进口方向出口方提供船名、船期等信息，以便出口方就备货及装船方面的情况与船方保持联系。

根据《2010 年通则》对 FOB 术语的解释，进口方必须在合同规定的装运期内订妥船只，并派船接货。如果由于进口方租船订舱不及时或所订船只不适航、不适载等问题造成出口方在装货方面的损失，均由进口方承担。因此，进口方按合同规定租船订舱非常重要。

(2) 为了保证进口方所派船只与出口方的备货活动相衔接，在 FOB 合同中通常会规定，出口方须在装运期前、备好货后向进口方发出货物备妥通知，以便进口方通知船公司在最短时间内前往装运港装货。

(3) 如果进口方在出口国设有办事处或代办处，进口方还会要求在合同中规定，由进口方派人到装运港验货、监装。这时，进口方可通过其代理在装运港履行监督的职责，以维护自身权益。

(4) 在装运过程中，进口方需要与船公司和出口方随时保持联系，以掌握装船的进度。当货物完成装货时，进口方可以及时向保险公司投保。因为有时会发生出口方在货物上船以后，没有及时发装运通知而造成货物漏保或迟保的现象。

(二) 办理保险

FOB 或 CFR 交货条件下的进口合同，保险由买方办理。进口商(或收货人)在向保险公司办理进口运输货物保险时，有两种做法：一种是逐笔投保方式，另一种是预约保险方式。

预约保险方式是指进口商或收货人同保险公司签订预约保险合同(见表 12-5)，其中对各种货物应投保的险别作了具体规定，故投保手续比较简单。按照预约保险合同的规定，所有预约保险合同项下的按 FOB 及 CFR 条件的进口货物保险，都由该保险公司承保。因此，每批进口货物，在收到国外装船通知后，即直接将装船通知寄到保险公司或填制国际运输预约保险启运通知书，将船名、提单号、开船日期、商品名称、数量、装运港、目的港等项内容通知保险公司，即已办妥保险手续，保险公司则对该批货物负自动承保责任，一旦发生承保范围内的损失，由保险公司负责赔偿。

表 12-5　进口货物运输预约保险合同

进口货物运输预约保险合同

合同号　TT080156　　　　　2005 年 12 月 17 日

甲方：　　　　　上海朗明商贸有限公司

乙方：中国人民保险公司 上海分公司

双方就进口货物的运输预约保险拟定各条以资共同遵守：

一、保险范围

甲方从国外进口全部货物，不论运输方式，凡贸易条件规定由买方办理保险的，都属于本合同范围之内。甲方应根据本合同规定，向乙方办理投保手续并支付保险费。

乙方对上述保险范围内的货物，负有自动承保的责任，在发生本合同规定范围内的损失时，均按本合同的规定，负责赔偿。

二、保险金额

保险金额以货物的到岸价格(CIF)即货价加运费加保险费为准(运费可用实际运费，亦可由双方协定一个平均运费率计算)。

三、保险险别和费率

各种货物需要投保的险别由甲方选定并在投保单中填明。乙方根据不同的险别规定不同的费率。现暂定如下：

货物种类	运输方式	保险险别	保险费率
分体式空调	海运	一切险、战争险	0.88%

四、保险责任

各种险别的责任范围，按照所属乙方制定的"海洋货物运输保险条款"、"海洋运输货物战争险条款"、"海运进口货物国内转运期间保险责任扩展条款"、"航空运输一切险条款"和其他有关条款的规定为准。

五、投保手续

甲方一经掌握货物发运情况，即应向乙方寄送起运通知书，办理投保。通知书一式五份，由保险公司签认后，退回一份。如不办理投保，货物发生损失，乙方不予理赔。

六、保险费

乙方按照甲方寄送的起运通知书照前列相应的费率逐笔计收保费，甲方应及时付费。

七、索赔手续和期限

本合同所保货物发生保险责任范围内的损失时，乙方应按制定的"关于海运进口保险货物残损检验的赔款给付方法"和"进口货物施救整理费用支付方法"迅速处理。甲方应尽力采取防止货物扩大受损的措施，对已遭受损失的货物必须积极抢救，尽量减少货物的损失。向乙方办理索赔的有效期限，以保险货物卸离海港之日起满一年终止。如有特殊需要可向乙方提出延长索赔期。

八、合同期限

本合同自 2005 年 12 月 17 日起开始生效。

甲方　　　　　　　　　　　乙方

上海朗明商贸有限公司　　　中国人民保险公司上海分公司

王明　　　　　　　　　　　张平

在没有签订预约保险合同的情况下，可以对进口货物进行逐笔投保。逐笔投保方式是收货人在接到国外出口商发来的装船通知后，直接向保险公司填写投保单，办理投保手续。保险公司出具保险单，投保人缴付保险费后，保险单随即生效。

三、审单和付款

货物单据是核对出口商所供货物是否与合同相符的凭证，是进口商的付款依据。在信用证支付方式下，进口方在确认对方已完成发货义务后，将凭出口方提交的符合信用证规定的单据进行付款。

在我国，一般情况下出口方提供的全套单据会通过信用证的开证行转让给进口方，由进口方负责对单据进行全面的审核。进口方在审核单据时一定要将单据与信用证逐字逐句地进行核对。

(一) 审核的单据

出口方在完成出口义务之后缮制并提交的单据就是进口方需要审核的单据。审单的内容主要包括：单据是否齐全；单据的名称、份数、内容等与信用证是否一致；各单据之间是否矛盾；各种单据签发的日期之间是否存在矛盾(比如装运期早于货物检验日期等)等。

(二) 审单的时间限制

根据《跟单信用证统一惯例》(UCP600)第 14 条的规定："按指定行行事的指定银行、保兑行(如有的话)及开证行各有从交单次日起的至多五个银行工作日用以确定交单是否相符。这一期限不因在交单日当天或之后信用证截止日或最迟交单日届至而受到缩减或影响。"即开证行和进口方进行的审单活动不得超过《UCP600》所规定的时间。如果超过了时间限制，则认为开证行已接受了所有单据，开证行必须无条件付款。因此，我国的进口企业在得到单据后一定要抓紧时间审单，以免超过审单期限而处于被动。

(三) 审单的结果

在信用证支付方式下，进口方审单是一项非常重要的工作。进口方审单的目的是要保证"单单相符、单证相符"。只有做到这点，才能基本保证出口方提交的货物符合合同和信用证的需要，符合进口方的进货要求。

进口方的审单可能出现两种结果：

(1) 进口方通过审单，发现单据和信用证规定存在不符。如果不符点对货物交付没有严重影响，进口方可以通知开证行暂时拒绝付款，并要求出口方进行修改；如果进口方发现不符点影响到合同履行的核心内容，如货物规格、数量、品质等重要条款与信用证不符，则进口方可拒绝付款提货，并可对由此造成的损失向对方提出索赔。

(2) 进口方把出口方提交的单据与信用证条款进行严格对比，发现单据正确无误后，进口方即可通知开证行对外付款。

银行收到国外寄来的汇票及单据后，对照信用证的规定，核对单据的份数和内容。如内容无误，即由银行对国外付款。同时进出口公司按照国家规定的有关外汇牌价向银行买汇赎单。进出口公司凭银行出具的"付款通知书"向用货部门进行结算。如审核国外单据发现单、证不符时，应作出适当处理，如停止对外付款；相符部分付款、不符部分拒付；货到检验合格后再付款；凭卖方或议付行出具的担保付款；要求国外改正单据；在付款的同时，提出保留索赔权等。

四、进口报关及验货

(一) 报关

进口货物到港后，应及时向海关填送"进口货物报关单"，并提交合同副本、正本提单、发票及其他有关单据，办理报关手续。海关按照《中华人民共和国海关进口税则》的规定，对进口货物计征进口税。货物在进口环节由海关征收(包括代征)的税种有：关税、增值税、消费税、进口调节税等。若属于许可证管理的进口商品，还应递交有关进口许可证。若进口货物为"来料加工"或"进料加工"则无须提交进口许可证，但要办理免税手续，海关根据提交的各类单据对照进口货物，查验无误后放行。报关手续一般由外贸进出口公司委托国际货运代理公司代为办理。海关放行后，则根据委托人的要求，将货转运至收货人。一切费用均由国际货运代理公司向外贸公司结算，再由外贸公司与用户办理最终结算手续。有时也可经外贸公司提出证明，由用户自提货物。

(二) 验收和拨交货物

1. 验收货物

进口货物运达港口卸货时，港务局要进行卸货核对。如发现短缺，应及时填制"短卸报告"交由船方签认，并根据短缺情况向船方提出保留索赔权的书面声明。卸货时如发现残损，货物应存放于海关指定仓库，待保险公司同商检机构检验后作出处理。对于法定检验的进口货物，必须向卸货地或到达地的商检机构报检，未经检验合格的货物不准投产、销售和使用。如进口货物经商检机构检验，发现有残损短缺，应凭商检机构出具的证书对外索赔。对于合同规定的卸货港检验的货物，或已发现残损短缺有异状的货物，或合同规定的索赔期将届满的货物等，都需要在港口进行检验。

一旦发生索赔，有关的单证，如国外发票、装箱单、重量明细单、品质证明书、使用说明书、产品图纸等技术资料、理货残损单、溢短单、商务记录等都可以作为重要的参考依据。

2. 办理拨交手续

在办完上述手续后，如订货或用货单位在卸货港所在地，则就近转交货物；如订货或用货单位不在卸货地区，则委托货运代理将货物转运内地并转交给订货或用货单位。关于进口关税和运往内地的费用，由货运代理向进出口公司结算后，进出口公司再向订货部门结算。

验 收 案 例

我国北方某化工进出口公司和美国尼克公司以 **CFR** 青岛条件订立了进口化肥 5000 吨

的合同，依合同规定我方公司开出以美国尼克公司为受益人的不可撤销的跟单信用证，总金额为 280 万美元。双方约定如发生争议则提交中国国际经济贸易仲裁委员会上海分会仲裁。2002 年 5 月货物装船后，美国尼克公司持包括提单在内的全套单据在银行议付了货款。货到青岛后，我方公司发现化肥有严重质量问题，立即请当地商检机构进行检验，证实该批化肥是没有太大实用价值的饲料。于是，我方公司持商检证明要求银行追回已付款项，否则将拒绝向银行支付货款。

【思考】

(1) 银行是否应追回已付货款，为什么？

(2) 我方公司是否有权拒绝向银行付款？为什么？

(3) 中国国际经济贸易仲裁委员会是否有权受理此案？依据是什么？

(4) 我方公司应采取什么补救措施？

(三) 处理进口索赔

进口货物在运输途中，由于各种原因可能使货物的品质、数量、包装等受到损害，或卖方交付的货物不符合同规定致使买方遭受损失。买方收到货物后要根据货损原因的不同，向有关责任方提出索赔要求。

1. 进口索赔的对象

进口索赔的对象包括三个方面：

(1) 向卖方提出的索赔。如果卖方未按合同规定的品质、数量、包装、交货期等交货，除不可抗力外，均构成卖方违约，进口方应向卖方提出索赔要求。

(2) 向承运人提出的索赔。凡到货数量少于运输单据所载数量；提单是清洁的，而货物有残缺情况并属于承运人的过失造成的，进口人可以根据运输合同条款向承运人索赔。

(3) 向保险公司提出的索赔。由于自然灾害、意外事故或运输途中其他事故的发生致使货物受损，并且属于保险责任范围内的，应及时向保险公司提出索赔。还有属于承运人的过失造成货物残损、遗失，而承运人不予赔偿或赔偿金额不足以抵补损失的，只要属于保险公司承保范围以内的，也应及时向保险公司提出索赔。

2. 办理索赔时应注意的问题

在进口索赔工作中，应注意下列事项：

(1) 办理索赔应提供的证据。提出索赔时，应制作"索赔清单"并随附商品检验局的检验证书、发票、装箱单、提单副本等。对不同的索赔对象，所附的证件也有所不同。

(2) 索赔的金额。根据国际贸易惯例，买方向卖方索赔的金额，应与卖方违约所造成的实际损失相等，即根据商品的价值和损失程度计算，还应包括支出的各项费用，如商品检验费、装卸费、银行手续费、仓储费、利息等。向承运人和保险公司索赔的金额，须根据有关规定计算。

(3) 索赔的期限。索赔必须在合同规定的索赔期限内提出，逾期索赔，责任方有权不受理。如果因为商检工作需要较长时间的，可在合同规定的索赔期限内向对方要求延长索赔期限。买方在向责任方提出索赔要求后，仍有责任按情况采取合理措施，保全货物。

思　考　与　练　习

一、名词解释

1. 制单结汇　　2. 收妥结汇　　3. 备货

二、单项选择题

1. 出口公司收到银行转来的信用证后，侧重审核(　　　)。

A. 信用证内容与合同是否一致　　B. 信用证的真实性

C. 开证行的政治背景　　D. 开证行的资信能力

2. 信用证的基础是买卖合同，当信用证与买卖合同不一致时，受益人应要求(　　　)。

A. 开证行修改　　B. 开证申请人修改

C. 通知行修改　　D. 议付行修改

3. 信用证开出后，对方要求修改某些条款，则应(　　　)。

A. 区别情况处理　　B. 不得批准

C. 按统一规定处理　　D. 在半月内处理

4. 如果信用证未规定交单期限，则认为在运输单据签发日期后几天内向银行交单有效，但不能迟于信用证有效期(　　　)。

A. 7 天　　B. 15 天

C. 21 天　　D. 30 天

5. (　　　)是指议付行收到收益人的单据和(或)汇票后，经审查无误，将单据和汇票寄交国外付款行索取货款，待收到付款行将货款拨入议付行账户的贷记通知书时，即按当日外汇牌价折成人民币汇入受益人账户。

A. 定期结汇　　B. 收妥结汇

C. 交单结汇　　D. 票据结汇

6. 在出口结汇时，由出口商签发的，作为结算货款和报关纳税依据的核心单据是(　　　)。

A. 海运提单　　B. 商业汇票

C. 商业发票　　D. 海关发票

7. 进口的货物的质量与合同规定不符，则进口方应向(　　)提出索赔。

A. 卖方　　B. 承运人

C. 保险公司　　D. 银行

8. 向出口方索赔时，在以下的索赔依据中不必出具的是(　　　)。

A. 提单　　B. 装箱单

C. 发票　　D. 保险单

三、判断题

1. 汇票一般为一式两份，每份都具有同等的效力，其中一份付讫，另一份则自动失效。

(　　　)

2. 进口国要求提供海关发票主要是作为其海关减免关税的依据。 （　　）

3. 提单的签发日期可早于信用证规定的最迟装运日期。 （　　）

4. 提单的被通知人应与信用证规定一致，通常是出口人。 （　　）

5. 一切信用证必须规定一个到期日和一个交单付款、承兑的地点。 （　　）

6. 信用证的到期日与最迟装运期应有一定的时间间隔，通常要求信用证的到期日规定在装运期后 21 天。 （　　）

7. 修改信用证时不必经过开证行，而直接由申请人修改后交给受益人即可。（　　）

8. 《UCP500》规定的交单期为"单据必须在提单日后 15 天内提交"。 （　　）

9. 在履行 FOB 或 FCA 术语成交的进口合同中，进口企业负责洽租运输工具或指定承运人。 （　　）

四、操作题

根据下述买卖双方签订的合同审核信用证，并指出不符之处，提出修改意见。

托普纺织品进出口公司
TOP TEXTILES IMP AND EXP CORPORATION
127 Zhongshan Road East One,Shanghai P. R. of China

No. 28CA1006

Date: 20080306

销售确认书
SALES CONFIRMATION

Messrs: THOMSON TEXTILES INC.

3384 VINCENT ST.

DOWNS VIEW,ONTARIO

M3J, 2J4,CANADA

Article No.	Commodity and Specification	Quantity	Unit Price	Amount
77111	DYED JEAN FABRIC, COTTON 70% POLYESTER 30%			
	112/114CMWIDTH,40MCUT LENGTH	CIFTORONTO		

Colour	Quantity(M)	USD/M	USD
RED	4,000	1.56	6,240.00
SILVER	4,000	1.32	5,280.00
DK NAVY	4,200	1.62	6,804.00
WINE	2,800	1.62	4,536.00
DK BLUE	4,800	1.44	6,912,00
BLACK	4,200	1.62	6,804.00
TOTAL24,000M			USD36,576.00

10% MORE OR LESS BOTH IN AMOUNT AND QUANTITY ALLOWED

PACKING: FULL WIDTH ROLLER ON TUBES OF 1.5 INCHES IN DIAMETER IN CARTONS

SHIPMENT: ON OR BEFORE APR. 30 2008

DELIVERY:　FROMSHANGHAITOTORONTOPARTIAL SHIPMENT AND TRANS-

　　　　　　SHIPMENT ALLOWED.

INSURANCE: TO BE EFFECTED BY THE SELLER COVERING ICC(A) DATED01/01/1982FOR 110%

　　　　　　OF THE INVOICE VALUE W/W CLAUSE INCLUDED

PAYMENT:　BY 100 PCT IRREVOCABLE L/C AVAILABLE BY DRAFT AT SIGHT TO BE

　　　　　　OPENED IN SELLERS FAVOUR 30 DAYS BEFORE THE DATE OF THE

　　　　　　SHIPMENT AND TO REMAIN VALID INCHINAFOR NEGOTIATION UNTIL

　　　　　　THE 15 DAYS AFTER THE DATE OF SHIPMENT

Buyer Signature　　　　　　　　　　**Seller Signature**

Charles Brown　　　　　　　　　　李　明

　　　　进口国开来的信用证如下：

ZCZC AHS302 CPUA520 S9203261058120RN025414394

P3 SHSOCICRA

TO　10306 26BKCHCNBJASH102514

FM　15005 25CIBCCATTFXXX05905

　　CIBBCCATTFXXX

　　*CANADIAN IMPERIAL BANK OF COMMERCE

　　*TORONTO

MT 701 02

27 SEQUENCE OF TOTAL:　1/1

40A FORM OF DOC.CREDIT: IRREVOCABLE

20 DOC.CREDIT NUMBER:　T-017641

31C DATE OF ISSUE:　　　20080325

31D DATE PLACE OF EXPIRY: 20080505CANADA

50 APPLICANT:　　　　　THOMSON TEXTILES INC.

　　　　　　　　　　　　3384 VINCENT ST

　　　　　　　　　　　　DOWNS VIEW,ONTARIO

　　　　　　　　　　　　M3J.2J4,CANADA

59 BENEFICIARY:　　　TOP TEXTILES IMP AND EXP COMPANY

　　　　　　　127 ZHONGSHAN ROAD EAST ONE，

　　　　　　　　　　　SHANGHAI P. R. OFCHINA

32B AMOUNT CURRENCY:　USD 36,576，00

39A POS/NEG TOL(%):　　05/05

41D AVAILABLE WITH/BY:　AVAILABLE WITH ANY BANK INCHINA

BY NEGOTIATION

42C DRAFTS AT : 30 DAYS AFTER SIGHT

42D DRAWEE: CIBE,TORONTOTRADE FINANCE CENTRETORONTO

43P PARTIAL SHIPMENTS: PROHIBITED

43T TRANSSHIPMENT: PROHIBITED

44E PORTOF LOADING: SHANGHAI

44F PORTOF DISCHARGE: TORONTO

44C LATEST DATE OF SHIP: 20080430

45A SHIPMENT OF GOODS: DYED JEAN FABRIC, AS PER S/CNO.82CA1006

CIFTORONTO

46A DOCUMENTS REQUIRED:

　　+ COMMERCIAL INVOICE IN QUADRUPLICATE

　　+ CERTIFICATE OF ORIGIN FOR TEXTILES

　+ FULL SET CLEAN ON BOARD BILLS OF LADING MADE OUT TO SHIPPERS

　ORDER BLANK ENDORSED MARKED FREIGHT PREPAID NOTIFY APPLICANT

　　+ INSURANCE POLICY OR CERTIFICATE ISSUED BY PEOPLES INSURANCE

　　COMPANY OFCHINAINCORPORATING THEIR OCEAN MARINE CARGO

　　CLAUSES ALL RISKS AND WAR RISKS FOR 110 PERCENT OF CIF INVOICE

　　VALUE WITH CLAIMS PAYABLE INCANADA

　　+ DETAILED PACKING LIST IN TRIPLICATE

47A: ADDITIONAL CONDITIONS:

　　THE NUMBER AND THE DATE OF THIS CREDIT AND THE NAME OF OUR BANK

　　MUST BE QUOTED ON ALL DRAFTS REQUIRED

　　AN ADDITIONAL FEE OF USD 80.00 OR EQUIVALENT WILL BE DEDUCTED FROM

　　THE PROCEEDS PAID UNDER ANY DRAWING WHERE DOCUMENTS PRESENTED

　　ARE FOUND NOT TO BE IN STRICT CONFORMITY WITH THE TERMS OF THIS

　　CREDIT

71B: DETAILS OF CHARGES:

　　ALL BANKING CHARGES OUTSIDECANADAARE FOR THE BENEFICIARY'S

　　ACCOUNT AND MUST BE CLAIMED AT THE TIME OF ADVISING

48: PRESENTATION PERIOD:

　　WITHIN 5 DAYS AFTER THE DATE OF ISSUANCE OF THE SHIPPING DOCUMENTS

　　BUT WITHIN THE VALIDITY OF THE CREDIT

49: CONFIRMATION: WITHOUT

78: INSTRUCTIONS:

　　UPON OUR RECEIPT OF DOCUMENTS IN ORDER WE WILL REMIT IN ACCORD

　　-ANCE WITH NEGOTIATING BANK'S INSTRUCTIONS AT MATURITY

MAC/OBTDE84E

DLM
SAM
=03261058
NNNN

参 考 文 献

[1] 刘秀玲，周影. 国际贸易实务. 北京：清华大学出版社，2008.

[2] 姚大伟. 国际商务单证理论与实务. 上海：上海交通大学出版社，2009.

[3] 黎孝先. 国际贸易实务. 北京：对外经济贸易大学出版社，2007.

[4] 刘文广. 国际贸易实务. 北京：高等教育出版社，2002.

[5] 李平. 国际贸易规则与进出口业务操作实务. 北京：北京大学出版社，2007.

[6] 吴百福. 进出口贸易实务教程. 4 版. 北京：人民出版社，2003.

[7] 姚大伟. 国际贸易实务. 上海：上海交通大学出版社，2011.

[8] 叶德万. 国际贸易实务案例教程. 广州：华南理工大学出版社，2011.